Zyman

Das Ende der Marketing-Mythen

Sergio Zyman

DAS ENDE DER MARKETING-MYTHEN

Erfolgsrezepte des »Aya-Cola« für Umsatz und Profit

Aus dem Amerikanischen von
Brigitte Hilgner

Econ

Die amerikanische Originalausgabe erschien 1999 unter dem Titel The End of Marketing as We Know It *bei HarperBusiness in HarperCollinsPublishers*

Für Becky, Jennifer und Jessica als Dank dafür, dass sie durchgehalten haben

Der Econ Verlag ist ein Unternehmen der Econ Ullstein List Verlag GmbH & Co. KG

ISBN: 3-430-19989-1

Lektorat: Julia Ott
Gesetzt aus der Sabon und der Frutiger bei Franzis Print & media GmbH, München
Druck und Bindearbeiten: Pustet, Regensburg

Inhalt

Danksagung 7

Vorwort 9

1. TEIL: MARKETING IST KEINE MAGIE

Einleitung: Die Zerstörung der Blackbox 21
1. Kapitel: Warum Marketing? Um Geld zu verdienen .. 31
2. Kapitel: Ohne Strategie erreichen Sie gar nichts 54
3. Kapitel: Marketing ist eine Wissenschaft 70

2. TEIL: WIE MAN DEN GRÖSSTMÖGLICHEN ABSATZ UND UMSATZ ERZIELT

4. Kapitel: Positionieren ist eine zweigleisige Sache 99
5. Kapitel: Was haben Bill Clinton, Prinzessin Di und der Monat Ramadan mit dem Verkaufen zu tun? 134
6. Kapitel: Was der Komiker Jerry Seinfeld Ihnen über Marketing beibringen kann 160
7. Kapitel: Fischen Sie dort, wo es Fische gibt 183
8. Kapitel: Denken Sie immer an morgen 210

3. TEIL: MIT WESSEN HILFE?

9. Kapitel: Zählen Sie nicht die Köpfe, messen Sie Ergebnisse 233
10. Kapitel: Ich mag Werbeagenturen – und einige von ihnen mögen sogar mich 267

Schlussfolgerung: Das traditionelle Marketing liegt nicht im Sterben, es ist mausetot 296

Danksagung

Ich kann nicht allen Menschen, die dieses Buch möglich gemacht haben, angemessen danken. Es basiert auf den Erfahrungen eines Lebens voller Chancen, Herausforderungen und Erfahrungen. Ohne die Menschen, die mir nicht nur erlaubten, zu lernen und zu wachsen, sondern mir dabei halfen, hätte ich niemals ein so aufregendes und erfolgreiches Berufsleben gehabt. Es gibt jedoch ein paar ganz spezielle Menschen, denen ich besonderen Dank schulde:

Meine Mutter, die immer daran glaubte, dass alles gut ausgehen würde und dass meine Reisen rund um den Globus in jungen Jahren irgendwann einmal für meine Karriere förderlich sein würden. Damals war ich ganz anderer Meinung.

Gene Kummel, der trotz der schrecklichen Krawatten, die ich damals in Mexiko meistens trug, irgendetwas in mir gesehen haben muss und mir zum Aufstieg bei McCann verhalf.

Don Keough, der mich nach einem Mittagessen in New York im Bull and Bear mit um die ganze Welt nahm und mir die Chance gab, an einigen der aufregendsten Projekte der Coca-Cola- Company beteiligt zu sein.

Brian Dyson, der zunächst Konkurrent, aber trotzdem ein Freund war und der mir eine Menge darüber beibrachte, was man tun, aber auch, was man *nicht* tun sollte. Brian ist für mich immer ein ganz spezieller Freund und Berater gewesen.

Roberto Goizueta. Nur diejenigen von uns, die eng mit ihm zusammenarbeiteten, wissen wirklich, was für ein großer Mann er war. Er fehlt mir immer noch.

Doug Ivester. Ich werde niemals all die Sonntagvormittage vergessen, an denen ich glaubte, der Lehrer zu sein, während ich in Wirklichkeit der Schüler war.

Chuck Fruit, Dick Flaig, Mary Minnick, Chris Lowe, Dennis Kelly, Tom Long, Vinita Bali, Ian Rowden, Carolyn Jackson, Tom McGuire und David Wheldon sind die Menschen, die alles in Gang brachten und mich erfolgreich machten. Euch allen herzlichen Dank.

Ich danke auch Katherine Schlabach, meiner Assistentin, die sich seit 20 Jahren um mich kümmert.

Nancy Cardwell, die mit mir an diesem Buch arbeitete. Ich habe Nancy angestellt, weil sie mir beim Schreiben helfen sollte, aber sie hat mir, und das ist möglicherweise viel wertvoller, auch beim Denken geholfen. Und Scott Miller, meinem besten Freund, meiner größten Inspiration, meinem hervorragendsten Kritiker und meinem wichtigsten Führer. Vielen Dank, Herr Lehrer!

Dank gebührt auch meiner Herausgeberin, Laureen Rowland, deren Vision für mich während des Schreibens dieses Buches sowohl Inspiration als auch Herausforderung bedeutete.

Letztendlich möchte ich auch all jenen Menschen gegenüber meine Dankbarkeit ausdrücken, die mir während meines Berufslebens geholfen haben und die, was noch wichtiger ist, mich alles lehrten, was ich weiß. Ihr alle wisst, wen ich meine, und ich danke euch.

Vorwort

Wann immer ich irgendwo eine Rede halten soll, werde ich üblicherweise als der Mann vorgestellt, der für den größten Reinfall in der Geschichte des Marketings seit der Einführung des Edsel verantwortlich war – New Coke.

Ich mag das. Es ist eine großartige Einführung, denn sie gibt mir die Möglichkeit, über Marketing zu sprechen und zu erläutern, warum New Coke überhaupt kein Fehlschlag war. Bis zum Ende meiner Rede gelingt es mir meistens, viele meiner Zuhörer zu meiner Denkweise zu bekehren, und ich hoffe, dass es mir bis zum Ende dieses Buches gelingen wird, auch Sie von meiner Sicht der Dinge zu überzeugen.

Aber was Sie hier lesen ist kein weinerliches »Lassen-Sie-mich-meine-Version-erzählen«-Buch über New Coke. Hier handelt es sich auch nicht um Werbung für Coca-Cola oder den Versuch, mit all den großen Werbekampagnen zu prahlen, an denen ich beteiligt war: Coke Is It! [Coke bringt's!] Always Coca-Cola. [Immer Coca-Cola.] Just for the Taste of It (Diet Coke). [Des Geschmacks wegen.] Obey Your Thirst! (Sprite). [Gehorchen Sie Ihrem Durst.] So interessant die Geschichte des Marketings in der Coca-Cola-Company auch sein mag, mir liegt heute etwas viel Wichtigeres am Herzen, nämlich die Tatsache, dass die Zeit der Marketing-Mythen vorbei ist; das herkömmliche Marketing ist tot, mausetot – aber die meisten Marketingleute wissen es nicht.

Da draußen in der Marketingwelt gibt es immer noch eine Menge Leute, die vorgeben, Zauberer zu sein. Wir alle kennen diese Typen, die durchs Büro schreiten, selbstgefällig dreinblicken und Sachen sagen wie: »Na ja, Sie arbeiten nicht im Marketing, daher können Sie das auch nicht verstehen«, oder: »Ja, es kostet eine Menge Geld, aber es wird Wunder wirken«, oder: »Ja, ich weiß, messen kann man es nicht, aber vertrauen Sie mir, es funktioniert.« Nun, die Tage des »Ja, aber …« sind vorbei.

Marketing hat in Wahrheit überhaupt nichts Geheimnisvolles an sich. Es hat nichts mit Alchimie zu tun. Es ist eine ernst zu nehmende Disziplin, die entsprechend ebenso ernst zu nehmender Geschäftskriterien ausgeübt werden kann und sollte. Wenn den Marketingleuten das nicht klar ist und wenn sie nicht sowohl ihre Auffassung von ihrer Tätigkeit als auch ihre Arbeit selbst ändern, dann werden sie nicht nur sehr rasch arbeitslos sein, sondern die Firmen, für die sie arbeiten, werden vom Markt verschwinden.

Solange ich noch bei der Coca-Cola-Company beschäftigt war, kam für mich nicht in Frage, dieses Buch zu schreiben. Wenn es mich auch nicht gerade freute, teilweise beobachten zu können, dass meine Wettbewerber etwas falsch machten – schließlich brachten sie alle Marketingleute in Verruf –, so hätte ich doch niemals gesagt: »Hallo Leute, lasst mich euch zeigen, wie es gemacht wird.« Aber ehe die Götter des Voodoo-Marketing diesen ganzen Berufsstand ruinieren, möchte ich Alarm schlagen. Hallo, Ihr da draußen! Aufwachen! Ich bin kein Niemand. Ich bin der kleine Junge, der weiß, dass der Kaiser keine Kleider anhat, und ich kann nicht länger den Mund halten.

Ich liebe Marketing. Ich weiß, dass es funktioniert, wenn man es richtig anwendet. Und es ist wunderschön, wenn es funktioniert. Vereinfacht ausgedrückt besteht das Problem des Marketings heute darin, dass sich die Marketingleute während der vergangenen 20 oder 30 Jahre zunehmend in den Periphernalia verheddert haben. Sie sind vom Showbusiness verführt worden, den Preisverleihungen, dem Flug auf irgendeine tropische Insel, mit der Aussicht, dort einen Werbespot zu drehen, und sie haben völlig vergessen, dass ihre eigentliche Aufgabe darin besteht, Waren zu verkaufen. Infolgedessen waren sie auch keine besonders erfolgreichen Verkäufer und sie versuchten, den Mangel an positiven Resultaten hinter einem großen Zauberkasten zu verstecken, auf dem stand: »Marketing ist Magie«. Da sie recht erfolgreich darin waren, jegliche Verantwortung für die Folgen ihres Tuns von sich zu weisen, haben sie außerdem ihren Platz am Tisch seriöser Geschäftsleute verloren.

Heutzutage ist das Marketing der meisten Unternehmen nicht effektiv und wird daher auch nicht als unverzichtbar betrachtet. Viele Marketingleute und ihre Chefs werden das nicht zugeben, aber schauen Sie sich bloß an, was sie tun. Wann immer das Geld knapp ist, wird zuerst beim Marketing gespart.

Ich glaube fest daran und ich möchte es in diesem Buch deutlich machen, dass Marketing eine Wissenschaft ist und dass Marketingausgaben Investitionen sind, die sich lohnen. Wenn Marketing eine Wissenschaft ist, dann muss man den Erfolg auch messen können. Außerdem muss man das Marketing rechtfertigen können. Aber am allerwichtigsten ist, dass man es versteht. Wenn Sie glauben, dass Marketing nur darin besteht, atemberaubende Werbung zu machen und gelegentlich den Absatz durch Rabatte und Promotionskampagnen zu erhöhen, dann sind Sie auf dem Holzweg. So werden Sie nie Erfolg haben.

Doch ich habe eine gute Nachricht für Sie: die Revolution hat schon begonnen. Während Sie dieses Buch lesen, fällt Ihr Blick vielleicht auch hin und wieder auf das *Handelsblatt* oder die Zeitschriften *Capital* oder *Wirtschaftswoche,* und Sie sehen, dass wieder einem Unternehmen die Erleuchtung gekommen ist und es begriffen hat, dass die Ausgaben für Marketing zu erhöhten Abverkäufen führen müssen. Leider ist die schlechte Nachricht, dass die Zeitungen nur deshalb über diese Firmen schreiben, weil sie sich gerade von ihrer Werbeagentur oder ihrem Marketingleiter getrennt haben. Dieser Trend wird sich fortsetzen. Aktienbesitzer bestehen zunehmend auf guten Renditen und lukrativen Dividenden. Daher sind die Chefs der Unternehmen auch zunehmend bemüht, die entsprechenden

Geschäftsergebnisse zu erzielen. Und die Marketingleute, die nicht im gleichen Boot sitzen wollen, werden untergehen.

Mit diesem Buch verfolge ich die Absicht, allen – sowohl den Marketingleuten als auch den Firmenchefs, die sie anstellen – deutlich zu machen, was eine Marketingabteilung eigentlich tun sollte und wie man am besten Marketing macht. Ich werde über die Vergangenheit schreiben und darüber, wie es dazu kam, dass Marketing heute in einem so schlechten Zustand ist, aber ich werde mich hauptsächlich auf die Zukunft konzentrieren und darauf, was getan werden muss.

Das Marketing, das ich in Zukunft erwarte – die Art von Marketing, die mir zum Erfolg verholfen hat und weiterhin dafür sorgen wird, dass ich erfolgreich bleibe –, ist ein Marketing, das sich auf seine Wurzeln besinnt. Es basiert auf den alten Prinzipien des Handels. Man gibt Geld aus, um mehr Geld zu verdienen. Man stellt nur dann Leute ein, wenn man sie braucht. Und wenn man Leute einstellt, dann erwartet man von ihnen, dass sie zu einer Steigerung des Betriebsergebnisses und des Gewinns beitragen.

Ich erwarte, dass das Marketing in Zukunft die gleichen Instrumente nutzen wird, die Unternehmen dazu verwenden, den Erfolg aller Kapitalanlagen zu messen. Natürlich ist Marketing auch kreativ und abenteuerlustig. Vielleicht setzen Sie sich damit auseinander und vielleicht fördert es Ihr laterales Denken. Ich hoffe es wenigstens. Aber Marketing birgt kein erhöhtes Risiko, denn die Experimente werden unter sorgfältiger, wissenschaftlicher Kontrolle durchgeführt. Manche Leute haben mich einen »brillanten Marketingspezialisten« genannt – und einige haben mich auch weniger schmeichelhaft betitelt. Aber so brillant bin ich gar nicht. Ich hatte nur immer ein Ziel vor Augen und habe logisches Denken eingesetzt, um es zu erreichen.

Wie gesagt, ich schreibe hier kein Buch über Coca-Cola, aber ich werde einige Coca-Cola-Beispiele bringen, um die Strategien und Taktiken zu untersuchen und zu erläutern, die es mir und meinem Team erlaubten, die Abverkäufe eines so alten Unternehmens wie Coke in nur fünf Jahren um 50 Prozent zu steigern – von zehn Milliarden Kisten pro Jahr auf 15 Milliarden Kisten. Ich werde Ihnen nicht nur sagen, was wir gemacht haben, sondern, und das ist wichtiger, ich werde Ihnen auch die Prinzipien erläutern, die wir in Bezug auf die Positionierung, die Vermarktung und die Wiederbelebung der einzelnen Marken angewendet haben. Wir haben aufregende, hervorragende Werbung produziert, großartige Events veranstaltet und atemberaubende Stunts gemacht. Aber wir hatten nur deshalb Erfolg, weil wir niemals vergaßen, dass wir das Ziel hatten, mehr Leute immer öfter zum Kauf von immer mehr Getränken zu bewegen, damit unser Unternehmen mehr Geld verdienen konnte. Während des erwähnten Zeitraums stieg der Marktwert der Coca-Cola-Company von 40 Milliarden $ auf 160 Milliarden $.

Ich werde die Geschichte von New Coke erzählen und warum es ein großartiger Erfolg war. Jawohl, es verärgerte die Öffentlichkeit, kostete Unsummen und lebte nur 77 Tage, ehe wir die klassische Coca-Cola wieder einführten. Trotzdem war New Coke ein Erfolg, weil sie die Marke wieder belebte und die Verbundenheit der Menschen mit Coke erhöhte. Das Produkt hat sich nicht so entwickelt, wie wir es geplant hatten, aber wir erreichten damit unser Ziel, den grundsätzlichen Dialog zwischen dem Konsumenten und der Marke zu ändern. Sie werden in diesem Buch noch oft von diesem Konzept und der Veränderung des Dialogs zwischen Konsument und Marke hören. Sie werden Beispiele dafür finden, wie man es durchführt, nicht nur im Bereich Erfrischungsgetränke, sondern auch in allen möglichen anderen Märkten, zum Beispiel für Computer, Fluggesellschaften, Waschmittel oder Turnschuhe.

Ich werde über eine meiner Leistungen schreiben, auf die ich am meisten stolz bin, die Neupositionierung von Sprite. In diesem Fall beschlossen wir, ganz einfach die Tatsache zu ignorieren, dass Sprite ein Zitrus-Erfrischungsgetränk ist, und das Produkt in einem viel weiteren Getränkeumfeld zu platzieren. Das Ergebnis war, dass sich die Abverkäufe in vier Jahren verdreifachten. Und wir haben das allein dadurch erreicht, dass wir die Art und Weise änderten, wie Leute über das Produkt dachten, ohne das Wesentliche, nämlich den Inhalt der Dose oder Flasche, auch nur anzurühren.

Außerdem gab es da noch Tab Clear. Ich behaupte nicht, dass wir New Coke nur deshalb auf den Markt brachten, um es dort sterben zu lassen, aber wir führten Tab Clear aus genau diesem Grund ein – in Reaktion auf die Einführung von Crystal Pepsi. Es war ein neues Produkt in einer neuen Kategorie, von der wir nicht viel erwarteten. Aber alleine gelassen hätte diese Warengruppe eine Zeit lang gebraucht, um eines sanften Todes zu sterben, daher beschleunigten wir den Prozess, indem wir Tab Clear einführten und das ganze Segment Clear Cola als kalorienarme Getränke neu positionierten, was ein großes Problem für Crystal Pepsi darstellte, da es Zucker enthielt. Die Positionierung eines Produktes ist folglich nicht eindimensional. Man muss nicht nur die eigenen Produkte positionieren, sondern auch die der Wettbewerber.

Ich werde auch über Diet Coke schreiben, eines der erfolgreichsten neuen Produkte aller Zeiten. Und ich werde Fruitopia erwähnen, das nur deshalb entwickelt wurde, weil Roberto Goizueta sagte: »Los, wir erobern den Markt der Getränke ohne Kohlensäure!«

Außerdem werde ich Folgendes diskutieren: die Planung einer Zielrichtung, *Branding* und die Gründe dafür, warum Megamarken eine dämliche Idee sind. Ich werde über Imageentwicklung und Positionierung reden, über die Beurteilung neuer Produkte und neuer Märkte und über Marktforschung und das Verstehen von Kundenwünschen. Zusätzlich werde ich mich darüber auslassen, wie man ein erstklassiges Marketingteam aufbaut und wie man es einsetzt, um all das zu erreichen, was ich oben erwähnt habe.

Letztendlich werde ich mich auch über die Arbeit mit Werbeagenturen auslassen. Ich glaube, Werbeagenturen sind notwendig, um gute Werbung zu produzieren. Aber ich glaube auch, dass Werbeagenturen sich selbst zu wichtig nehmen, sich auf die falschen Sachen konzentrieren und überschätzt werden. Ich werde erklären, warum ich das so sehe und wie ich das Verhältnis von Coca-Cola zu seinen Werbeagenturen änderte. In den Werbehochburgen der Madison Avenue in New York nennt man mich den Aya-Cola oder Attila der Hunne, weil ich ein fordernder Kunde bin. Mich stört das nicht, denn Attila hat stur sein Ziel im Auge behalten und verfolgt. Alles in allem besteht die Botschaft dieses Buches darin, den Marketingleuten so schnell wie möglich wieder ins Gedächtnis zu rufen, was sie vergessen haben, nämlich die Tatsache, dass Marketing das Ziel hat, etwas zu verkaufen. Es ist nicht Aufgabe des Marketings, nur ein Image zu schaffen. Ein Image zu haben bedeutet, dass andere wissen, wer man ist, aber es motiviert sie nicht zu irgendeiner Handlung. Es ist auch nicht Ziel des Marketings, Werbekampagnen zu produzieren, mit denen man Preise gewinnen kann. Es geht vielmehr darum, Programme zu entwickeln sowie Promotionen, Werbung und tausend andere Sachen zu machen, die Menschen auf effektive Weise dazu bringen, Ihre Produkte zu kaufen. In Schnellimbissketten geht es um das Stillen von Hunger und Durst. Fluggesellschaften wollen Sitze füllen. Es geht um Gewinn. Es geht darum, ein positives Betriebsergebnis zu erzielen.

Als ich 1987 meine Stellung als Leiter der Marketingabteilung der Coca-Cola-Company in den USA aufgab, dachten manche Leute, man hätte mich gefeuert oder sich wegen der New-Coke-Geschichte in gegenseitigem Einvernehmen von mir getrennt. Es kam dann natürlich überraschend, dass ich 1993 als *Chief Marketing Officer* und *Senior Vice President* zu dem Unternehmen zurückkehrte. Aber man hatte mich nie gefeuert. 1987 ging ich, weil ich Marketing liebe, und ich wollte ein paar Sachen machen, zu denen die Firma damals nicht bereit war. Das ist auch der Grund, warum ich im Mai 1998 zum zweitenmal ging.

Während meiner Abwesenheit von Coca-Cola in den späten achtziger und frühen neunziger Jahren verbrachte ich eine wunderbare Zeit als Berater. Ich hatte das Gefühl, gleichzeitig ein Testlabor zu leiten und zur Schule zu gehen. Zu meinen Kunden gehörten Convenience-Läden und Schnellimbissrestaurants sowie Optiker, Fluggesellschaften und sogar Microsoft und Club Med. Ich habe von allen Wichtiges über ihre Märkte und ihre Kunden gelernt, während ich selbst das zusammenstellte und anwandte, was ich hauptsächlich bei Coke gelernt hatte. Doch auch bei Procter & Gamble, wo meine berufliche Karriere begann, bei McCann-Erickson, die mich mit Coke in Kontakt brachten, als sie mich anstellten, um in Mexiko am Coca-Cola-Etat zu arbeiten, und bei PepsiCo hatte ich die Möglichkeit, meine Kenntnisse zu erweitern.

Als mich Roberto Goizueta und Doug Ivester Ende des Jahres 1992 baten, wieder zu Coca-Cola zurückzukommen, zögerte ich zunächst. Ich war ein selbständiger Geschäftsmann. Ich hatte meine Haare lang wachsen lassen und war nicht begeistert von der Vorstellung, mir wieder einen Anzug anzuziehen und als Angestellter zu arbeiten. Aber ich machte zwei Fehler. Da Doug nicht aus dem Marketingbereich kam, als er Präsident von Coke wurde, hatte ich angefangen, nachts und am Wochenende ein paar Stunden mit ihm zu verbringen, um über Marketing zu reden und darüber, was es leisten und wie man es machen sollte. Außerdem hatte ich als Berater einen Geschäftsplan darüber geschrieben, wie Coke seine Marketingabteilung strukturieren und führen sollte. Rückblickend kann ich sagen, dass dies wohl als längstes Vorstellungsgespräch in die Geschichte eingehen wird. Doug ist ein großartiger Mann. Seine Energie, seine Intelligenz und sein begeisterter Wunsch, aus der Coca-Cola-Company ein Unternehmen mit erstklassigem Marketing zu machen, rissen mich mit und ich bin froh, dass es ihm gelang, mich zu der Firma zurückzulocken.

Ich muss gestehen, es war berauschend, zu Coke zurückgeholt zu werden, um das zu tun, was ich immer schon hatte tun wollen. Daher kehrte ich zurück. Freigang beendet, zurück in den Bau. Zurück zu Coke. Die letzten fünf Jahre bei Coke waren spektakulär. Doug erlaubte mir, die besten Leute auf der ganzen Welt anzustellen, er ermutigte mich sogar dazu. Ich war in ein paar der innovativsten und aufregendsten Projekte involviert, die das Ziel hatten, auf der ganzen Welt Märkte zu erobern. Ich reiste im Jahr in über 100 verschiedene Länder. Und ich lernte die politischen und wirtschaftlichen Unterschiede sowie das verschiedenartige Konsumentenverhalten im Osten und Westen, Norden und Süden kennen.

Manche Leute hat meine hartnäckige Art irritiert. Sie hielten das für Aggression. Aber was macht das schon? Ich glaubte an die Theorie, dass man jemanden mit einer guten Idee herausfordern sollte, weil immer die reale Möglichkeit besteht, dass er oder sie sich selbst nicht genug gefordert hat oder dass die Person noch nicht alles bis zum Ende durchdacht hat. Wenn man solchen Leuten Fragen stellt und sie in die Enge treibt, dann werden sie ihre Idee noch verbessern. Ich habe Leute auch dadurch genervt, dass ich unbarmherzig auf die Details achtete. Ich habe das während meiner Beraterzeit einem meiner Kunden abgeguckt – Bill Gates. Bei Microsoft nannte ich diese Vorgehensweise »Zurückstoßen«; jede Idee, die man Bill vortrug, wurde von ihm wie ein Ball zurückgeschlagen, und zwar hart. Doch das diente nur dazu, das Gehirn der Leute, die ihm eine neue Idee vortrugen, zu aktivieren, um diese Idee zu optimieren.

Ich behaupte nicht, dass alle guten Ideen von mir kamen oder dass ich alles alleine machte. Roberto und Doug hatten entschieden, Marketing einen höheren Stellenwert einzuräumen und aus Coca-Cola ein marketingorientiertes Unternehmen zu machen. Wir arbeiteten alle zusammen und hatten hervorragende Mitarbeiter. Als ich die Coca-Cola-Company am ersten Mai 1998 verließ, hatte sie ohne Zweifel die beste Marketingorganisation und die beste Denkmaschine der Welt.

Ich bin mein Leben lang ein penetranter und wissbegieriger Mensch gewesen und einen großen Teil meines Lebens habe ich im Marketing verbracht. Dieses Buch basiert auf alledem, was ich im Laufe der Jahre von allen möglichen Menschen und Unternehmen sowie durch Lesen und Beobachten gelernt habe. Es ist eine Synthese mehrerer Jahrzehnte des Lernens, die meiner Ansicht nach zu ein paar spektakulären Strategien, Taktiken und Arbeitsmethoden führten. In diesem Buch steht alles, was es mir möglich machte, dorthin zu kommen, wo ich heute bin.

Und ich bin gerne da, wo ich jetzt bin.

1. TEIL

Marketing ist keine Magie

Einleitung
Die Zerstörung der Blackbox

Plötzlich erscheint er auf dem Bildschirm. Mean Joe Greene, der härteste, gemeinste Football-Spieler in der National Football League. Er ist verletzt und sieht rot vor Wut. Doch während er brüllt und tobt, entdeckt er auf einmal einen kleinen Jungen mit einer Flasche Coke in der Hand.

Zögernd bietet ihm das Kind die Flasche an. Mean Joe nimmt sie höflich entgegen und sagt »Danke«.

Dann gibt er dem Jungen sein Hemd.

Amerika liebt diesen Spot! Die Leute reden wochenlang darüber. Die Kritiker sind begeistert. Die Abfüller in Hochstimmung. Diese Werbung ist so toll, dass die Coca-Cola-Marketingleute auf der ganzen Welt sie übersetzen lassen möchten. In Thailand wird sie sogar mit einem berühmten Sportler des Landes neu gedreht. Folglich sollte das Unternehmen an dieser Werbung festhalten, nicht wahr?

Falsch. Coke behält diese Werbung nicht langfristig bei. Um die Wahrheit zu sagen, Coke stellt diese Werbung ein und beginnt mit einer neuen Kampagne, »Coke Is It!«. [Coke bringt's].

Augenblick mal. Warum macht Coke so etwas? Warum stampft das Unternehmen eine beliebte Werbung ein, die mit einem Preis ausgezeichnet wurde und deren Herstellung Millionen kostete?

Die Antwort ist einfach. Ich kenne sie, denn ich habe die Werbung zurückgezogen. Meine Aufgabe als Marketingchef der Coca-Cola-Company bestand darin, Leute zu bewegen, aus dem Haus und in Restaurants oder Geschäfte zu gehen und dort mehr Coca-Cola-Produkte zu kaufen als bisher – und die Werbung erfüllte diesen Zweck nicht.

Viele Leute glaubten, es sei eine furchtbare Geldverschwendung, teure Werbung so schnell abzusetzen, aber ich tat es trotzdem, weil ich ein strategisches Ziel hatte; mein Ziel war es, mehr Leute zum Kauf von mehr Coke zu bewegen. Es wäre eine enorme Geldverschwendung gewesen, teure Fernsehzeit für etwas zu kaufen, das diesen Zweck nicht erfüllte.

Marketing soll etwas verkaufen

Die erwähnte Geschichte ereignete sich in den frühen achtziger Jahren, als man sowohl in der Werbung als auch im Marketing *Image* als das Maß aller Dinge und einziges Erfolgskriterium betrachtete. Ich kann mich gut an diese Zeit erinnern. Ich kann mich auch an eine Kampagne für Sprite erinnern mit dem Slogan: »When You're Reaching for More, Reach for Sprite« [Wenn du mehr willst, trink Sprite], die auch etwa zu dieser Zeit entstand. Diese Werbung wurde den »Abfüllern« bei dem Großereignis in San Francisco vorgestellt, das wir »das große Treffen« nennen.

»Mir geht es nicht darum, Werbung zu machen, mit der man Preise gewinnt. Alles … worum sich ein Marketingmensch kümmern sollte, ist der tatsächliche Konsum.«

Ihnen gefiel der neue Werbeslogan. Er gefiel auch der Geschäftsführung. Sie können sich daher sicher vorstellen, wie überraschend es war, dass ich ein paar Wochen später ins Büro der Werbeagentur in New York kam und sagte: »Jungs, die Werbung taugt nichts.«

Was ist los?, fragten sie. Das Problem war das gleiche wie vorher: Die Werbung führte nicht zu einer Steigerung des Absatzes. Vielleicht finden Sie, dass ich gesunden Menschenverstand bewies, aber für die Werbeagentur war ich der Böse, weil ich – stellen Sie sich das vor – mehr Sprite verkaufen wollte.

Wissen Sie, ich habe nun einmal diese merkwürdige Vorstellung, dass Werbung und Marketing dazu da sind, Ware zu verkaufen. Daher spielte es für mich überhaupt keine Rolle, dass der Mean-Joe-Greene-Spot die »Abfüller« und Einzelhändler begeisterte oder dass die neue Sprite-Kampagne der Hit bei unserem »großen Treffen« war. Im Marketing darf man nie vergessen, dass es nur eine einzige Zielgruppe gibt, die von Bedeutung ist – nämlich die Konsumenten!

Darüber hinaus hat das Marketing die Aufgabe, die Konsumenten zum Handeln zu bewegen. Die Beliebtheit der Marke ist nicht das Ziel. Schließlich will ich keinen virtuellen Konsum – dieses Phänomen, dass Kunden Produkte lieben, aber keine Notwendigkeit sehen, sie auch zu kaufen. Außerdem ist es mir völlig egal, ob meine Werbung irgendwelche Preise gewinnt oder nicht. Alles, was mich interessiert, ist der tatsächliche Konsum. Denn der einzige Grund, warum Marketingleute eingestellt werden, warum eine Firma überhaupt Geld für Marketing ausgeben sollte, besteht darin, Kunden dazu zu bringen, die Produkte des Unternehmens zu kaufen. Eine Werbe- oder Promotionskampagne, die nicht dazu führt, dass Konsumenten mehr von der beworbenen Ware kaufen, kann man nur einen Fehlschlag nennen. Kaufen Sie mein Produkt. Schluss, aus. Wenn das, was Sie jetzt gerade machen, die Konsumenten nicht dazu verführt, müssen Sie etwas anderes versuchen.

Der Grund, warum ich diesem Buch den Titel *Das Ende der Marketing-Mythen* gegeben habe, ist, dass es eine ganze Menge Leute im Marketing gibt, die den rührenden Mean-Joe-Greene-Spot beibehalten hätten. Sie hätten den Spot vor fünfzehn Jahren nicht aufgegeben und sie würden ihn heute nicht aufgeben. Schließlich hat man ihnen jahrelang eingetrichtert, dass Image der wichtigste Parameter sei. Aber die Welt verändert sich, und wenn die Marketingleute nicht auch endlich anfangen, sich zu ändern, werden sie und ihre Unternehmen auf der Strecke bleiben.

Marketing soll einem Unternehmen Geld einbringen

Schauen Sie sich an einem beliebigen Tag die *New York Times* oder das *Wall Street Journal* an, blättern Sie zu dem Werbeteil und Sie werden unzählige Artikel über Unternehmen finden, die ihre Werbeagentur gewechselt oder eine Kampagne gestoppt haben, weil die Zusammenarbeit oder die Kampagne nach x Jahren einfach nicht mehr zu funktionieren schien. Warum soll man so lange warten? Wie wäre es mit einer Zeitspanne von drei Monaten? Wenn der Umsatz nicht steigt, Schluss damit. Beißen Sie in den sauren Apfel und machen Sie jetzt ein Ende!

»Marketingleute müssen endlich mit diesem Unsinn aufhören, zu glauben, Marketing sei ein unergründliches Geheimnis, und stattdessen ihre Arbeit tun.«

Bitte beachten Sie, dass ich oft nicht einfach »Marketing« sage, sondern vom »Marketinggeschäft« spreche, denn genau das ist es. Marketing ist nichts als Geschäft. Und wenn sie in Zukunft überleben wollen, dann müssen sowohl die Marketingfachleute als auch die Geschäftsführer, die sie einstellen, Marketing wie Geschäftsleute betreiben. Vergessen Sie Stilfragen und Reklamerummel, es geht ums Geschäft und Marketing sollte entsprechend eingesetzt werden.

Vor 20 oder 30 Jahren haben die Leute Marketing noch als Spiel aufgefasst, als *marketing game*. Im Lauf der Jahre haben die Experten das Ganze dann neu positioniert und zur Kunst des Marketings entwickelt. Nun, es handelt sich dabei jedoch um kein Spiel und auch nicht um dekorative oder geheimnisvolle Kunst. Es ist Geschäft, reines Geschäft. Marketing heißt, systematische und durchdachte Pläne zu entwickeln und Maßnahmen zu ergreifen, die immer mehr Leute dazu bewegen, immer häufiger von den Produkten eines Unternehmens zu kaufen, um damit der Firma zu höheren Gewinnen zu verhelfen.

Ich war im Marketinggeschäft erfolgreich, nicht weil ich damit gespielt habe oder weil ich großartige künstlerische Eingebungen hatte. Ich war erfolgreich, weil ich verstehe, dass es sich beim Marketing um Geschäft handelt. Ich habe jede neue Kampagne, jede neue Promotion und jedes Produkt als Investition betrachtet, die sich lohnen muss. Ein Geschäft, das gewinnbringend sein soll.

Natürlich bin ich Risiken eingegangen. Man kann nicht lange im Geschäft bleiben, man kann überhaupt nicht lange überleben, ohne Risiken einzugehen. Einige von den Sachen, die ich ausprobierte, haben nicht so funktioniert, wie ich mir das erhofft hatte, aber ich habe immer für jedes Marketingprogramm eine Kosten-Nutzen-Analyse durchgeführt. Für die großen genauso wie für die kleinen. Ich habe die Ergebnisse genau verfolgt und den Ertrag gemessen. Und ich habe meine Taktik geändert, wenn ich bemerkte, dass ich nicht die Ergebnisse erzielte, die ich haben wollte, denn ich habe niemals das Ziel vergessen, neue Kunden zu gewinnen und mehr zu verkaufen, damit wir mehr verdienen und dann die Aktionäre für ihre Investition belohnen können. Das Unglaublichste, was mir im Laufe der Jahre immer wieder passierte, ist, dass ich den so genannten Organisations- und Finanzleuten als Marketingfachmann nicht glaubwürdig erschien. Sehen Sie, traditionellerweise betrachtet man Marketingleute als diejenigen, die mehr Geld ausgeben als einnehmen. Nach Ansicht der Finanzexperten tragen Marketingleute zudem nur insofern eine finanzielle Verantwortung, als sie ihre Ausgaben im Rahmen eines gegebenen Budgets halten müssen. Mein Standpunkt ist, dass alles, was ein Unternehmen tut, mit dem Ziel vor Augen geschehen sollte, dass es dem Unternehmen nutzen und Geld einbringen muss. Auch für das Marketing gibt es da keine Ausnahme.

In der heutigen Welt, in der Computer Daten auf jede nur mögliche Art und Weise analysieren und ausdrucken können, ist es ziemlich einfach, den Überblick darüber zu behalten, was etwas kostet und welchen Ertrag es bringt. Unglücklicherweise sind sich viele Marketingleute der Bedeutung dieser Tatsache nicht bewusst. Manche von ihnen haben inzwischen gelernt, wie man den Computer auf gescheite Weise zum Sammeln von Daten oder zur Segmentierung von Märkten nutzt oder mit seiner Hilfe sogar Kosten zusammenträgt oder gelegentlich hier und da Teilergebnisse einiger seiner Programme erzielt. Daraus machen sie dann großartige PowerPoint-Präsentationen.

Um wirklich erfolgreich zu sein, müssen wir im Marketing auf eine ganz neue Weise über das nachdenken, was wir tun. Wir müssen endlich mit diesem Unsinn aufhören, zu glauben, Marketing sei ein unergründliches Geheimnis. Stattdessen sollten wir unsere Arbeit tun. In Wahrheit kann man, wenn man nur will, ungefähr den Ertrag von jeder Mark berechnen, die man in Marketingmaßnahmen investiert, genauso wie man den Nutzen einer neuen Abfüllanlage oder eines neuen Lastwagens berechnen kann.

Marketing hat nichts Mysteriöses oder Magisches an sich

Als ich vor 30 Jahren im Marketing anfing, war Marketing etwas, was die meisten Unternehmen betrieben, weil die Geschäftsführer im Grunde ihres Herzens wussten, dass es notwendig war. Vielleicht glaubten sie nicht wirklich daran und waren sich überhaupt nicht sicher, warum man es eigentlich machen sollte, aber sie fürchteten sich davor, es ganz sein zu lassen. Die Marketingfachleute erklärten ihnen natürlich, Marketing sei wichtig. Und tatsächlich konnten sie klar und deutlich erkennen, dass die Absatzzahlen stiegen, wenn ein Produkt beworben wurde. Die reinste Hexerei! Bei allen Wettbewerbern gab es teure Marketingabteilungen, also glaubte man, sie auch haben zu müssen. Bloß nicht hinter den anderen zurückstehen. Aber für die meisten Geschäftsleute war und blieb es ein Geheimnis, was genau die Marketingleute machten, wie Marketing eigentlich funktionierte und wieso es im Großen und Ganzen erfolgreich war.

»Es war nicht immer im Interesse der Marketingleute, ihren Arbeitgebern genau zu erläutern, was sie machten.«

Natürlich war das ein wunderbarer Zustand für die Marketingleute. Ihre Kunden, das heißt ihre Arbeitgeber, verstanden überhaupt nicht, was sie machten, hielten es aber für dringend geboten, ihnen viel Geld dafür zu zahlen, dass sie es taten. Und da es nicht immer im Interesse der Marketingleute war, ihren Arbeitgebern genau zu erläutern, was sie machten, unterließen sie dies. Sie taten stattdessen alles, um den Mythos am Leben zu halten, sie seien Magier oder noch besser eine Art von Voodoozauberern. Als ich meine Arbeit bei Procter & Gamble in Mexiko antrat, hatte die Tür zur Marketingabteilung tatsächlich ein großes Schloss und nur die Beschäftigten in dieser Abteilung hatten einen Schlüssel dazu! Wir stellten uns selbst als eine Art kreative Elite auf ein Podest und wollten mit diesen armseligen Typen in der Verwaltung nichts zu tun haben. Und da wir unsere Informationen sorgsam hüteten, wusste niemand sonst genug über unsere Arbeit, um beurteilen zu können, ob sie wirklich nützlich war oder nicht. Die anderen mussten uns einfach glauben. Vertraut uns, sagten wir, und sie hatten keine andere Wahl.

Nun möchte ich keineswegs behaupten, dass alle Marketingleute Scharlatane sind, die irgendein obskures Schlangenöl verhökern. Ich glaube genau das Gegenteil. Ich glaube fest an Marketing, weil ich weiß, dass es funktioniert. Ich weiß nicht nur, dass Marketing Leute dazu bringen kann, in Läden zu stürmen und ein Produkt zu fordern, das zu kaufen ihnen normalerweise nicht einmal im Traum einfallen würde, ich weiß auch, dass Marketing kein optionales Extra ist. Jedes Unternehmen, das wachsen und seine Aktionäre belohnen möchte, jede Firma, die im Geschäft bleiben will, muss ihre Produkte vermarkten. Übrigens: wenn Sie nicht die Initiative ergreifen und selbst Ihre Marke oder Ihr Produkt vermarkten, dann wird sie, respektive es, automatisch und vermutlich schlecht dadurch positioniert, wie Ihre Wettbewerber ihre Produkte vermarkten. Mir geht es hier darum, zu betonen, dass die Marketingleute sich und ihre Arbeit zu lange in Geheimnis gehüllt haben. Das Zeitalter des »Marketing als Magie«, der »Marketing-Mythen« ist vorüber.

Infolgedessen werde ich in diesem Buch den großen schwarzen Kasten, genannt Marketing, weit aufreißen. Ich werde zumindest einen Teil des Weihrauchs wegblasen, der aus ihm hervorwabert, und werde den Blick auf das freigeben, was sich in dem Kasten befindet.

Sie werden darin keine Ansammlung von Taschenspielertricks vorfinden oder Bücher mit Hokuspokus-Beschwörungen. Weder Hüte noch Kaninchen. Stattdessen werden Sie eine Menge neuer, aber auch viele benutzte Handwerkszeuge sehen. Ich werde Ihnen nicht nur erlauben, diese Werkzeuge zu betrachten, sondern auch erläutern, wie wir diese nutzten, um Milliarden Kästen mit Coca-Cola und andere Produkte zu verkaufen. Außerdem werde ich erklären, warum wir die Werkzeuge so einsetzten, wie wir es taten.

Da ich seit drei Jahrzehnten im Marketing bin und bisher hart gearbeitet habe – obwohl ich mein Alter mit höchstens 29 angebe –, kann es gut sein, dass Ihnen dieses Buch ein paar nützliche Tipps oder Hinweise auf Strategien gibt. Wenn dem so ist, bin ich froh darüber und es freut mich, dass ich einen nützlichen Beitrag leisten konnte. Aber es ist nicht mein Ziel, ein *Handbuch der 100 erfolgreichsten Marketingpläne* zu schreiben. Ich habe vielmehr vor, meine Einstellung zum Marketing zu erläutern und Sie zu ermutigen, über die Ihre nachzudenken. Ich möchte die Geheimniskrämerei rund ums Marketing zerstören, damit jeder, die Marketingfachleute selbst und ihre Arbeitgeber, erkennen, was Marketing wirklich ist, wie es funktioniert, und wie es funktionieren muss, damit ihr Unternehmen mehr verkauft und mehr Geld verdient.

Ich möchte sowohl bei den Marketingexperten als auch unter den Geschäftsleuten (und ich wage zu behaupten, dass beide Gruppen identisch sein müssen) eine Diskussion über das ganze Marketingkonzept in Gang bringen. Ich glaube, heutzutage sind viele Unternehmen in großen Schwierigkeiten, weil sie alle ohne Gas zu geben im Freilauf dahin rollen und entsprechend althergebrachter Annahmen über das Marketing handeln. Diese Annahmen müssen neu unter die Lupe genommen werden. Ich möchte Sie dazu auffordern, diesen Prozess in Gang zu setzen.

Ich habe viel über dieses Thema nachgedacht und aufgrund meiner langjährigen Erfahrung habe ich die Ansichten entwickelt, die ich in diesem Buch präsentieren werde. Ich bin überzeugt, dass sie den Nagel auf den Kopf treffen. Wie nicht anders von mir zu erwarten ist, werde ich sie jetzt mit aller Macht vermarkten. Aber letztendlich verfolge ich nicht das Ziel, Sie zu meiner Denkweise zu bekehren, ich möchte einfach nur für ein bisschen Zündstoff sorgen, der Sie aufrüttelt und dazu bringt, einmal Ihre eigenen Vorstellungen davon zu überdenken, wo Sie heute stehen und wie Sie dahin kommen werden, wo sie morgen sein müssen.

1. Kapitel

Warum Marketing? Um Geld zu verdienen

Marketing hat nur einen Zweck: mehr Leute dazu zu bewegen, mehr von Ihrem Produkt zu kaufen, und zwar immer öfter, damit mehr Geld in die Kasse kommt. Das ist der einzige Grund, für den man auch nur einen einzigen Pfennig oder Nickel oder Peso ausgeben sollte. Wenn Ihr Marketing nicht die Käufer mit dem Geldbeutel in der Hand zu den Kassen treibt, um Ihre Waren zu kaufen, dann lassen Sie die Finger davon.

Viele Marketingleute lachen, wenn ich das sage. »Wen wollen Sie denn auf den Arm nehmen?«, fragen sie mich. »Marketing soll überhaupt nicht verkaufen. Dafür ist der Vertrieb zuständig.«

Vielleicht reichte es in früheren Zeiten, wenn sich das Marketing einfach nur mit den Kunden verbündete. Sie kennen die Vorgehensweise – man dreht einen Werbespot, spielt sanfte Musik dazu und gibt sein Budget für teure Sendezeit aus, um in den Köpfen der Konsumenten ein Image zu schaffen. Aber heutzutage genügt das nicht mehr. Natürlich muss man werben und ein Image schaffen, von dem man hofft, dass die Kunden es mögen und sich im Laden an der Kasse daran erinnern, aber die einzige Rechtfertigung, dafür Geld auszugeben, ist, dass all dies nur dem Zweck dient, mehr zu verkaufen.

Viele Leute begreifen das einfach nicht. Sie schwärmen stets davon, wie ein neues Distributionssystem, eine effizientere Produktion oder mehr Vertriebsmitarbeiter dem Unternehmen helfen werden, zu wachsen und den Gewinn zu steigern. Aber diese Maßnahmen alleine führen nicht zu Wachstum und steigenden Gewinnen. Man verdient keinen Pfennig mehr, solange man nicht mehr verkauft, und man kann nicht mehr verkaufen, wenn man keine Kunden dazu bringt, das Produkt haben zu wollen. Und genau das macht Marketing.

Konzentrieren Sie sich auf Resultate, nicht auf Aktionen

Zuallererst müssen Sie verstehen, was Marketing ist. Marketing ist *nicht* gleich Werbung. Marketing bedeutet nicht, Werbespots auf Bali zu drehen oder ein schickes Büro mit zwei Zimmerpflanzen zu haben. Und es bedeutet auch nicht, eine Werbeagentur zu haben, die bei jedem Fingerschnipsen gerannt kommt. Gestern mag man das alles noch für Marketing gehalten haben. Viele Menschen glauben heute noch, das sei Marketing. Diese Leute haben möglicherweise sich und ihren Chefs eingeredet, Marketing bestehe darin, viel Geld für kreative Werbung auszugeben, die dann auf allen Fernsehkanälen und in allen Zeitungen und Zeitschriften erscheint. Aber das stimmt nicht.

»Sobald die Marketingexperten begreifen, dass Verkaufen ihr Ziel ist und nicht das Vorführen von Werbekampagnen, verkaufen sie viel mehr Ware.«

Marketing ist eine Kombination aus Werbung und vielen anderen Sachen wie zum Beispiel Verpackung, Promotionen, Marktforschung und Produktentwicklung. Marketingleute sind mit alledem beschäftigt. Es ist das Handwerkszeug des Marketings. Aber die Werkzeuge sind nicht das Marketing. Marketing bedeutet, diese Werkzeuge *einzusetzen*; Marketing heißt, sich zu entscheiden, was man tun muss, und dann dabei das geeignete Werkzeug in optimaler Weise einzusetzen.

Sie sind in der gleichen Situation, wenn Sie einen Hammer, eine Säge, eine Schachtel mit Nägeln und ein paar Holzbretter haben. Sie brauchen immer noch einen Zimmermann mit Geschick und Ideen, um daraus einen Tisch zu machen, und Sie müssen entscheiden, ob Sie wirklich einen Tisch zimmern wollen oder vielleicht doch lieber einen Stuhl. Marketing ist eine Strategie und eine Disziplin, die sich letztendlich *darauf konzentriert, mehr Kunden dazu zu bewegen, Ihr Produkt noch häufiger zu kaufen, damit Ihr Unternehmen mehr Geld verdient.* Es ist nicht einfach nur eine Reihe von Aufgaben, die irgendjemand erledigen muss.

Es ist wichtig, dass Sie dies erkennen, denn sobald Sie verstehen, dass die Strategie das Schlüsselelement Ihres Handelns ist, ändert sich auch die Art und Weise, wie Sie Ihre Aufgaben wahrnehmen. Wenn Sie glauben, Ihr Beruf bestünde nur darin, irgendwelche Aufgaben zu erfüllen, dann werden Sie auch nichts anderes tun. Wenn Sie sich nur auf die einzelnen Aufgaben konzentrieren, dann werden Sie denken: »Ich muss in diesem Jahr fünf Promotionen durchführen, sechs verschiedene Serien von Gruppendiskussionen und zwei Werbekampagnen entwickeln«, und dann glauben, Sie hätten Ihre Arbeit getan – während Sie in Wirklichkeit nur ein paar Aufgaben erledigt haben.

Das Marketing hat die Aufgabe, viele, viele Produkte zu verkaufen und viel Geld zu verdienen. Es geht darum, zunehmend mehr Menschen zu motivieren, mehr und mehr von Ihrem Produkt zu kaufen, immer häufiger, und das bei steigenden Preisen. Sie werden dieses kleine Mantra noch häufig im Verlauf dieses Buches hören, nicht weil meine Lektorin geschlafen hat, sondern weil manche Leute Schwierigkeiten damit haben, diesen einfach klingenden Satz in ihren Schädel zu bekommen. Aber genau darum geht es, darum ist es immer schon gegangen, und darum wird es auch in Zukunft gehen. Auch wenn manche Marketingexperten sagen, das sei unmöglich: Sie haben tatsächlich die Aufgabe, all das, was ihr Unternehmen Gewinn bringend herstellen kann, zu verkaufen; sie sind letztendlich für die Erträge des investierten Kapitals und des eingesetzten Aktivvermögens zuständig.

Klar ist es möglich, auch dann mehr zu verkaufen, wenn Sie sich einbilden, es sei Ihr Job, viele Promotionen zu fahren. Aber sobald Sie verstehen, dass Sie die Aufgabe haben, mehr zu verkaufen und nicht nur Promotionen zu veranstalten, werden Sie auch wesentlich mehr verkaufen und deutlich mehr Geld verdienen, weil Sie dann noch viel mehr auf eine viel gescheitere Art tun.

Begreifen Sie endlich, dass Marketing eine Investition ist

Kurz nachdem ich 1993 zu der Coca-Cola-Company zurückgekehrt war und die erste Serie von Fernsehwerbung entwickelt hatte, nahm ich die Kampagne der Ordnung halber mit ins Büro von Roberto Goizueta und spielte sie ihm vor. »Ich mag diese Werbung nicht«, sagte er.

»Schau her, Roberto«, antwortete ich. »Wenn du bereit bist, 100 Prozent von unserem weltweiten Getränkeausstoß zu kaufen, dann werde ich mich glücklich schätzen, die Werbung zu machen, die dir gefällt. Ansonsten muss ich das machen, was die verdammten Kunden wollen.«

Natürlich begriff er sofort, worum es ging, und sagte von da an immer: »Zeige mir die Resultate, nicht die Werbung.«

»Wenn man begreift, dass man Marketing betreiben muss, um Ware zu verkaufen, dann werden die Gelder dafür zu einer Investition und nicht zu Ausgaben.«

Es dreht sich nur um die Ergebnisse. Genauso wie Roberto nicht die Zielgruppe für die Werbung war, die ich ihm zeigte, genauso wenig sind Sie die Zielgruppe für Ihre eigenen Anzeigen. Der Marketingmensch ist erledigt, der behauptet, Marketing sei eine Kunst, und solche Sachen von sich gibt: »Sie begreifen das nicht, aber ich bin ein Genie, und nur ich (natürlich zusammen mit der Werbeagentur) verstehe meine Kunst. Sie können nicht beurteilen, was ich mache.« Genau wie jede andere Investition muss man Marketing überprüfen und die Resultate messen.

Es ist genauso leicht – und genauso gefährlich –, sich in die eigenen Anzeigen zu verlieben wie zu dem Schluss zu kommen, dass sie nicht erfolgreich sein werden, weil sie einen selbst nicht »berühren«. Während ich Berater für die Miller Brewing Company war, erschien es mir unbegreiflich, wieso wirklich jeder in der Firma die Werbung liebte, in der die alten Witze über Miller Lite gemacht wurden. Diese Anzeigen waren Teil der Unternehmenskultur geworden. Die Beschäftigten identifizierten sich mit diesen Anzeigen. Irgendwie schienen sie zu glauben, dass sie aufgrund ihrer Beziehung zu Bubba Smith, Joe Frazier und John Madden mehr Prestige in der Öffentlichkeit gewonnen hatten.

Natürlich ist es völlig in Ordnung, Werbung zu machen, die den Beschäftigten in Ihrem Unternehmen gefällt, es ist selbstverständlich sehr schön, wenn dem so ist. Es ist gut für die Moral. Aber was die Leute von Miller völlig vergaßen, war die Tatsache, dass die eigenen Beschäftigten und die Werbeagentur überhaupt nicht die Zielgruppe waren. Angesprochen werden sollten die Biertrinker und potenziellen Biertrinker in Amerika. Da die Leute bei Miller so vernarrt in die Kampagne waren, fiel ihnen gar nicht auf, dass sie nicht erfolgreich war.

Den Leuten war durchaus bewusst, dass sie ein Absatzproblem hatten, aber sie argumentierten auf jede erdenkliche Weise, um die Werbung nicht ändern zu müssen. Sie glaubten allen Ernstes, die Werbung müsse richtig sein, da die Beschäftigten und die Geschäftsleitung von Miller sie mochten, genauso wie die Werbeagentur. Und obwohl es durchaus stimmte, dass viele Menschen in der Zielgruppe, nämlich die Biertrinker Amerikas, ebenfalls sagten, die Anzeigen gefielen ihnen, wurden sie doch vielmehr dazu motiviert, Coors Light oder Bud Light zu trinken. Können Sie sich noch an die Kampagne erinnern: »Don't just ask for a light – ask for a Bud Light«? [Fragen Sie nicht einfach nach einem kalorienarmen Bier, fragen Sie nach einem kalorienarmen Bud] Die Werbung war vielleicht nicht so kreativ und reizvoll wie die Miller-Anzeigen, aber der springende Punkt ist, diese Werbung war erfolgreich. Sie kam direkt auf den Punkt. Sie forderte die Leute auf, Bud Light zu kaufen, und genau das taten sie.

Es gab eine Zeit, da war Miller Lite die beliebteste und am schnellsten expandierende Biermarke Amerikas. Wie geht es der Marke heute? Was ist passiert? Die Firma gab den Leuten einfach keinen guten Grund, warum sie ihr Bier kaufen sollten, daher kauften die Leute auch nicht. Im Fall von Miller besteht die eigentliche Tragik darin, dass die Entwicklung wahrscheinlich ein paar Nicht-Marketingleute davon überzeugte, dass Marketing keinen Beitrag zum Verkauf leistet. Sie wurden in ihrer Meinung bestärkt, dass Marketing »ganz nett« ist, wenn man es sich leisten kann, dass es aber sicherlich keine Notwendigkeit – und ganz bestimmt kein »Muss« ist, wenn die Einnahmen sinken.

Unsere Zeit ist schnelllebig und Investoren sind so anspruchsvoll, dass es sich kein Unternehmen leisten kann, Geld für etwas auszugeben, das nicht zur Ertragssteigerung beiträgt. Ich habe keine Ahnung, ob es jemals eine Zeit gab, in der Firmen sich das leisten konnten, aber heutzutage ist es definitiv nicht möglich. Wenn Sie jedoch einmal in Ruhe darüber nachdenken, wird Ihnen klar werden, dass das, was die meisten Unternehmen heute tun, unsinnig ist. Wenn ihre Abverkäufe stagnieren, dann sparen sie in dem einzigen Bereich, der die Verkäufe wieder zum Steigen bringen könnte: dem Marketing. Warum tun sie das? Warum tun sie weniger von dem, was ihre Probleme lösen könnte, wenn mehr davon die Rettung bringen würde?

Bei Coke gaben wir bewusst Geld aus, um mehr zu verkaufen. Wir haben nur dann die Ausgaben für etwas reduziert, wenn wir keinen Erfolg sahen und die Einnahmen der Marke die Marketingausgaben nicht rechtfertigten. Wenn etwas erfolgreich war, dann gaben wir dafür noch mehr Geld aus. Wir gaben so lange mehr Geld aus, bis die Mehreinnahmen die

Mehrausgaben nicht mehr überstiegen. Wenn sich Firmen einmal zu dieser Sichtweise entschließen und Marketing betreiben, um die Abverkäufe zu steigern, dann werden die Rückgänge niedriger ausfallen, die Spitzenverkäufe und Gewinne aber wesentlich höher sein. Was bedeutet das für Sie? Nun, sobald Ihr Chef zu begreifen lernt, dass Marketing tatsächlich den Verkauf steigern kann, wird er aufhören, es als optionales Extra zu betrachten, und Sie können anfangen, Ihr Marketingbudget als strategisches Werkzeug einzusetzen, um das zu erreichen, was Sie wollen. Konkret gesagt bedeutet dies, dass Ihr Chef lernen wird, die Marketingausgaben nicht zu kürzen, wenn die Geschäfte schlecht gehen, sondern sie in einer solchen Situation zu erhöhen.

Das bringt mich auf mein nächstes Thema: Die Art und Weise wie Firmen ihre Marketingbudgets festlegen. Traditionell betrachten Unternehmen Marketing als einen Posten auf der Ausgabenseite. Je nachdem, wie viel sie ausgeben wollen, legen sie ihre Marketingbudgets fest. Wir haben x Mark übrig oder wir wollen x Prozent von unseren Einnahmen für Marketing ausgeben, und mehr können wir uns nicht leisten. Dann rechnen sie sich aus, wie viel Werbung oder Marktforschung oder was auch immer sie mit diesem Geld finanzieren können. Aber wenn man endlich begreift, dass Marketing dazu dient, Ware zu verkaufen, dann wird das Geld, das man dafür aufwenden muss, zu einer Investition, nicht zu einer Ausgabe. Die Frage lautet dann nicht mehr: »Wie viele Verkaufsförderungsmaßnahmen können wir uns leisten?«, sondern »Wie viel mehr können wir verkaufen?«, und anschließend: »Was müssen wir tun, um das zu schaffen?« Wenn man die Fragen auf diese Weise stellt, dann wird man sich leicht dazu entscheiden, das Marketingbudget zu erhöhen und nicht zu reduzieren, weil man ja den deutlichen Beweis dafür sehen wird, dass höhere Investitionen auch zu höheren Einnahmen führen.

Denken Sie daran, wenn Sie überlegen, wie viel Geld Sie für Marketing ausgeben wollen. Warum? Schauen Sie sich einmal die Alternativen an. Beurteilen Sie selbst, was funktioniert. Finden Sie heraus, welche Investition die besten Erträge bringt, und tätigen Sie diese. Tun Sie es auch dann, wenn es bedeutet, dass Sie für etwas Geld ausgeben, was Ihnen selbst gar nicht gefällt, für irgendeine Kampagne oder Packung, die Sie nicht zum Kauf motiviert. Geben Sie das Geld aus, egal, ob Ihr Ehepartner dafür oder dagegen ist. Ihr persönlicher Geschmack und der Ihrer Freunde ist unerheblich. Wenn sich etwas lohnt, dann machen Sie es. Wenn es sich nicht lohnt, lassen Sie die Finger davon.

In Zukunft werden viele Führungskräfte Marketing viel besser verstehen als je zuvor (Denken Sie daran: Auch die lesen dieses Buch). Dann werden Marketingleute nur überleben, wenn sie sicherstellen, dass sie mehr Ware an mehr Leute zu Gewinn bringenden Preisen verkaufen, und dafür sorgen, dass alle dies auch erfahren. Sagen Sie, was Sie tun wollen, tun Sie es, und analysieren Sie hinterher, warum es funktioniert hat. Und tun Sie alles offen, damit jeder sieht, was Sie tun und es begreifen kann.

Steigern Sie die Nachfrage mit Hilfe von Marketing

Natürlich brauchen Sie die Produktion, die Distribution und einen Vertrieb. Aber letztendlich spielt es überhaupt keine Rolle, wie gut die Distribution für Ihr Produkt klappt, wie effizient Sie es herstellen oder wie erfolgreich Ihr Vertrieb es in den Handel bringt, wenn kein Mensch Ihr Produkt kaufen will. Ein Automobilhersteller kann die kostengünstigste Produktion der Welt haben, aber er verdient erst dann Geld, wenn die Wagen verkauft werden. Überlegen Sie einmal: Wo sieht man heutzutage DeLorean-Autos?

Sie können die modernste Flugzeugflotte mit den bequemsten Sitzen haben; Geld werden Sie damit nur verdienen, wenn Sie die Plätze auch belegen. Sie können eine weltweite Restaurantkette aufbauen mit einem eminent effizienten *Point-of-Sales-System* und hervorragend geschulten Managern. Aber letztendlich werden Sie auch damit nur dann profitabel sein, wenn Sie viele Gerichte verkaufen und damit viel Geld verdienen, sei es nun mit Hamburgern, Tacos oder Pizzen.

»Sie können die modernste Flugzeugflotte mit den bequemsten Sitzen haben; Geld werden Sie damit nur verdienen, wenn Sie die Plätze auch belegen.«

Die Positionierung eines Produktes erfolgt durch das Marketing. Es weckt bestimmte Erwartungen und zwar auf eine Art und Weise, die es einem Unternehmen ermöglicht, die Erwartungen überzuerfüllen und dadurch die Kunden so zu begeistern, dass sie zurückkommen und mehr haben wollen. Wie oft lesen wir in der Tageszeitung über irgendein Unternehmen, das 200 Läden schließt oder sich aus x Ländern zurückzieht, weil es sich zu rasch ausgedehnt hat? Wie konnte es dazu kommen? Man hat sich in diesen Fällen für den Hoffen-und-Harren-Ansatz entschieden – frei nach dem Motto: Wir bauen das Unternehmen erst einmal auf, die Kunden werden dann schon kommen.

Aber die Kunden kamen nicht, weil die Unternehmen sich nicht richtig vermarkteten. Sie machten einfach nicht deutlich, warum die Kunden in ihre Geschäfte kommen sollten, und sie baten nicht darum, dass jemand bei ihnen kauft. Sie erklärten nicht, warum ein bestimmtes Erfrischungsgetränk, ein Motorrad, eine Dienstleistung oder eine Erfahrung sich von allen anderen abhob, besser als andere oder etwas Besonderes war. Sie bauten die Unternehmen auf, doch die Kunden blieben aus, woraufhin sie alles wieder schlossen. Wenn sie ihre Produkte richtig vermarktet hätten, gäbe es die Unternehmen heute noch.

Ohne zielgerichtetes Marketing kann ein Unternehmen keine Neukunden gewinnen, und über kurz oder lang wird es auch die alten verlieren. Eine der goldenen Regeln herkömmlicher Marketingexperten lautet, dass man einen Kunden, den man jung gewonnen hat, sein Leben lang behält. Ein sehr beruhigender Gedanke, aber äußerst trügerisch. Vorlieben ändern sich, gerade heutzutage. Wenn es Ihnen nicht gelingt, diese Vorlieben am Leben zu halten und zu festigen, kurz gesagt, Ihr Produkt den Kunden immer wieder neu zu verkaufen, dann werden diese Kunden sehr schnell verschwinden – und dann sind auch Sie weg vom Fenster.

Deshalb erfinden die Sportartikelhersteller ihre Produkte immer wieder neu. Sie wissen nur zu gut, dass die jungen Konsumenten heutzutage täglich mit Informationen bombardiert werden und zu hören bekommen: »Kauf mein Produkt, kein anderes!« Ja, man muss Kunden in jungen Jahren gewinnen, aber man muss ihnen immer wieder neue Gründe liefern, warum sie ein bestimmtes Produkt kaufen sollen.

Bei Coke ist diese Botschaft laut und deutlich angekommen, als das Unternehmen in den siebziger Jahren Kunden verlor. Die Firma hatte angenommen, Coca-Cola würde sich ganz von allein verkaufen, da es ein so beliebtes Produkt war. Raten Sie mal, was passierte? Das Produkt wurde heiß geliebt, aber nicht getrunken. Das Gleiche ist schon vielen anderen Unternehmen passiert, die ihren Kundenstamm als gegeben annahmen. Converse-Schuhe waren einmal der große Hit ... Wo sind sie nun? Was ist bloß mit Levi's geschehen? In den achtziger Jahren konnte man nirgendwo hingehen, ohne etwas von Levi's zu sehen oder zu hören. Klar, es gibt die Firma immer noch, aber haben Sie sich in letzter Zeit mal deren Marktanteil angesehen? Snapple, das Wundergetränk der frühen neunziger Jahre, schlug wie eine Rakete ein und sollte alle kohlesäurehaltigen Getränke ersetzen. Was ist bloß damit passiert? Die Leute kaufen immer noch Coke und Pepsi und sogar Fruitopia. Aber wo ist Snapple?

Nike ist auch so ein Beispiel. Anfang und Mitte der neunziger Jahre hat die Marke wirklich alle Bereiche im Sport dominiert, aber auf einmal hat sie an Bedeutung verloren. Fast zur gleichen Zeit erwacht die schon totgesagte Marke Adidas zu neuem Leben. Wieso? Adidas hatte Mist gebaut und den Kontakt zu seinen Kunden verloren, aber anders als Converse in der gleichen Situation hat Adidas begriffen, dass die Firma ständig ihre Zielgruppe ansprechen muss. Adidas hat verstanden, dass man Turnschuhkäufer nicht nur ständig an die Existenz des Unternehmens erinnern muss, sondern auch daran, warum es existiert. Um Konsumenten für sich zu gewinnen, musste es erneut deutlich machen, wieso die Marke so besonders ist und worin sie sich von anderen unterscheidet (Stil, Preis, Qualität, langjährige Erfahrung). Genau das hat Adidas getan und ist mit Furore zurückgekehrt. Mit Phil Knight als neuem Leiter von Nike bin ich sicher, dass sich auch dieses Unternehmen wieder auf dem Markt bemerkbar machen und die Sportindustrie neu definieren wird. Aber die Frage bleibt trotzdem bestehen, warum das Unternehmen überhaupt an Bedeutung verloren hat. Die Antwort war: Es wurde selbstgefällig. Erfolg ist leicht verderbliche Ware; deshalb dürfen Sie Ihren Geschäftserfolg nicht als gegeben hinnehmen – wer auch immer Sie sind.

Sobald Sie verstehen, dass es einen direkten Zusammenhang zwischen Marketing und steigenden Abverkäufen gibt, werden Sie auch begreifen, dass Marketing nichts ist, worauf Sie verzichten können. Im Gegenteil: es ist die wichtigste Aktivität eines Unternehmens. Bei allem anderen, was Ihr Unternehmen entwickelt und tut, müssen Sie immer auch an das Marketing denken. Sollte das Marketing nicht das Kernstück Ihres Unternehmens sein, dann sind Sie verloren. Weder Ihre Verkaufszahlen noch Ihre Gewinne werden steigen. Sie werden Marktanteile verlieren. Und Ihr Wettbewerber, der etwas von Marketing versteht, wird Sie aus dem Markt vertreiben. Wenn Sie Ihr Produkt nicht selbst positionieren, dann wird es die Konkurrenz für Sie tun.

Verkaufen Sie so viel Sie können

Letztendlich hat ein Marketingmensch das Ziel, die Rendite seines Unternehmens zu maximieren, und das heißt, alles zu verkaufen, was die Firma nur produzieren kann bis zu dem Punkt, an dem die Grenzkosten der Produktion und des Vertriebs nicht mehr den Ertrag bringen, den Sie wollen.

In einem späteren Kapitel werde ich die Konsequenzen hiervon untersuchen und auch darauf eingehen, wie ein Unternehmen die Marketingleute in alle Entscheidungsfindungsprozesse involvieren muss. Denn wenn man wirklich Gewinnmaximierung betreiben will, dann muss man wissen, wie viel man verkaufen kann, ehe man mit der Produktion beginnt. Im Moment werde ich aber einfach von gegebenen Kapazitäten ausgehen und einfach sagen, das erste Ziel, das jeder Marketingexperte verfolgen sollte, besteht darin, alles zu verkaufen, was die Firma herstellen kann.

»Ein guter Marketingfachmann wird alles verkaufen, was sein Unternehmen herstellen kann, einfach alles, nicht nur Dreiviertel davon oder 80 Prozent.«

Die meisten Unternehmen bauen Kapazitäten auf, um die Spitzennachfrage zu bestimmten Zeiten befriedigen zu können, und finden sich dann damit ab, diese Kapazitäten für den Rest des Jahres ungenutzt zu lassen. Die Hersteller von Erfrischungsgetränken sind berüchtigt für diese Vorgehensweise, und die meisten Leute in dieser Branche akzeptieren, dass Saisonschwankungen einfach zu ihrem Geschäft gehören. Aber ich glaube nicht an diesen ehrwürdigen Mythos. Bereits vorhandene Produktionskapazitäten zu nutzen ist eine der effizientesten Methoden etwas herzustellen; es ist einfach kriminell, freie Kapazitäten nicht zu nutzen. Ein guter Marketingexperte wird alles verkaufen, was sein Unternehmen herstellen kann, einfach alles, nicht nur Dreiviertel davon oder 80 Prozent. Fluggesellschaften nennen das *yield management* (Ertragsmanagement). Das heißt auf gut Deutsch: »verkaufe jeden vorhandenen Sitzplatz, wenn nötig mit Rabatt«.

Die Fluggesellschaften machen es richtig. Dies ist die einzige mir bekannte Branche, in der die Konsumenten weniger bezahlen, wenn sie früher kaufen. So decken die Fluggesellschaften ihre Fixkosten ab und sorgen für volle Flieger.

Die herkömmliche Meinung geht davon aus, dass Marktanteile mehr oder weniger stabil bleiben, unabhängig davon, ob gerade Winter oder Sommer ist, ob ein Artikel gerade Saison hat oder nicht. Wenn sie außerhalb der Saison ihren Marktanteil halten, dann jubeln Unternehmen, und sie jubeln noch mehr, wenn es ihnen gelingt, während der Saison ihren Marktanteil zu erhöhen. Aber die beste Gelegenheit, Marktanteile zu gewinnen und dem Wettbewerber Kunden wegzunehmen, bietet sich außerhalb der Saison. Wenn Ihnen der Markt noch nicht zu 100 Prozent gehört, dann sollten Sie Ihren Marktanteil in der traditionell ruhigen Saison erhöhen. Sie sollten es deshalb tun, weil die meisten Firmen den Fehler machen und konventionell denken. Sie nehmen einfach an, dass die Abverkäufe sinken werden, daher schränken sie ihr Marketing in dieser Zeit ein. Aber ich frage: »Was soll's?«

Vielleicht sinkt die Nachfrage nach ihrer Warengruppe tatsächlich in der einen oder anderen Jahreszeit. Aber jahreszeitliche Schwankungen spielen keine so große Rolle, wie Sie glauben, es sei denn, Sie haben wirklich ein Monopol. Die Tatsache, dass die Leute weniger Flugreisen oder Golfschläger oder Erfrischungsgetränke im Oktober oder Februar oder wann auch immer kaufen, bedeutet noch lange nicht, dass sie auch weniger von Ihren Produkten kaufen müssen. Sorgen Sie dafür, dass saisonale Schwankungen das Problem Ihrer Wettbewerber werden. Wenn Sie weiter Marketing betreiben, während alle anderen ihre Ausgaben dafür kürzen, können Sie sicherstellen, dass die Produkte, die nicht gekauft werden, diejenigen Ihrer Konkurrenz sind und nicht Ihre eigenen.

Mitunter glaube ich, das ganze Thema der jahreszeitlichen Schwankungen ist nur eine Ausrede, die Marketingexperten erfunden und allen anderen eingeredet haben, um von ihren eigenen Fehlern abzulenken. Die Daten der Marktforschung deuten darauf hin, dass der Gesamtverbrauch an Getränken während des Winters nicht sinkt. Die Leute halten sich vielleicht nicht mehr so viel im Freien auf, aber es gibt viele Gründe, warum sie Erfrischungsgetränke zu sich nehmen, nicht nur hitzebedingten Durst. Daher glaube ich, dass die Marketingleute die Aufgabe haben herauszufinden, welche Gründe das sind, und ihre Produkte weiterhin den Konsumenten zu verkaufen. Ich bin sicher zu fünf jährlichen Vertriebsversammlungen von Miller Brewing gegangen und habe mir jedesmal angehört, dass die Abverkäufe im Frühjahr wegen des regnerischen Wetters niedrig waren (P.S. Offensichtlich hat es während dieser Frühjahre bei Budweiser nicht geregnet; denn dieses Unternehmen hat den Jungs, die über das Wetter klagten, Marktanteile weggenommen.). Einige der reichsten Menschen auf dieser Welt sind diejenigen, die sich einfach weigerten, die ehrwürdigen Geschäftsmythen in ihrer Branche zu akzeptieren. Sam Walton [der Gründer von Wal-Mart, einer großen US-amerikanischen Discounterkette] hätte sicherlich nur ein Geschäft in einer Hauptstraße eröffnet, hätte er dem Mythos geglaubt, dass sich Einzelhandel nur in der Nähe der Konsumenten und bei hohen Gewinnspannen lohnt.

Ich glaube fest an Prophezeiungen. Wenn Sie davon überzeugt sind, dass Sie Schiffbruch erleiden werden, dann wird das auch geschehen. Die Menschen entwickeln Vorstellungen, und diese werden irgendwann festgeschrieben. Ich bin sicher, in dem Unternehmen, in dem Sie arbeiten, gibt es eine ganze Reihe solcher Vorstellungen. Daher gebe ich Ihnen den guten Rat, sie zu entmystifizieren und zu begraben. Aber stützen Sie sich dabei auf Tatsachen. (Übrigens: Wenn Sie ausprobieren möchten, ob Sie die saisonalen Schwankungen nicht abstellen können, dann denken Sie daran, dass die Marketingausgaben, die Sie für das Geschäft, so wie es jetzt ist, eingeteilt haben, nicht angerührt werden dürfen. Wenn Sie mehr Umsatz machen wollen, dann müssen Sie zusätzlich Geld ausgeben. Sie können nicht einfach die Ausgaben, die Sie für zehn Monate geplant hatten, nun über zwölf Monate strecken.)

Wenn Sie nicht daran glauben, dass Sie mehr verkaufen können, dann wird es Ihnen auch nicht gelingen

Ich finde es immer amüsant, wenn Marketingleute sofort, nachdem sie über einen besonders verkaufsstarken Monat oder ein verkaufsstarkes Jahr gesprochen haben, anfangen zu erklären, warum sie nicht in der Lage sein werden, dieses Ergebnis im nächsten Monat oder Jahr zu wiederholen. Man hört das immer wieder. Die Leute sagen: »Wir hatten ein großartiges Jahr. Unser Unternehmen wuchs um 17,3 Prozent«, und dann verbringen sie ein paar Monate damit zu erklären, warum in diesem Jahr ein Wachstum von 17,3 Prozent unmöglich ist. Der Wettbewerber hatte Schwierigkeiten mit einer streikenden Belegschaft, Ostern war spät im Jahr, der städtische Fußballverein nahm am UEFA-Cup teil und so weiter. Oder vielleicht hatte sogar jemand zufällig eine wirklich brillante Idee für das Marketingprogramm. Welchen Unterschied macht das wirklich? Wenn die Konsumenten bereit waren, im vergangenen Jahr ein Produkt in diesen Mengen zu kaufen oder zu nutzen, warum sollten sie dann im nächsten Jahr nicht bereit sein, die gleichen Mengen davon zu kaufen oder zu nutzen, oder nach Möglichkeit sogar mehr, immer vorausgesetzt, Sie machen ihnen klar, dass sie das tun sollten?

»Wir beschließen, dass wir in der Lage sein werden, eine Menge x zu verkaufen, und dann beauftragen wir die Produktion damit, genau so viel herzustellen. Und dann verkaufen wir auch niemals mehr als diese Menge.«

Das Leben ist nun mal so: Wenn man die Ziele zu niedrig ansetzt, werden sie schnell zu Prophezeiungen, die sich selbst erfüllen. Wir geben uns schon geschlagen, sobald wir an unsere eigenen Worte glauben. Wir beschließen, dass wir in der Lage sein werden, eine Menge x zu verkaufen, und dann beauftragen wir die Produktion damit, genau so viel herzustellen. Und dann verkaufen wir auch niemals mehr als diese Menge.

Stellen Sie sich einmal vor, Sie wollten Pizzaverkäufer werden. Sie nehmen sich vor, pro Tag 100 Pizzen zu verkaufen, dann rufen Sie Ihren Lieferanten an und bestellen Zutaten für 100 Pizzen. Dieser wird ausrechnen, wie viel Salami, Paprika und Sardellen Sie brauchen werden, und Ihnen das alles zusammen mit der Teigmischung, der Tomatensoße und dem Käse zuschicken. Sie rufen inzwischen ein paar andere Lieferanten an, mieten einen Steinofen, kaufen ein paar Verpackungskartons und los geht's.

Aber am ersten Tag, an dem Ihre Pizzeria geöffnet ist, verkaufen Sie nur 70 Pizzen. Das heißt, 30 bleiben übrig. Die Frage ist nun: Was sollen Sie tun? Es gibt zwei Möglichkeiten. Wenn Sie wirklich alles verkaufen wollen, was Sie produzieren können, dann müssen Sie ein Marketingprogramm entwickeln, mit dem Sie 100 Pizzen pro Tag an den Mann oder die Frau bringen können; und dann gehen Sie hin und bestellen für den nächsten Tag Zutaten für weitere 70 Pizzen. Die Alternative wäre zu sagen, Sie wollen so viel produzieren, wie Sie auch verkaufen können, und dann werden Sie, weil Sie ja noch Zutaten für 30 Pizzen übrig haben, für den nächsten Tag Zutaten für 40 bestellen. Sie erklären sich also sofort als geschlagen und werden am folgenden Tag auch nicht mehr als 70 Pizzen verkaufen können.

Lassen Sie uns die beiden Situationen analysieren. Im ersten Fall müssten Sie über ein paar Sachen gründlich nachdenken, zum Beispiel darüber, zu welcher Tageszeit man am besten Pizzen bewirbt, ob Sie vielleicht noch einen Service rund um die Pizza anbieten möchten, zum Beispiel Lieferung ins Haus, oder ob Sie Ihre Pizzen vielleicht nicht nur im Ganzen, sondern auch in einzelnen Stücken verkaufen wollen. Außerdem müssten Sie untersuchen, warum nicht mehr Leute Ihre Pizzen kaufen, und herausfinden, was Sie den Leuten erzählen oder für sie tun müssen, damit sie Ihre Pizzen kaufen. Das ist zielgerichtete Planung. Sie haben das Ziel vor Augen, momentan 100 Pizzen am Tag zu verkaufen, daher sind alle Ihre Entscheidungen auf dieses Ziel hin ausgerichtet. Wenn Sie diese Vorgehensweise stetig beibehalten, dann werden Sie irgendwann auch einen Plan entwickeln, wie Sie am Tag 200 oder 300 oder gar 400 Pizzen verkaufen können.

Sehen Sie sich dagegen den zweiten Fall an, die wesentlich bequemere Situation. Sie haben am ersten Tag 70 Pizzen verkauft, und wenn Sie weiterhin diese Menge pro Tag verkaufen, bleiben Sie im Geschäft (vorausgesetzt, dass diese Menge genügt, um Ihre Fixkosten zu decken). Aber Sie werden nur gerade so durchkommen und wahrscheinlich recht bald dichtmachen müssen.

Richten Sie Ihre Pläne danach aus, wie viel Sie verkaufen wollen oder müssen, und nicht danach, wie viel Sie bisher verkauft haben oder glauben verkaufen zu können. Nach der Planung ist es dann Aufgabe des Marketings, die Ideen und Programme zu entwickeln, mit denen Sie Ihr Ziel erreichen können. Doch Ihre Planung kann nicht auf Wunschträumen basieren. Hier geht es darum zu entscheiden, wie viel Sie verkaufen müssen, um erfolgreich zu sein, und dann darum, einen Weg zu finden, um Ihr Ziel zu erreichen. Stecken Sie Ihr Ziel nicht niedriger, nur um es leichter erreichen zu können, denn wenn Sie dieses Ziel erreichen, werden Sie nicht dort sein, wo Sie eigentlich hinwollten.

Machen Sie sich klar, dass nur der Nettogewinn zählt

Sie können eine ganze Menge Ware unter die Leute bringen, wenn Sie diese verschenken. Wie viele Firmen auf der ganzen Welt haben ihre Preise so weit reduziert, dass sie nichts mehr verdienen. Sie haben gewaltige Einnahmen. Ihr Umsatz erreicht Rekordhöhe, aber ihr Gewinn geht in den Keller. Hohe Absatzzahlen sind nur dann von Bedeutung, wenn man damit einen Gewinn erzielt oder kontinuierliche Wachstumsraten erreicht, die Gewinn generieren werden. In einem späteren Kapitel werde ich darüber schreiben, wie man Konsumenten davon überzeugt, dass man ihnen etwas Nützliches verkauft, sodass sie bereit sind, dafür zunehmend höhere Preise zu zahlen. Aber im Moment möchte ich mich darüber auslassen, wie Sie Ihr Marketingbudget Gewinn bringend einsetzen können.

»Sie dürfen auf keinen Fall jedes Jahr mehr Geld dafür ausgeben, ein einmal erreichtes Absatzvolumen zu halten.«

Im Marketing müssen Sie immer auf die Grenzerträge achten. Das heißt, Sie müssen herausfinden, wie viel Sie ausgeben müssen, um zusätzlich noch etwas verkaufen zu können, seien es nun Pizzen, Milch, Erfrischungsgetränke, Flugscheine, Autos oder Puppen. Sie dürfen auf keinen Fall jedes Jahr mehr Geld dafür ausgeben, ein einmal erreichtes Absatzvolumen zu halten. Je länger man ein bestimmtes Absatzvolumen hält, umso weniger sollte es kosten. Wenn Sie einmal einen Konsumenten überzeugt haben und er Ihr Produkt kauft, dann brauchen Sie, um ihn als Kunden zu halten, nicht mehr so viel Geld auszugeben wie am Anfang, als Sie seine Aufmerksamkeit erregen mussten. Wenn Ihr Unternehmen wachsen soll, dann müssen Sie die Ausgaben für bereits gewonnene Kunden einschränken, damit Sie alles übrige Geld im Marketingbudget dafür verwenden können, zusätzliche Kunden zu gewinnen.

Wenn Sie sich schon einmal amerikanische Fernsehprogramme angeschaut haben, dann ist Ihnen vielleicht eine Sendung am Wochenende aufgefallen, in der Angler Ihnen beizubringen versuchen, wie man fischt. Wenn in diesem Programm ein Fisch gefangen wird, dann wird er wieder freigesetzt. Im Marketing dagegen haben Sie zwar das Ziel, den Fisch zu fangen und am Leben zu lassen, aber nicht, ihn wieder loszulassen. Wenn Ihr Unternehmen wachsen soll, dann müssen Sie die Marketingmethode des »Fangens und wieder Freisetzens« aufgeben und zum Fangen und Behalten übergehen. Das heißt nicht, dass Sie nun nicht mehr die Angel auswerfen und Ihre bereits existierenden Kunden so ködern müssen, als wären sie Neukunden. Sie müssen das tun, aber Sie müssen nicht mehr so viel Geld wie in der Anfangsphase dafür ausgeben. Sie müssen Ihren bestehenden Kunden nach wie vor gute Gründe dafür geben, warum sie Ihr Produkt kaufen sollen, aber Sie sollten in der Lage sein, dies auf effiziente Weise zu tun.

Wenn Sie sich den Unterschied zwischen bestehendem Absatz und Zusatzabsatz klargemacht haben, müssen Sie für beide die Kosten berechnen. Das heißt, Sie müssen die Kosten für das Zusatzvolumen anders verbuchen als diejenigen für das bereits erreichte Volumen. Nur so können Sie feststellen, ob Ihre Marketingprogramme sich tatsächlich lohnen. Ziel ist es, diejenigen Kunden, die Ihre Marke bereits kaufen, zu mehr Käufen zu animieren beziehungsweise Nichtkunden, die im Moment etwas anderes bevorzugen, von Ihrer Marke zu überzeugen.

Wenn Sie keine solide Verkaufsbasis entwickeln, wenn Sie nicht immer wieder neue Gründe finden, warum Leute Ihre Ware kaufen sollten, dann »leihen Sie Absatzvolumen«. Das Absatzvolumen muss Ihnen aber gehören. Denken Sie immer daran: Neukunden zu gewinnen ist teuer – man muss hart arbeiten, um sie zu überzeugen. Mit bestehenden Kunden ist das einfacher, man muss sie nur in ihrem Verhalten bestärken und ihnen täglich neue Gründe liefern, warum sie eine Marke weiterhin kaufen sollten. Analysieren Sie also Ihre Verkaufszahlen, finden Sie heraus, wie viel davon Basisvolumen ist, wie viel Zusatzvolumen die einzelnen Marketingmaßnahmen gebracht haben, mit wie viel Wiederholungskäufen Sie rechnen können, und dann gründen Sie Ihren Geschäftsplan und Ihre Marketingaktivitäten auf diese Erkenntnis.

Am besten gelingt es den Leuten in der Luft- und Raumfahrt- sowie der Rüstungsindustrie, ihre Kosten richtig zuzuordnen. Sie wenden ein *Kosten-Plus-System* an, das heißt, wenn sie Geld verdienen wollen, dann rechnen sie aus, was es kostet, etwas zu produzieren, und dann schlagen sie einen gewissen Prozentsatz drauf. Anders ausgedrückt: Wenn Sie 20 Prozent mehr einnehmen wollen als Sie ausgeben, dann müssen Sie alle Kosten exakt berechnen. Wenn Sie das nicht tun, bleibt ein Teil der Kosten unberücksichtigt und wird nicht vom Kunden bezahlt. In der Luft- und Raumfahrt und bei Waffensystemherstellern muss von den Kosten jeder Pfennig verbucht werden. Im Marketing muss man das Gleiche tun. Das nennt man Kostenrechnung auf der Basis von Aktivitäten (*activity-based costing*).

Jede müde Mark des Marketingbudgets muss in Relation zu einem Verkauf stehen, und Zusatzausgaben müssen für Maßnahmen genutzt werden, die zusätzliches, profitables Absatzvolumen generieren.

Setzen Sie sich das Ziel, dorthin zu gelangen, wo Sie hinwollen, und nicht nur dorthin, wo Sie hinkönnen

Einer der Hauptgründe dafür, warum es Marketingleuten oft an der Disziplin mangelt, die notwendig wäre, um die gewünschten Ergebnisse zu erzielen, besteht darin, dass sie diese Ergebnisse nicht gut genug definieren. Damit komme ich auf meine Aussage zurück, dass sich Marketingleute zu sehr auf Aufgaben und zu wenig auf Resultate konzentrieren. In Zukunft müssen Marketingexperten viel besser in einer Disziplin werden, die ich zielgerichtetes Planen nenne. Ihre Vorgesetzten müssen verlangen, dass die Experten für den Aufwand und das Geld, das man ihnen zur Verfügung stellt, deutliche und objektiv messbare Ergebnisse erzielen. Anders ausgedrückt: Wenn man erfolgreich sein will, muss man ausführlich und klar definieren, wie dieser Erfolg aussehen soll. Dann erst muss man sich überlegen, wie man dieses Ziel erreichen kann.

»Warum ziehen Sie irgendeine Zahl aus dem Hut und setzen sich das Ziel einer zehnprozentigen Absatzsteigerung, wenn ... Sie eine fünfzehnprozentige Steigerung in die [strategisch günstige] Position bringen würde, in der Sie sein müssen?«

Wenn Sie zu einem Flughafen fahren und dort einen Flugschein verlangen, dann wissen Sie, dass die Person hinter dem Schalter fragen wird: Wo wollen Sie denn hin? Normalerweise müssen Sie nicht nur eine Antwort auf die Frage nach Ihrem Ziel geben, sondern Sie müssen sich selbst auch gute Gründe dafür nennen können, warum Sie dorthin wollen. Denn wenn Sie nicht gerade von der Polizei oder irgendeinem Verbrecher verfolgt werden, käme es Ihnen nie in den Sinn, ohne eine Antwort auf die Frage nach dem Grund die Stadt verlassen zu wollen. Warum gehen dann jeden Tag Marketingspezialisten zur Arbeit und starten Werbekampagnen für Millionen von Mark, ohne sich überlegt zu haben, was sie damit eigentlich erreichen wollen? Klar, sie machen große Sprüche darüber, »die Marktführerschaft in dieser Warengruppe sichern zu wollen« oder »den Marktführer aus seiner Position verdrängen zu wollen« oder sie sagen sonst etwas Hochtrabendes. Aber sie sagen nur selten, dass sie den Ertrag um x Mark oder den Absatz in dieser Woche um x Prozent steigern wollen.

Mitunter benehmen sich Unternehmen wie der Flüchtling am Flughafen; sie wissen nur, dass sie von dort wegkommen wollen, wo sie gerade sind. Sie wollen bloß ihre Probleme lösen, sie möchten den Absatz steigern und sie wollen kein Geld mehr verlieren. Noch öfter kommt es vor, dass sie Ziele haben, Vorsätze oder sogar Träume, diese aber nicht gründlich durchdacht oder aus unzulänglichen Gründen gewählt haben. Ich erinnere mich an eine Sitzung, in der ein Geschäftsplan besprochen wurde, und in der der Manager, der uns den Plan vorlegte, sagte, dies sei sein Plan, er trachte aber noch nach etwas anderem. Sein Plan war gut durchdacht, aber wirklich wichtig war das, wonach er darüber hinaus strebte. Doch dafür hatte er keinen Plan, sondern nur Hoffnung.

Vielleicht werden Sie gleich den Eindruck haben, für die folgenden Bemerkungen sei mein Flughafenbeispiel unpassend, denn ich kann nicht sagen, wie viele Leute zum Flugplatz fahren und einen Flugschein dem Preis nach auswählen. Aber ich weiß, dass viele Unternehmen sich ein Ziel für den Jahresabsatz setzen, das auf einer gewissen prozentualen Steigerung der Verkäufe des letzten Jahres basiert oder in Relation zum festgelegten Marketingbudget steht, statt sich zu überlegen, welche Position sie denn im Markt erreichen wollen oder müssen. Das ist genauso, als wenn Sie im Reisebüro sagten, Sie wollten 300 Kilometer weiter fliegen als auf Ihrer letzten Reise oder Sie wollten irgendeinen Flugschein zum Preis von DM 250,– haben. Einfach lächerlich!

Die Festlegung eines Ziels für Ihre Abverkäufe muss auf einer strategischen Entscheidung basieren, die sich auf Ihre Stellung im Markt oder die gewünschte Anlagenrendite oder irgendein anderes übergeordnetes Unternehmensziel bezieht, aber nicht einfach auf einer prozentualen Erhöhung der letztjährigen Verkäufe oder dem Beschluss, eine bestimmte Summe Geld auszugeben. Warum ziehen Sie irgendeine Zahl aus dem Hut und setzen sich das Ziel einer zehnprozentigen Absatzsteigerung, wenn die Unternehmensstrategie klar darauf hindeutet, dass eine fünfzehnprozentige Steigerung Sie in die Position bringen würde, in der Sie sein müssen, um ein neues Produkt auf den Markt zu bringen, eine neue Fabrik zu bauen oder den Einstieg in einen neuen Markt zu subventionieren? Setzen Sie sich eine Steigerung um 15 Prozent als Ziel und überlegen Sie dann, wie Sie dieses Ziel erreichen können. Warum sollte jemand beschließen, zehn Millionen Dollar auszugeben, um einen Gewinn von 13 Millionen Dollar zu erzielen, wenn er mit Ausgaben von zwölf Millionen Dollar einen Gewinn von 16 Millionen erzielen könnte? Entscheiden Sie also erst, wo Sie hinwollen, und legen Sie dann Ihre Ziele,

Strategien und Pläne fest, um das zu erreichen, was Sie wollen.

Es ist wichtig, immer daran zu denken, dass es im Marketing darum geht, Geld für Aktivitäten auszugeben, die den Wert Ihres Produktes, Ihrer Marke oder Ihrer Dienstleistung erhöhen und den Kunden mehr Gründe liefern, um immer öfter immer mehr davon zu kaufen. Es handelt sich dabei um eine Investition und nicht um eine Ausgabe, die man einfach streichen kann. Wenn Ihr Unternehmen wachsen soll, müssen Sie Marketing betreiben. Und wenn Sie strategisch darüber nachdenken, was Sie erreichen wollen, dann bekommen Sie es auch.

2. Kapitel

Ohne Strategie erreichen Sie gar nichts

1982 mietete die Coca-Cola-Company die Radio City Music Hall, engagierte die Rockettes, und stellte der Welt mit großem Wirbel etwas vor ... DIET COKE!!!

Dies war ein mutiges Unterfangen. Zum ersten Mal in der Geschichte wagte die Firma, den berühmten Namen Coke für ein neues Produkt zu verwenden. Aber so interessant das Produkt auch in Marketingkreisen war, die Einführung von Diet Coke war aus einem anderen Grund phänomenal: Wir brachen alle Regeln, die es für die Einführung von neuen Produkten gibt.

Was hatte uns gebissen?

Die Marketingtradition schreibt vor, dass man ein neues Produkt erst einmal in einem kleinen Markt einführen sollte, damit kein Mensch etwas merkt, sollte das Baby sich als Flop erweisen. Und da kamen wir in die großartigste Stadt der Welt mit einer lautstarken Ankündigung, die auf dem ganzen Erdball gehört werden sollte. Warum bloß?

Wir verfolgten die Strategie, Diet Coke als tolles Produkt zu positionieren.

Um die Leute – die Medien genauso wie die Konsumenten – davon zu überzeugen, dass dies auch wirklich ein tolles Produkt war, mussten wir es entsprechend präsentieren. Daher musste alles, was mit dem Produkt in Verbindung stand, dieses Gefühl verstärken. Die Wahl der Radio City Music Hall und die Einladung an die ganze Welt, der Einführung zuzusehen, war unsere Strategie, um die Botschaft herüberzubringen.

Nehmen Sie Profisport als ein anderes Beispiel. Die New York Yankees, die Chicago Bulls und die Denver Broncos sind nicht Weltmeister, weil sie Glück haben. Sie sind auch nicht nur deshalb so erfolgreich, weil sie talentierte Spieler eingekauft haben. Beides hilft natürlich, aber diese Mannschaften siegen, weil sie ihre Arbeit ernst nehmen und professionell arbeiten. Trainer und Spieler denken über ein Spiel nach. Sie entwickeln Theorien und Strategien, um zu gewinnen. Sie probieren beide auf dem Spielfeld aus und passen sie nach Bedarf an.

Dasselbe sollten Sie auch tun.

Gute Mannschaften verbringen eine Menge Zeit damit, ihr eigenes Spiel und das der Wettbewerber zu beobachten und zu analysieren, was im letzten Spiel richtig und was falsch gemacht wurde. Dann entwickeln sie einen Spielplan. Dabei handelt es sich natürlich um einen detaillierten Plan für das nächste Spiel; die Taktik, die Pässe im Fußball oder die Reihenfolge der Werfer im Baseball. Professionelle Teams improvisieren nicht; sie planen wissenschaftlich und führen dann den Plan aus. Hinterher debattieren sie darüber, was funktioniert hat und was nicht.

Wenn Sie gewinnen wollen, müssen Sie das Gleiche tun. Sie brauchen Disziplin, Entschlossenheit und einen gut durchdachten Plan für Ihr Spiel.

Sie müssen eine Strategie entwickeln.

Machen Sie sich bewusst, dass Strategie alles ist

Strategie bedeutet alles.

»Wenn Sie in den Köpfen der Konsumenten ein klares Image etablieren wollen, dann müssen Sie zuerst in Ihrem eigenen Kopf ein klares Image haben.«

Denken Sie einmal darüber nach: Wenn Marketing eine Disziplin im Geschäftsleben ist, die sich darauf konzentriert, möglichst viele Waren und Dienstleistungen zu den höchstmöglichen Preisen zu verkaufen, dann kann es sich dabei einfach nicht um eine eher zufällige Ansammlung von Aktivitäten handeln. Man muss vielmehr systematisch planen und Prozesse entwickeln, mit denen es gelingt, Leute zum Kauf der eigenen Produkte zu bewegen. Diese Aussage sollte nicht fehlinterpretiert werden; sie bedeutet nicht, dass wir Marketingfachleute immer Recht haben müssen. Ich habe gewiss eine ganze Menge Experimente gemacht (und wesentlich häufiger unter den Augen der Öffentlichkeit als die meisten es tun!), die schief gingen. Im nächsten Kapitel werde ich darüber schreiben, dass man daher auch, wenn nötig, Strategien überarbeiten muss. Es ist wichtig, strategische Maßnahmen zu erarbeiten, die den Gewinn steigern, weil sie Kunden dazu bewegen, mehr Ware zu höheren Preisen zu kaufen.

Wenn Sie Ihre Strategien sorgfältig planen und sie zielstrebig implementieren, dann wird Marketing garantiert mehr Kunden mit Ihrem Produkt in der Hand zu den Ladenkassen treiben. Und wenn Sie in den Köpfen der Konsumenten ein klares Image verankern möchten, dann müssen Sie dieses klare Image zuerst in Ihrem eigenen Kopf haben.

Schauen Sie sich zum Beispiel Bühnenstars an. Heutzutage zählen Bühnenstars und ihre Manager zu den besten Marketingleuten, die es gibt. Sie gehen in ein Rockkonzert und dort verkauft man Ihnen ein T-Shirt, einen Hut, ein Programm, eine CD und alles Mögliche, was Sie weder brauchen noch wirklich wollen. Diese Leute wissen ganz genau, dass Sie drei Stunden lang gebannt an einem Ort ausharren werden, sich nachgewiesenermaßen mit dem Künstler verbunden fühlen und zu kaufen bereit und gewillt sind (schließlich haben Sie fast 100 Mark für die Eintrittskarte ausgegeben). Daher nutzen sie die Gelegenheit, Ihnen noch mehr Geld aus der Tasche zu ziehen. Diese Typen verstehen etwas von Marketing. Vor kurzem war ein langer Artikel über Bob Dylan in der *Denver Post*. Es ging nicht um seine Musik oder seine Arbeit als Sänger. Stattdessen wurde er in der Zeitung für sein Marketingtalent gepriesen! Bob Dylan hatte herausgefunden, wie er seine alten Alben Menschen aller Altersklassen verkaufen konnte, und er erreichte sein Ziel nicht, indem er sie als Golden Oldies anpries, sondern ganz einfach als *gute Musik*. Sie werden es kaum glauben, aber es funktionierte.

In Supermärkten sieht die Situation ganz anders aus. Üblicherweise produzieren Unternehmen Ware, damit die Verkäufer diese in irgendwelche Regale räumen. Vielleicht treffen sie noch irgendeine verkaufsfördernde Maßnahme im Laden, doch dann hoffen sie nur noch. Jawohl, sie hoffen, dass ihre Ware verkauft wird, denn sie haben sie billig produziert, in eine Hochglanzverpackung gesteckt, die dem Geschäftsführer so gut gefällt, und sie dann ins Regal stellen lassen. Wie wäre es stattdessen mit Marketingmaßnahmen? Wie wäre es denn, einmal die Kunden zu analysieren und eine Botschaft zu vermitteln, die die Kunden anspricht? Sie machen es ganz einfach nicht.

Legen Sie Ihren Kurs genau fest

Eine Strategie setzt ein Ziel, bestimmt die Parameter und gibt Ihnen ein Denkgerüst. Eine Strategie erlaubt Ihnen, Ihre Kreativität zu nutzen, und lässt anderen Menschen die Freiheit, ihre eigene Kreativität zu nutzen, und zwar auf eine Art und Weise, die Sie Ihrem Ziel näher bringt. Es sind immer die gut durchdachten Strategien, die Sie auf dem rechten Kurs halten, so dass Sie Ihr Ziel nicht aus den Augen verlieren.

> »Sie können und wollen nicht alles ausprobieren. Das würde Unsummen verschlingen, ... und Sie würden letztendlich nichts erreichen.«

Um aus dem bunten Tohuwabohu der heutigen Märkte hervorzuragen und die Konsumenten Ihrer Zielgruppe zu erreichen, bieten sich Ihnen unendlich viele Möglichkeiten, was natürlich gleichzeitig ein Problem darstellt. Sie dürfen keine der Chancen übersehen, gleichzeitig können und wollen Sie aber auch nicht alle davon ausprobieren. Das würde Unsummen verschlingen; außerdem würde vermutlich die Hälfte von dem, was sie machen, das Ergebnis der anderen Hälfte neutralisieren, und Sie würden letztendlich nichts erreichen. Um sicherzustellen, dass Sie sich wirklich keine günstige Gelegenheit entgehen lassen, müssen möglichst viele Leute über dieses Problem ungehindert nachdenken können. Dabei müssen Sie dafür sorgen, dass sie alle in die gleiche Richtung denken und ein gemeinsames Ziel anstreben. Und das erreichen Sie durch das Entwickeln von Strategien.

Strategien führen zur Konzentration auf einen bestimmten Punkt und verhindern, dass Sie sich verzetteln. Um der Konkurrenz immer eine Nasenlänge voraus zu sein, müssen Sie bereit sein, Risiken einzugehen, neue Konzepte zu entwerfen und neue Techniken auszuprobieren. Ein gewisses Risiko lässt sich dabei nie vermeiden, aber es ist umso größer, je diffuser die Strategie ist. Das bedeutet, dass wirklich jeder in der Marketingabteilung die Strategie ganz genau kennen muss. Es bedeutet aber ebenso, dass auch alle anderen in der Firma über die Strategie Bescheid wissen müssen.

Das hört sich vielleicht nicht wie eine großartige Erkenntnis an. »Natürlich«, werden Sie sagen, »weiß jeder, dass Strategien wichtig sind. Darum haben Unternehmen ganze Abteilungen für die strategische Planung, leitende Angestellte gehen zu großen Strategiebesprechungen und wir bemühen uns alle, als strategische Denker zu gelten.« Wenn dem so ist, warum hat dann ein cleveres Unternehmen wie General Electric seine strategische Planungsabteilung aufgelöst? General Electric hat begriffen, dass die Strategie zu wichtig für die effektive Unternehmensführung ist, als dass man sie einfach ein paar Stabsleuten in der Firmenzentrale überlassen könnte. Aber die meisten Unternehmen haben nach wie vor bestimmte Angestellte, die als strategische Planer beschäftigt werden. Und das ist ein klares Zeichen dafür, dass sie die grundlegende Idee nicht verinnerlicht haben und gar nicht verstehen, dass die Entwicklung einer Strategie, genau wie das Marketing selbst, eine der Kernaktivitäten der Firma sein muss. Man kann weder auf das Marketing noch auf die Entwicklung von Marketingstrategien verzichten! Dies sind keine netten Themen, mit denen man sich mal beschäftigt, wenn man gerade nichts Besseres zu tun hat. Sie sind für den Unternehmenserfolg entscheidend.

Fahren Sie nicht zum Flughafen, wenn Sie die Bahn nehmen wollen

Strategie muss im Zentrum von allem stehen, was Sie machen. Ich habe bereits über zielgerichtetes Planen gesprochen und darüber, dass Sie sich über Ihre Ziele und darüber, wo Sie eigentlich hinwollen, im Klaren sein müssen. Sobald Sie sich darauf festgelegt haben, müssen Sie den Weg bestimmen, auf dem Sie dorthin kommen, und sich, sozusagen, für ein Transportmittel entscheiden.

»Manche Leute sind kurzsichtig und glauben, das Absatzvolumen sei das Einzige, was zähle, während sie tatsächlich ihre Marke, ihr Produkt oder ihre Dienstleistung ruinieren.«

Die Strategie ist Ihre Landkarte. Sie ist eine Planungsmethode, mit der Sie festlegen, wie Sie vorgehen müssen, um das durchzuführen, was Sie sich vorgenommen haben. Die Transportmittel sind die Taktiken, die Sie entwickeln, sobald Sie sich für eine Strategie entschieden haben. Beispielsweise setzte sich Microsoft das Ziel, nachdem Netscape seine Browser eingeführt hatte, diese zu neutralisieren. (Ich habe zeitweise als Berater für Microsoft gearbeitet, aber ich hatte nichts mit der Browserkampagne zu tun. Daher kann ich darüber nur als interessierter Beobachter schreiben.) Die Strategie, die Microsoft verfolgte, bestand darin, Browser überflüssig zu machen und dadurch aus dem Markt zu katapultieren, und die Taktik war das kostenlose Angebot von Microsofts eigenem Internet Explorer.

Zuallererst muss die Strategie stehen, denn die Strategie bestimmt die Taktik, die man dann anwenden muss. Wenn man sich entschließt, von New York nach Washington mit dem Zug zu fahren, dann wird man kaum ein Taxi bestellen, das einen zum Flughafen bringen soll. Und wenn man sich entscheidet, das neueste Automodell als einen sportlichen Flitzer zu vermarkten, dann wird man kaum über sparsamen Benzinverbrauch und den Komfort für eine sechsköpfige Familie schreiben.

Eine Strategie zu haben bedeutet nicht, dass die Taktiken automatisch klar sind. Sobald man eine Strategie entwickelt hat, muss man immer noch endlose Stunden damit zubringen, Taktiken immer wieder auszuprobieren und zu testen, über sie nachzudenken und sie zu verfeinern. Aber die Strategie dient immer als Leitlinie.

Alles, was Sie tun, jede Art von Promotion, jede Werbung, jede einzelne Handlung, die Ihre Kunden betrifft – das heißt grundsätzlich alles, was ein Unternehmen tut –, sollte auf der Strategie basieren und diese vorantreiben. Und jeder, der irgendetwas tut, was Kunden betrifft – das heißt praktisch jeder in einem Unternehmen – muss eindeutig wissen, welche Strategie verfolgt wird, damit er oder sie Entscheidungen treffen und so handeln kann, dass Sie Ihrem Ziel näher kommen.

Es gibt tausende von Geschichten darüber, wie es Unternehmen gelang zu expandieren, indem sie das Distributionsnetzwerk ausweiteten, eine neue Verpackung einführten oder ihre Produktpalette verbreiterten. Die traurigen Geschichten sind die von Firmen, die nicht durchhielten. Der Grund, warum sie nicht durchhielten, ist der, dass sie die Muskeln spielen ließen, ihr Gehirn jedoch nicht einschalteten. Sie verfolgten keine Strategie. Sie haben die wesentliche Botschaft ihrer Marke nicht herübergebracht und erzielten daher zwar kurzfristige Absatzsteigerungen, aber kein langfristiges Wachstum.

Sie können so kurzsichtig sein und sich einbilden, dass nur ein hohes Absatzvolumen zählt, während Sie tatsächlich Ihre Marke, Ihr Produkt oder Ihre Dienstleistung zerstören. Fluggesellschaften waren dafür berüchtigt, dass sie zunehmend mehr Passagiere in ihre Flugzeuge zwängten, um nur ja jeden Sitz zu belegen, was nur die Stammkunden verärgerte und die gelegentlichen Kunden auch nicht zur langfristigen Markentreue bewegte. Einer der Gründe dafür, warum dies geschieht, in der Vergangenheit geschah und auch in Zukunft geschehen wird, ist, dass Leute einzelne Aktivitäten zur Beeinflussung des Marktes planen, aber die Strategie dabei aus den Augen verlieren.

Neutralisieren Sie die Konkurrenz

Nachdem ich ausführlich dargelegt habe, warum die Entwicklung einer oder mehrerer Strategien für den Erfolg des Marketings und eines Unternehmens lebenswichtig ist, möchte ich Ihnen ein paar meiner besten geheimen strategischen Waffen vorstellen. Natürlich gleicht kein Unternehmen haargenau einem anderen, aber, abgesehen von Details, kann man überall die gleichen Strategien verwenden. Eine meiner Lieblingsstrategien war wirklich sehr hilfreich, um Crystal Pepsi vom Markt zu fegen.

»Wir erlaubten uns, Crystal Pepsi in den Diätmarkt zu verschieben, wo ihm der Untergang sicher war, denn es enthielt Zucker.«

Als PepsiCo Crystal Pepsi einführte, setzten wir uns bei Coke das gleiche Ziel, das sich Microsoft bezüglich Netscape setzte: den neuen Wettbewerber auszuschalten. Wir führten Tab Clear in der gleichen Warengruppe ein, in der wir bereits Diet Coke platziert hatten – aber unsere Strategie war eine völlig andere. Mit Tab Clear folgten wir der traditionellen Vorgehensweise mit kleinen Testmärkten und sorgfältiger Stichprobenauswahl. Wir führten das Produkt ganz allmählich im ganzen Land ein.

Doch wenn das unsere erklärte Strategie war, was dachten wir uns dann dabei? Unsere Aufgabe war es, den Leuten beizubringen, dass Tab Clear ein ganz gewöhnliches Produkt war. Die Menschen sollten annehmen, dass es sich dabei um nichts Besonderes handelte. Unser Ziel dabei war, die ganze Warengruppe der klaren Colas dadurch zu beseitigen, dass wir ihre Grenzen auflösten und ihre Definition unscharf machten. Auf diese Weise konnten sich die Konsumenten nicht wirklich mit dieser Warengruppe verbunden fühlen, und Crystal Pepsi (und, jawohl, auch Tab Clear) würde bald nur noch Geschichte sein.

Sie werden sich vielleicht fragen, warum wir uns überhaupt die Mühe machten. Nun, wir waren davon überzeugt, dass diese Warengruppe niemals groß genug sein würde, um sich wirklich zu rechnen, aber sie störte und lenkte die Konsumenten vom eigentlich wichtigen Produkt ab. Pepsi hatte Crystal Pepsi eingeführt, um in der Kategorie Zitrus-Erfrischungsgetränke gegen 7UP und Sprite anzutreten. Aber als wir bei Coke die Marke unter die Lupe nahmen, fiel uns auf, wie viele von deren Attributen sich mehr oder weniger auf Diät bezogen. Klarheit, beispielsweise, verbindet man mit wenig Kalorien. Auch das Verpackungsdesign unterstützte dieses Bild und sogar die Werbung spielte diskret auf den Diätaspekt an.

Meiner Ansicht nach wartete Crystal Pepsi geradezu verzweifelt auf jemanden, der das Produkt neu positionierte.

Da uns bewusst war, dass sich die Warengruppe der klaren Colas nicht lange halten würde, erlaubten wir uns, Crystal Pepsi in den Diätmarkt zu verschieben, wo ihm der Untergang sicher war, denn es enthielt Zucker. Indem wir einem zuckerhaltigen Getränk ein anderes ohne Zucker gegenüberstellten, verzerrten wir nicht nur das Bild der Warengruppe in den Augen der Konsumenten, sondern wir etablierten auch eine Produkteigenschaft, die Crystal Pepsi offensichtlich nicht aufweisen konnte. Der Plan ging auf. Den Konsumenten war nie ganz klar, ob sie klare Colas wegen deren Geschmack kaufen sollten – tatsächlich hatte Tab Clear geschmacklich überhaupt keine Ähnlichkeit mit Crystal Pepsi – oder ob sie sie wegen deren Aussehen oder ihrem Kaloriengehalt kaufen sollten. Daher verschwanden Crystal Pepsi und Tab Clear sehr schnell vom Markt.

Als einige Kritiker 1998 nach meiner Ankündigung, dass ich Coca-Cola verlassen würde, meine Karriere analysierten, behaupteten sie, Tab Clear sei ein Fehlschlag gewesen, oder zumindest eine Enttäuschung. Ich verstehe, wie der kurze Lebenszyklus des Produktes sie zu dieser Annahme verleiten konnte. Aber gemessen an unserer Zielsetzung war Tab Clear ein immenser Erfolg. Ich war wirklich ziemlich stolz darauf, denn es erschien mir als neue und elegante Lösung für ein ärgerliches Problem. Sie können sicher sein, dass ich diese Strategie wieder einsetzen würde.

Aber lassen Sie uns, als Anschauungsmaterial, einmal darüber nachdenken, was hätte passieren können, hätte Coca-Cola eine andere Strategie gewählt. Mit der gleichen Zielsetzung, den Wettbewerber auszuschalten, hätten wir uns auch zu einem Konfrontationskurs entschließen können. In dem Fall hätte eine taktische Maßnahme darin bestehen können, ein Produkt unter dem Namen Coke einzuführen und mit Hilfe von Werbung absolut sicherzustellen, dass die Konsumenten ein klares Bild von der Warengruppe bekamen und das klare Coke-Produkt attraktiver als Crystal Pepsi fanden.

Hätten wir uns dafür entschieden, dann bin ich mir sicher, dass wir vor Crystal Pepsi Marktführer geworden wären. Allein schon die Macht der Marke Coke hätte uns einen deutlichen Vorteil beschert. Denken Sie nur daran, wie sich Diet Coke entwickelte. Es wurde 15 oder noch mehr Jahre nach Diet Pepsi eingeführt, war aber von Anfang an Marktführer. Aber im Fall von Crystal Pepsi rechtfertigte die Größe des potenziellen Marktes ganz einfach nicht den Aufwand.

Beseitigen Sie die Warengruppe

Eine dritte Möglichkeit wäre gewesen, den Neuankömmling einfach zu ignorieren, eben das, was Coke lange Zeit mit Snapple gemacht hat. Als Snapple auf den Markt kam, wurde es als die gesündere Alternative zu zuckerhaltigen oder künstlich gesüßten Erfrischungsgetränken positioniert. In diesem Fall hatten wir auch das Ziel, den Wettbewerber auszuschalten, aber unsere Strategie bestand darin, die Konkurrenz und die neue Warengruppe keiner Aufmerksamkeit zu würdigen. Wir wollten absolut nichts tun, was hätte andeuten können, dass Erfrischungsgetränke auf Fruchtbasis ohne Kohlensäure auch nur im entferntesten etwas mit der Kategorie der Coke-Produkte zu tun haben könnten. Unsere Taktik bestand darin, überhaupt keine Werbung zu machen, die auf Fruchtsaftgetränke als Alternative auch nur hindeutete. Als dann Snapple in Fahrt kam und den Absatz aller anderen Erfrischungsgetränke beeinträchtigte, änderten wir unsere Strategie und führten Fruitopia ein. Wir hatten nach wie vor das Ziel, einen Einfluss des Wettbewerbers auf Coca-Cola zu verhindern, aber die neue Strategie bestand darin, Snapple weniger profitabel zu machen, indem wir selbst mit einem stillen Coca-Cola-Fruchtsaftgetränk auf den Markt kamen.

»Wenn die gewählte Strategie nicht funktioniert, wie beispielsweise die Strategie Snapple zu ignorieren, dann muss man sie ändern.«

Es ist völlig in Ordnung, eine Strategie zu ändern, genauso wie es in Ordnung ist, die Taktik zu ändern, solange man sich weiterhin auf sein Ziel konzentriert. Wenn die gewählte Strategie nicht funktioniert, wie beispielsweise die Strategie, Snapple zu ignorieren, dann muss man sie ändern. Aber es ist wichtig, immer daran zu denken, dass man eine klare Entscheidung über diese Änderung treffen muss. Damit will ich sagen, dass man nicht einfach nur die Strategie heimlich, still und leise über Bord gehen lassen sollte. Wenn eine Strategieänderung einfach nur durch Zufall zustande kommt, wenn Sie sich einfach nur treiben lassen und ein paar neue Taktiken ausprobieren, ohne sie in Ihrer Strategie zu verankern, dann kommen Sie ins Schwimmen. Wenn die Strategie nicht funktioniert, dann müssen Sie sich hinsetzen, nachdenken und eine neue Strategie entwickeln.

Konzentrieren Sie sich auf Ihr Ziel

Selbst dann, wenn Ihre Strategie funktioniert, ist die Gefahr groß, dass Sie sich vom rechten Weg abbringen lassen. Es werden sich Gelegenheiten bieten, die zu gut erscheinen, als dass man sie ignorieren könnte. Oder vielleicht sehen Sie auch eine Möglichkeit, etwas, das Sie tun, so abzuwandeln, dass sie noch schnell ein paar Mark mehr damit verdienen oder ein paar mehr Kisten oder Wagenladungen von dem, was Sie anbieten, verkaufen können. Aber das ist gefährlich. Als McDonald's sich das Ziel gesetzt hatte, mehr Leute zum Kauf von Happy Meals zu bewegen, war es sinnvoll und strategisch richtig, Kunden ein Beanie Baby zum Billigpreis anzubieten, wenn sie sich eine solche Mahlzeit kauften. Nach einer Weile jedoch fiel jemandem bei McDonald's auf, dass sie mehr Geld an den Beanie Babies verdienten als an den Mahlzeiten.

Was passierte?

Man fing an, Beanie Babies auch einzeln zu verkaufen.

»Sie machen so etwas zwei- oder dreimal, und bums! … werden Sie nicht einmal mehr einen Plan haben, an dem Sie festhalten könnten.«

Vielleicht hat das ein paar Mark mehr in die Kasse gebracht, aber Kunden wurden dadurch keine gewonnen und mehr Mahlzeiten wurden dadurch auch nicht verkauft. Doch im Hinblick auf die eigentliche Zielsetzung hatte diese Maßnahme mit der notwendigen Strategie überhaupt nichts zu tun. Sie machen so etwas zwei- oder dreimal, und bums! ist Ihre Strategie zerstört und Sie werden Ihr Ziel niemals erreichen. Ihr Marketing wird völlig disziplinlos. Sie werden nicht einmal mehr einen Plan haben, an dem Sie festhalten könnten. Sie werden wieder das Stadium erreichen, in dem Sie verzweifelt im Wasser herumplanschen und hoffen, dass Sie nicht ertrinken.

Ziehen Sie aus allem eine Lehre

Eine Strategie zu entwickeln und sich daran zu halten, führt dazu, dass Sie und alle anderen auf dem richtigen Weg bleiben, sodass Sie die Wirksamkeit Ihrer Marketingmaßnahmen optimieren können. Aber es ist noch viel wichtiger, dass Sie für sich strategisches Denken zur Lebensart machen.

> »Sie sollten für kein Problem mehr als
> eine Strategie entwickeln,
> aber es gibt viele Probleme,
> für die Sie Strategien brauchen.«

»Strategisches Denken« ist einer der Ausdrücke, den Menschen häufig verwenden, um zu zeigen, dass es sich bei ihnen um wichtige Personen handelt, die nur über große Dinge nachdenken und sich mit dem Kleinkram nicht abgeben wollen. Aber das meine ich nicht, wenn ich sage, dass Sie strategisches Denken zu einer Lebensart entwickeln müssen. Ich möchte damit sagen, dass Sie an alles denken müssen. Sie müssen sich umsehen. Sie müssen beobachten, was wirklich vor sich geht. Sie müssen die Verbindung zwischen anscheinend völlig verschiedenen Dingen sehen, und dann müssen Sie sich eine Meinung bilden, die Ihnen als Handlungsbasis dienen kann.

Jeder Psychologe oder Beobachter menschlichen Verhaltens wird Ihnen sagen, dass Menschen von Natur aus so denken und dass sie es laufend tun. Wir könnten keinen einzigen Tag überleben, wenn wir keine Vorstellung von der Welt hätten und davon, wie alles funktioniert. Wir könnten weder ein Auto fahren noch eine Straße überqueren, wenn wir nicht einwandfrei verstehen würden, wie der Verkehr abläuft. (Darum fällt es allen Menschen, die an Rechtsverkehr gewöhnt sind, auch so schwer, in Großbritannien Auto zu fahren oder über die Straße zu gehen. Die Regeln, die in unseren Köpfen über den Verkehr verankert sind, gelten hier nicht.) Es genügt jedoch nicht, dieses strategische Denken unbewusst zu tun. Man muss es ganz bewusst tun, man muss es ständig tun, und man muss es im Marketing tun. Man braucht für alles Strategien, man muss sich dieser Strategien bewusst sein, und man muss sie anwenden. Außerdem muss man über alles, was sich auf die Strategie und letztendlich auch auf die Zielsetzung bezieht, eine Meinung haben.

Denken Sie noch einmal an die Politiker. Wenn ein Politiker oder eine Politikerin eine Wahl gewinnen will, dann sollte er oder sie Strategien dafür haben, wie man die Stimmen unterschiedlicher Wählergruppen gewinnt, einschließlich der Minderheiten, der Frauen, der Jugendlichen, der Älteren und der Wähler anderer Parteien. Zudem braucht der Politiker auch Strategien für den Umgang mit einzelnen Themen, wie etwa der Wirtschaft, der Außenpolitik, der Erziehung, den Steuern, den Beziehungen zu Ausländern, der Abtreibung und allem, worüber sich die Menschen Gedanken machen. Wenn Sie also ein Produkt vermarkten wollen, dann müssen Sie feststellen, mit welchen Problemen dieses Produkt konfrontiert sein wird, und dann brauchen Sie Strategien, um jedes einzelne davon anzugehen.

Wann immer sie ein Problem haben, brauchen Sie eine Strategie. Glauben Sie mir: Alles ist ein Problem. Sie sollten für kein Problem mehr als eine Strategie entwickeln, aber es gibt viele Probleme, für die Sie Strategien entwickeln müssen. Je mehr Strategien Sie haben, umso besser für Sie.

Lernen Sie zu begreifen, dass alles irgendetwas vermittelt

Mit einer Strategie geschieht das Gleiche wie mit einer Positionierung. Das heißt, wenn Sie selbst keine haben, dann werden Ihre Wettbewerber schon eine für Sie finden, eine, die Sie in der Regel in eine defensive Position versetzt und Sie dazu zwingt, sich (bewusst oder auch nicht) mit einer ganzen Reihe von zufälligen Strategien auseinander zu setzen, die mit Ihrem eigentlichen Unternehmensziel nichts zu tun haben. Daher rate ich dringend, eine eigene Strategie zu entwickeln, anstatt darauf zu hoffen, dass irgendeiner Ihrer Wettbewerber eine gute für Sie aus dem Hut zaubert.

»Strategie ist die Sache, die Sie davor bewahren wird, auf Abwege zu geraten. Falls Sie Zweifel haben, überprüfen Sie alles, was Sie tun möchten, im Hinblick auf diese Strategie.«

Während all der Jahre, die ich schon berufstätig bin, habe ich jedem, der in mein Büro kam, zwei Fragen gestellt. Die erste lautet: »Welche Strategie verfolgen Sie?« Die zweite ist: »Werden wir damit Geld verdienen?« Ich glaube einfach nicht, dass man ein Geschäft betreiben kann, ohne sich auf Strategien festzulegen, und das nicht nur auf der obersten Unternehmensebene. Es ist genauso wichtig – wenn nicht sogar noch wichtiger –, dass nicht nur Sie, sondern auch Ihre Leute die Strategie verinnerlichen. Strategie ist die Sache, die Sie davor bewahren wird, auf Abwege zu geraten. Falls Sie Zweifel haben, überprüfen Sie alles, was Sie tun möchten, im Hinblick auf diese Strategie.

Die Strategie muss einfach alles beeinflussen, was Sie tun. Denn alles, was ein Unternehmen tut – von der Art, wie es seine Lastwagen streicht, über die Zeit, die es dauert, bis jemand ans Telefon geht, bis hin zu dem, was die Arbeiter in Ihren Fabriken ihren Freunden erzählen –, ist eine Art der Kommunikation mit der Öffentlichkeit. Daher muss jeder im Unternehmen über die Strategie informiert sein und sie verstehen.

Strategien bringen Marken hervor, und Marken gehen weit über das reine Produkt hinaus. Marken sind viel mehr als das, was man essen oder trinken kann oder womit man seine Zähne putzt. Eine Markenstrategie ist die Summe der Unternehmenskommunikation. Sie müssen entscheiden, ob es eine wohl überlegte oder eher zufällige Strategie sein soll.

3. Kapitel
Marketing ist eine Wissenschaft

Jetzt wissen Sie also, warum Sie Marketing brauchen (um Geld zu verdienen). Außerdem wissen Sie, wie Sie sicherstellen können, dass Sie Geld verdienen (indem Sie eine Strategie entwickeln). Aber wie steht es mit der »Kunst« des Marketings? Ah, ja. Jeder weiß doch, dass zum Marketing ein intuitives Gefühl für die Kundenwünsche gehört, nicht wahr? Und dass wirklich gute Marketingexperten ein außergewöhnliches Gespür für Stil und Drama haben. Wissen Sie, wie oft ich schon derartige Kommentare gehört habe? Millionenfach. Aber Aussagen wie diese sind schlicht und ergreifend falsch.

Jawohl, es gibt künstlerische Aspekte bei manchem, was die Marketingleute tun. Sie müssen einen interessanten Werbespot entwickeln, der Menschen anspricht, wenn Sie wollen, dass diese Leute sich die Werbung ansehen und Ihre Botschaft hören. Aber Marketing als solches ist keine Kunst, und es ist auch nicht geheimnisvoll. Es ist ungefähr genauso geheimnisvoll wie die Finanzbuchhaltung, und genau deshalb muss am Anfang eine Strategie stehen. Tatsächlich ist Marketing eher eine Wissenschaft als eine Kunst, und jeder Marketingmensch, der in Zukunft Erfolg haben will, wird seine Arbeit auf systematische und logische Weise angehen müssen.

Wie ein Wissenschaftler sammle ich Daten, schaue sie mir an, und dann ändere ich mein Tun, abhängig davon, was ich gelernt habe. Genau das ist der wesentliche Punkt: Man muss ständig Informationen sammeln und man muss bereit sein, seine Meinung zu ändern. Wenn Sie Ihr Ziel kennen und wenn Sie bereit sind zu akzeptieren, was die Daten wirklich aussagen, dann müssen Sie Ihre Meinung vielleicht sogar häufig ändern. Sie wollen doch auch nicht, dass der Pilot Ihres Flugzeuges vor dem Start entscheidet, dass er über Omaha fliegen wird, und dann auch an diesem Plan festhält, wenn sich von dort ein Gewitter nähert. Ebenso würden Sie einen Politiker für einen Dummkopf halten, wenn er sich keine Mühe gäbe, mit den Wählern eine gemeinsame Basis zu finden. Aber aus irgendeinem Grund bilden sich die Leute ein, Marketingexperten sollten einen Kurs wählen und dann daran festhalten – komme, was wolle. Ich finde das wirklich unsinnig. Warum sollte man nicht das tun, was die Nobelpreisgewinner auch tun, nämlich etwas Neues ausprobieren, sobald man bemerkt, dass das, was man bisher gemacht hat, nicht funktioniert?

Wenn Sie der Aussage zustimmen, dass Marketing letztendlich das Ziel hat, den Gewinn zu maximieren, indem so viele Produkte wie nur möglich so oft wie möglich an so viele Leute wie nur möglich verkauft werden – und das zu dem höchstmöglichen Preis –, dann müssen Sie es so anpacken, wie ich es eben geschildert habe. Sie müssen wissenschaftlich vorgehen. Es ist nicht sinnvoll, es auf irgendeine andere Art zu versuchen. Warum sollten Sie sich mit etwas zufrieden geben, das Ihnen zehn Prozent Ertrag bringt, wenn Sie mit einer anderen Methode 20 Prozent erreichen könnten? Und warum sollten Sie etwas, das nicht funktioniert, auch nur eine Minute länger weiterverfolgen, nachdem Sie das Problem erkannt haben? Immer vorausgesetzt, dass Sie auch herauszufinden versuchen, warum Ihre Abverkäufe gestiegen oder gesunken sind, statt positive Ergebnisse mit lautem Jubel zu feiern und Verluste mit lahmen Hinweisen auf das Wetter, die wirtschaftliche Lage oder die aggressiven Taktiken eines irrationalen Wettbewerbers abzutun. Analysieren Sie sowohl den Erfolg als auch den Misserfolg, und Sie werden gewinnen.

Beschäftigen Sie sich wirklich intensiv mit den Daten

Vielleicht glauben Sie, dass Sie bisher recht erfolgreich waren, ohne sich viel um Daten gekümmert zu haben. Es würde mich gar nicht überraschen, wenn Sie damit erfolgreich waren. Gutes Marketing hat schon immer funktioniert. Wenn Sie Ihr Produkt so positionieren, dass es für die Konsumenten attraktiv ist, wenn Sie gut kommunizieren und den Kunden Gründe liefern, warum sie ein Produkt kaufen sollten, dann werden sie es auch tun. Der Unterschied besteht jedoch darin, dass Marketing in Zukunft viel besser organisiert sein muss, damit man sowohl die dadurch verursachten Kosten als auch die damit erzielten Erträge messen kann.

»Wenn Sie einmal genau darauf achten, was einzelne Maßnahmen kosten und wie viel Gewinn Sie mit diesen Ausgaben erzielen können, dann werden Sie ein viel besserer Marketingexperte werden.«

Was wird dann aus den Preisen, die Sie bisher jedes Jahr in Cannes für Ihre Werbung bekommen haben? Nun, vielleicht führen wir stattdessen Preise für Abverkäufe und Gewinne ein. Dann können Sie immer noch nach Cannes fliegen und alle werden zufrieden sein.

Wenn Sie lernen, die Daten zu respektieren, wenn Sie besser organisieren, wenn Sie wirklich einmal genau darauf achten, wie viel einzelne Maßnahmen kosten und wie viel Gewinn Sie mit diesen Ausgaben erzielen können, dann werden Sie ein viel besserer Marketingexperte werden.

Messen Sie die Ergebnisse

Mit »Daten« meine ich nicht das, was Sie sich vermutlich darunter vorstellen. Jede Person im Marketing, die Sie treffen, wird Ihnen erzählen, dass sie ständig irgendetwas misst. »Im letzten Jahr hatten wir eine Kampagne, bei der wir Leuten eine Sonnenbrille schenkten, wenn sie einen Badeanzug kauften – und wir verkauften 40 000 Badeanzüge.« Oder wir machten bla, bla, bla und das und das passierte. Aber weiter geht es dann in der Regel nicht mehr. Wenn man einmal nachhakt und fragt, wie denn diese Kampagne das Produkt oder die Dienstleistung für die Menschen bedeutender machte, oder ob man denn nun sicher sein könne, dass die Konsumenten glauben, das eigene Produkt sei besser als das der Wettbewerber, gibt es in der Regel keine Antwort. Anders ausgedrückt: Wie wird die gerade getätigte Investition in eine bestimmte Maßnahme die Beziehung zu den Konsumenten vertiefen und dadurch längerfristig positive Ergebnisse bringen?

Das verstehe ich unter Daten. Wenn Sie sich auf die Rendite konzentrieren und herauszufinden versuchen, wie Sie die Abverkäufe und den Gesamtgewinn maximieren können, müssen Sie die Antwort auf Ihre Fragen finden.

Und Sie müssen diese Antwort dann dazu verwenden, Ihre Programme noch bedarfsgerechter zu gestalten und so lange zu experimentieren, bis Sie das beste Maßnahmenbündel gefunden haben.

»Im Finanzwesen wird eine Analyse der Kostenabweichungen problemlos akzeptiert. … Warum trifft das auf die Marketingwelt nicht zu?«

In anderen Geschäftsbereichen sind Überprüfung und Revision Routine. Im Finanzwesen sieht es so aus, dass die Finanz- und Geschäftsleute ihre jeweiligen Annahmen ausgiebig diskutieren, ehe eine Kapitalanlage getätigt wird. Sie füttern Zahlen in den Computer, entwickeln ein Finanzmodell und treffen eine Entscheidung darüber, ob das Projekt durchgeführt werden soll oder nicht. Wann immer wir eine Fabrik bauen oder eine große Maschine kaufen, gehen wir von bestimmten Annahmen aus und planen für ein Jahr im Voraus, oder vielleicht auch für zwei oder drei. Schließlich kommt dann der Tag, an dem das Gebäude steht oder die Anlage integriert ist und die Produktion von dem beginnen kann, was produziert werden soll. Dann werden Fabrik oder Anlage sorgfältig für ein paar Monate lang beobachtet und die Ergebnisse gemessen.

Wenn die Ergebnisse zeigen, dass unsere Annahmen falsch waren, dann kommen wir zu dem Schluss, dass wir eine Analyse der Abweichung des Istzustandes vom Sollzustand durchführen müssen. Das bedeutet, dass wir die Annahmen analysieren, von denen wir ausgegangen sind, um das Projekt in Gang zu bringen, und sie auf der Basis neuer Informationen oder der beobachteten Ergebnisse korrigieren. Dann projizieren wir die Finanzdaten in die Zukunft und machen aufgrund der veränderten Ausgangslage neue Pläne. Im Finanzwesen wird eine solche Analyse der Kostenabweichungen problemlos akzeptiert. Wir gratulieren uns selbst zu unserem Weitblick und dem Mut, unsere Meinung zu ändern und neue Pläne zu machen. Und da wir, völlig korrekt, das Ziel haben, eine lohnende Investition zu tätigen, zählt wirklich nur, dass wir dieses Ziel erreichen.

Warum trifft das auf die Marketingwelt nicht zu?

In Zukunft, oder besser schon ab heute, werden die Marketingleute den gleichen wissenschaftlichen Ansatz auch bei ihrer Arbeit anwenden müssen. Marketingexperten werden über eine Reihe von Annahmen debattieren müssen, bis eine Übereinstimmung oder zumindest gegenseitiges Verständnis erreicht wird, und aufgrund dieser Annahmen einen Plan ausarbeiten müssen. Dann muss jemand, kurz nachdem das Projekt oder die Marke oder was auch immer eingeführt wurde, die Resultate ohne Zögern analysieren und beurteilen, ob die Annahmen richtig oder falsch waren, und sie bei Bedarf ändern.

Ändern Sie Ihre Meinung

Ich weiß, dass ein paar Leute erstaunt die Köpfe schütteln werden, wenn sie lesen, dass Sergio Zyman, der Herr »Ich habe meine Meinung geändert und jetzt werden wir etwas ganz - anderes machen«, behauptet, Marketing sei eine logische und systematische Wissenschaft. Während meiner Karriere als Marketingfachmann hat man mir mitunter vorgeworfen, dass ich meine Meinung zu oft ändere und nicht konsequent sei. Es ist wahr, dass ich eine wichtige Rolle bei der Einführung von New Coke im Jahr 1985 spielte und ebenso bei der Entscheidung, Coca-Cola Classic 77 Tage später wieder zurückzubringen. In den frühen neunziger Jahren unterstützte ich zudem die Einführung eines großartigen Getränkes, das OK Soda hieß. Es würde den ganzen Erfrischungsgetränkemarkt umkrempeln, behauptete zumindest die Marktforschung, und sowohl die Werbeagenturen als auch die Manager von Coke glaubten dies. Wir gaben viel Geld dafür aus, führten es mit großem Tamtam ein und sieben Monate später zogen wir das Produkt sang- und klanglos vom Markt zurück. Warum?

Weil es offensichtlich die gesteckten Ziele nicht erreichen konnte. Wir hatten gedacht, es würde ein Erfolg werden. Wir wollten, dass es ein Erfolg werden würde, und wir hatten damals auch einen guten Plan, um es erfolgreich zu machen. Aber es funktionierte nicht, und wir bemerkten das sehr schnell aufgrund der Information, die wir aus dem Testmarkt erhielten.

Also änderten wir unsere Meinung.

Hätten wir uns mehr Sorgen um unser Ego als um unsere Aktionäre gemacht, dann wären wir vielleicht bei unserem ursprünglichen Plan geblieben, auch als wir bemerkten, dass er keine Zukunft hatte.

»Sie [die Marketingleute] legen sich die Finger an die Schläfen, lauschen den Stimmen der Orakel und setzen dann ohne zu zögern die brillanteste Maßnahme in Gang, die man sich nur vorstellen kann. Was für ein Ammenmärchen!«

Beobachter hatten vielleicht den Eindruck, dass ich inkonsequent handelte. Die Wahrheit ist aber, dass ich immer eine Strategie hatte. Und ich hatte immer ein Ziel vor Augen: immer häufiger mehr Ware an immer mehr Kunden zu immer höheren Preisen zu verkaufen. Ich habe festgestellt, dass es viel wichtiger ist, auszuprobieren, was funktionieren *könnte*, beziehungsweise zu testen, zu messen und dann bei Bedarf die Maßnahme zu revidieren, statt immer nur konsequent zu sein. Sie können darauf wetten, dass ich meine Meinung ändern werde. Neue Informationen, neue taktische Maßnahmen. Aber die gleiche Strategie. Und ein festes Ziel vor Augen.

Einmal haben wir für ein ganzes Jahr die Coke-Werbung in Kanada gestrichen und das Geld für neue Verpackungen ausgegeben. Wir machten das, weil ich aufgrund der vorhandenen Daten zu dem Schluss gekommen war, dass die 08/15-Verpackungen der Marke schadeten. Werbung würde uns nicht weiterhelfen. Ich wusste, dass die einmalige Botschaft der Konturverpackung besser dazu geeignet war, Coke von seinen Wettbewerbern abzuheben, als eine Reihe von Fernsehwerbespots. Daher führten wir die neuen Konturflaschen ein, überprüften deren Erfolg anhand unserer Verkaufszahlen, rechneten aus, was uns die neue Verpackung im Vergleich zu mehr Werbung kosten würde, und stellten fest, dass neue Flaschen eine bessere Investition sein würden. Aber wir stellten nicht einfach die Werbung ein, brachten die neue Flaschenform auf den Markt und überließen dann alles sich selbst. Wir beobachteten die Verkäufe weiterhin sehr genau, und wenn sich unsere

Hypothese als falsch herausgestellt hätte, dann hätte ich mit Sicherheit etwas anderes gemacht.

Ich werde Ihnen etwas später in diesem Kapitel alles über New Coke erzählen. Viele Leute sagten, dieses Produkt sei ein Riesenfehler gewesen. Das war es nicht. Ich gebe zu, dass es sich ganz und gar nicht so entwickelte, wie ich mir das vorgestellt hatte, aber letztendlich erreichten wir das Ziel, das wir uns gesteckt hatten. Unser übergeordnetes Ziel war nämlich, das Verhältnis zwischen der Marke Coca-Cola und den Konsumenten in den Vereinigten Staaten wieder zu beleben. Und da wir Marktforschung betrieben hatten, die zu dem Ergebnis kam, dass den Leuten New Coke besser schmeckte, führten wir es ein. Als dann die Leute sagten: »Ja, wir mögen den Geschmack, aber uns ist gerade eingefallen, dass Geschmack nicht der einzige Grund ist, warum wir Coke kaufen. Wir kaufen Coke sozusagen als ein Gesamtkonzept, und das beinhaltet auch die Tatsache, dass es alt und vertraut ist und wir uns damit wohl fühlen.« Daraufhin sagten wir: »Okay, wenn ihr die klassische Coke so liebt, dann sollt ihr sie haben, solange ihr nicht vergesst, sie auch zu kaufen.« Und sie kauften. New Coke war also unglaublich erfolgreich in dem Sinne, dass es die Konsumenten wieder an Coke band und sie dazu brachte, das Produkt zu kaufen. Wie das geschah, ist beinahe unwichtig. Unsere Zielsetzung blieb die gleiche, aber aufgrund neuerer Information hatten wir schnell festgestellt, dass unser ursprünglicher Plan nicht zum Ziel geführt hätte. Statt neue Kunden zu gewinnen, was uns gelang, hätten wir mit dem alten Plan vermutlich einige verloren, vielleicht sogar Millionen von ihnen.

Wenn Sie Ihre Meinung ändern, macht das deutlich, dass Sie Marketing wissenschaftlich betreiben. Das ist jetzt keine billige Ausrede. Experimentieren, messen und revidieren, das tun alle Wissenschaftler, um die bestmögliche Lösung zu finden. Sie probieren Sachen aus und lernen während des Vorgangs ständig dazu. Durch den Aufbau dieses »Ich bin der große Zampano«-Image haben die Marketingleute im Laufe der Jahre die Erwartung geweckt, dass ihr erster Ansatz in jeder Situation – zack! – wie durch Magie richtig ist. Sie glauben, sie könnten sich einfach die Finger an die Schläfen legen, den Stimmen der Orakel lauschen und dann ohne zu zögern die brillanteste Maßnahme in Gang setzen, die man sich vorstellen kann. Und eine einmal eingeschlagene Richtung darf selbstverständlich nicht mehr geändert werden. Was für ein Ammenmärchen!

Wir alle stellen uns gelegentlich selbst ein Bein. Aber welche Person mit gesundem Menschenverstand würde dann genauso wie bisher weitermachen und sich wieder ein Bein stellen? Wenn Sie sich weigern, Ihre Meinung zu ändern, dann entgeht Ihnen die Gelegenheit, aus dem Gelernten einen Vorteil zu ziehen und in Bezug auf das, was Sie erreichen wollen, bessere Arbeit zu leisten. Sie sollten beten, dass alle Ihre Wettbewerber diesem Irrglauben anhängen.

In Wirklichkeit ist es so, dass es beim Marketing, genau wie bei jeder Wissenschaft, nicht darum geht, dass man schon alle Antworten weiß, wenn man ein Projekt beginnt. Man muss experimentieren, die Ergebnisse messen, sie analysieren und dann aufgrund dieser Ergebnisse Anpassungen vornehmen. Ich weiß aus Erfahrung, dass wissenschaftlich betriebenes Marketing zu besseren Resultaten führt als intuitives. Es führt dazu, dass mehr Leute häufiger mehr Produkte kaufen. Der Grund dafür, dass das Absatzvolumen von Coca-Cola von 1993 bis 1998 von zehn Milliarden Kästen auf 15 Milliarden Kästen stieg, sind die wissenschaftlichen Prinzipien, die wir anwendeten: zu einer Annahme kommen, testen, Ergebnisse analysieren und die Annahme revidieren. Altmodische Marketingleute können solange sie wollen darüber reden, wie wunderbar Alchimie funktioniert und wie man damit Gold machen kann. Was mich betrifft, ich werde weiterhin systematisch nach dem Erz graben, es sorgfältig auf seinen Metallgehalt prüfen und neue Adern anbohren, um die ergiebigste zu finden.

Aber täuschen Sie sich nicht: Im Marketing streng wissenschaftlich vorzugehen ist harte Arbeit und kann Sie unbeliebt machen. Wenn Sie Ihre alten Handlungsweisen aufgeben, dann fühlen sich die Leute bedroht. Egal ob es funktioniert oder nicht, die Leute finden es beruhigend, an dem festzuhalten, was ihnen vertraut ist. Manche nehmen eine Veränderung vielleicht sogar persönlich und glauben am Ende, *sie selbst* würden genauso wie das altmodische Marketing zurückgewiesen. Aber denken Sie immer daran, dass es bei der angewandten Marketingwissenschaft nicht darum geht, andere Leute zu demontieren, es geht nur darum, sicherzustellen, dass Sie, wenn Sie einen neuen Ball ins Spiel bringen, einen Plan haben, ihn energisch verfolgen und nicht nachlassen. Sie *müssen* bereit sein, ihre Meinung zu ändern, um Erfolg zu haben.

Das Ergebnis wird ein Anstieg von Absatz und Gewinn sein. Ich wette, das wird Ihnen gefallen! Und Ihren Aktionären natürlich auch.

Analysieren Sie den Erfolg

Genauso wichtig, und vielleicht sogar noch wertvoller als die Analyse und Korrektur von Maßnahmen, die sich als falsch herausstellen, ist die Analyse und Entwicklung von Ansätzen, die sich als richtig erweisen. Die Jungs in der Finanzabteilung sind zwar sehr gut, wenn es um das Sammeln von Daten und die Analyse von Problemen geht, aber nur wenige Leute in irgendeiner Branche analysieren den Erfolg ebenso gewissenhaft. Erfolg nehmen wir als gegeben hin. Wann immer wir Ergebnisse messen und feststellen, dass wir unseren Plan übererfüllen, nehmen wir ganz einfach an, dass die Annahmen, die wir getroffen haben, offenbar genau richtig waren und dass wir uns keine weiteren Gedanken darüber machen müssen, wie wir rechtfertigen können, was wir tun.

»Da die Ergebnisse besser als erwartet ausfielen, haben sie alle geglaubt, gründliche Analysen seien überflüssig. Ich möchte aber, dass sie auch den Erfolg bis zum Erbrechen untersuchen.«

Solange ich für Coca-Cola und zwischendurch auch als Berater arbeitete, bin ich immer gerne irgendwohin gefahren und habe die Frage gestellt: »Warum haben Sie den Plan nicht erfüllt?«, um dann auf einen Manager irgendwo am Ende der Welt zu treffen, der mir zu erklären versuchte, dass von einer Nichterfüllung des Plans keine Rede sein konnte, sondern dass er diesen tatsächlich um 15 Prozent übererfüllt hatte. Meine Argumentation war immer die gleiche: Sie haben Ihr Ziel nicht erreicht. Ausgegangen waren wir von der Annahme, dass Sie ein Wachstum von x Prozent erreichen würden. In Wirklichkeit betrug der Anstieg aber x plus 15 Prozent. Was ist geschehen? Wäre der Plan untererfüllt worden und hätte das Wachstum zehn Prozent weniger als erwartet betragen, hätte man endlose Analysen durchgeführt. Da die Ergebnisse besser als erwartet ausfielen, haben alle geglaubt, gründliche Analysen seien überflüssig. Ich möchte aber, dass Sie auch den Erfolg bis zum Erbrechen untersuchen.

Ein Grund, warum man auch den Erfolg durchleuchten sollte, ist ganz offensichtlich der, herauszufinden, was funktioniert und warum, damit man den Erfolg unter anderen Bedingungen wiederholen kann. Aber es gibt noch einen anderen Grund für die Analyse des Erfolgs. Lassen Sie sich nicht von Ihren Annahmen blenden. Die Tatsache, dass Sie eine Kampagne schalteten und die gewünschten Ergebnisse damit erzielten, heißt noch lange nicht, dass sie aus den Gründen erfolgreich war, die Sie meinen. Nehmen wir zum Beispiel an, Sie veranstalten eine Promotionskampagne, um Großpackungen mit Waschpulver zu verkaufen. Sie vermuten, dass eine solche Packung Frauen mit großen Familien ansprechen wird, die jede Woche ein paar Kilogramm Waschpulver verbrauchen. Die Kampagne hat Erfolg. Wunderbar, der Umsatz steigt um zehn Prozent, und Sie glauben, Sie hätten den Markt der Großfamilien erobert. Aber wenn Sie klug sind und den Erfolg analysieren, dann werden Sie feststellen, wer wirklich mehr Waschmittel kaufte; vielleicht stellt sich heraus, dass es überhaupt nicht die Großfamilien waren. Männliche Singles, die Einkäufe hassen und am liebsten niemals wieder Waschpulver kaufen würden, stürzten sich auf die Megapackungen. Die riesigen Packungen entsprachen dem beeindruckenden Bild, das sie von der eigenen Männlichkeit haben. Es macht ihnen nichts aus, solche Packungen nach Hause zu schleppen, und ihren Sinn für Stil und Dekor stört es überhaupt nicht, wenn eine solche Jumbopackung ewig mitten in der Küche oder in der Diele steht. Sie stellen also fest, dass Ihre Kampagne die eigentliche Zielgruppe kaum ansprach, nämlich die großen Haushalte, bei denen es sich um ein wesentlich größeres Marktsegment als die Junggesellenhaushalte handelt.

Jetzt haben Sie zwei Informationen, die Sie nutzen können. Erstens wissen Sie jetzt, wie Sie einen Markt ansprechen können, an den Sie überhaupt nicht gedacht hatten: Junggesellen. Zweitens müssen Sie sich immer noch etwas einfallen lassen, um die Großfamilien zu erreichen. Wenn Sie einfach nur über den Anstieg des Verkaufs um zehn Prozent gejubelt hätten, wäre Ihnen dies nie bewusst geworden. Es ist lebensnotwendig, dass Sie die Daten sammeln und analysieren, um sicherzustellen, dass Sie verstehen, was aus welchen Gründen am Markt passiert. Warum spricht eine Werbe- oder Promotionskampagne, die Sie für ein bestimmtes Marktsegment entwickelt hatten, tatsächlich eine ganz andere Zielgruppe an? Wenn Sie nicht die positiven und negativen Aspekte einer jeden Maßnahme untersuchen, haben Sie keine Chance, aus Ihren Erfolgen oder Misserfolgen zu lernen.

Sie können auch nicht ewig mit der Analyse warten. Wenn Sie damit Erfolg haben wollen, dann brauchen Sie die Information schnell genug, um reagieren zu können. Es ist nicht besonders hilfreich, wenn Sie im nächsten Jahr feststellen, dass alles, was Sie in diesem Jahr taten, absolut falsch war. Wir müssen das jetzt wissen, damit wir die Fehler beheben und mit den richtigen Maßnahmen weitermachen können. Monatliches und in manchen Fällen sogar wöchentliches Marketing ist das, was wir wirklich brauchen. Bei Coca-Cola haben wir schließlich auf Monatsbasis gearbeitet. Das war nicht einfach, aber wenn wir uns daran hielten, konnten wir klar erkennen, was funktionierte und was nicht, und infolgedessen konnten wir die guten Maßnahmen intensivieren und die schlechten früh genug ganz einstellen, um wirklich eine Veränderung herbeizuführen.

In uralten Zeiten war stündliches oder tägliches Marketing die Regel. Wenn man mit einem Geschäftsmann sprach, der gerade seinen Laden an einer Ecke der Hauptstraße aufgemacht hatte, dann kannte der sein vorrangiges Ziel: Ware zu verkaufen. Er wusste ganz genau, wie viele Artikel er in seinem Geschäft hatte, wie viel Geld er ausgegeben hatte, um sie zu kaufen, wie viel Gewinn er vermutlich machen würde und wie viel neue Ware er für den nächsten Tag kaufen musste. In vielerlei Hinsicht hat dieser neue Marketingansatz, den ich zu verkaufen versuche, viel mit diesem Fingerspitzengefühl zu tun, das man am besten in jener Frühzeit des Marketings beobachten konnte (nicht zu verwechseln mit der gerade vergangenen »Nur das Image zählt«-Periode).

Ich weiß: Wenn Sie nicht gerade Eintagskampagnen fahren, dann lassen sich Marketingmaßnahmen auf täglicher Basis schlecht durchführen. Aber bedenken Sie einmal die folgenden Aspekte: Erstens sollten Sie danach streben, Geschäftsentscheidungen und deren Revision auf die Daten möglichst kurzer Zeiträume zu stützen. Wenn Sie eine Woche zugrunde legen, werden Sie nicht unbedingt perfekte Informationen für diese Zeitspanne bekommen, aber Sie werden genügend Informationen haben, damit sich diese Vorgehensweise lohnt. Denken Sie bitte zweitens an unseren Freund, den oben erwähnten Geschäftsmann. Er weiß genau, wie viele Artikel er in seinem Laden hat und wie viel er verkaufen muss, um einen Gewinn zu erzielen. Sie können darauf wetten, dass ihn dieser Aspekt am meisten beschäftigt. Sicherlich wird er die Qualität seiner Ware und seine Beziehung zu seinen Kunden niemals aus den Augen verlieren, aber welche Frage lässt ihn nachts nicht schlafen?

Wie er mehr verkaufen und damit auch mehr verdienen kann.

Schauen Sie nach vorn und nicht zurück

Marketingleute müssen noch in anderer Hinsicht gescheiter werden: Sie müssen lernen, das zu machen, was ich »Vorausforschung« nenne. Vorausforschung ist mein Ausdruck für Marktforschung, die auf Hypothesen basiert. Es bedeutet, dass Sie die Zukunft (nicht die Vergangenheit) untersuchen müssen, um herauszufinden, was in Zukunft passieren wird. Die alte Methode der Marktforschung besteht dagegen darin, die Vergangenheit zu untersuchen, um herauszufinden, was in Zukunft geschehen wird. Im Grunde genommen handelte es sich dabei nur um Erbsenzählerei. Man schaute nach, was gestern passiert war, betrachtete verschiedene demographische Entwicklungen und Trends am Markt und extrapolierte dann die Daten, um vorherzusagen, was morgen passieren könnte, unter der Annahme, dass die Geschichte sich wiederholen würde.

Ich habe keine Ahnung, warum sie das tun sollte.

»Die alte Methode der Marktforschung besteht darin, die Vergangenheit zu untersuchen, um herauszufinden, was in Zukunft geschehen wird.
Im Grunde genommen handelte es sich dabei nur um Erbsenzählerei.«

Ich vermute, dass diese Art des Denkens und der Forschung in gewissem Maße nützlich sein kann – diese »Wer sich nicht an die Vergangenheit erinnern kann ist dazu verdammt sie zu wiederholen«-Geschichte. Aber diese Art von Marktforschung liefert Ihnen nicht die ganze Information, die Sie wirklich brauchen, und das ist die Information darüber, was die Konsumenten in Zukunft wirklich tun werden. Natürlich kann niemand die Zukunft immer richtig vorhersagen – aber Vorausforschung oder ein sorgfältiger Test von Hypothesen können helfen.

Ich habe einmal geglaubt, Gruppendiskussionen seien eine völlige Zeitverschwendung. Bei Coke haben wir Millionen dafür ausgegeben, damit uns Leute erzählten, was wir hören wollten. Das liegt teilweise daran, dass qualitative Marktforschung, also unter anderem Gruppendiskussionen, für Verzerrungen anfällig sind. Ich kann mich erinnern, dass wir, als ich Berater für die Miller Brewing Company war, nach Sacramento fuhren, um Gruppendiskussionen über Miller-Dry-Bier durchzuführen. Wir fuhren mit einer ganzen Reihe von Annahmen nach Hause, aber wir machten uns Sorgen darüber, ob wir wohl die Wahrheit erfahren hatten. Also gingen wir zu einem anderen Marktforschungsinstitut und gaben ihm den gleichen Leitfaden, erzählten aber, dass wir für Budweiser arbeiteten. Raten Sie mal, was passierte? Der Moderator leitete die Gruppe auf eine Art und Weise, dass die Ergebnisse günstig »für die Jungs von Budweiser« ausfielen. Nur dadurch, dass wir angaben, für ein anderes Unternehmen zu arbeiten, änderten wir somit den Schwerpunkt der Untersuchung und erhielten völlig andere Daten. Ich behaupte nicht, dass die Verzerrung absichtlich geschah, aber egal ob absichtlich oder versehentlich, Tatsache ist, dass die Ergebnisse verzerrt waren.

Ich bin immer noch der Meinung, dass Gruppendiskussionen zu häufig durchgeführt werden. Wenn Sie für ein Marketingprogramm 100 Millionen $ ausgeben, dann sollten Sie davon ein Paar Millionen für quantitative Marktforschung abzweigen, um akkurate Zahlen zu bekommen. Aber man kann auch Gruppendiskussionen nutzen – übrigens mit einer Methode, die man auch für quantitative Untersuchungen verwenden kann.

Ich entdeckte diese Methode, als ich mir politische Kampagnen ansah.

Politik fasziniert mich, denn Wahlkämpfe sind in Wahrheit kurzfristige Marketingkampagnen, bei denen es um viel geht und deren Endpunkt von Anfang an feststeht. Man arbeitet sechs bis neun Monate lang intensiv, und an einem Tag ist auf einmal alles vorbei. Die Stimmzettel sind ausgezählt und ein Kandidat hat entweder verloren oder gewonnen. In diesem vergleichsweise kurzen und begrenzten Zeitraum sind eine schnelle Sammlung von Daten und die effiziente Nutzung von Informationen wesentlich. Jeden Tag geht die Propagandareise des Kandidaten weiter und am Morgen danach steht jeweils der Wahlkampfleiter auf und fragt, wie gut der Kandidat am Vortag war. Er sammelt die Daten der Meinungsforscher, um zu sehen, ob die Zahlen besser oder schlechter wurden, und schaut sich die Analyse der Wählerschichten an, um zu verstehen warum. Das ist Marktforschung. Ein guter Wahlkampfleiter geht aber noch einen Schritt weiter, indem er Vorausforschung betreibt. Anders ausgedrückt, er fragt die Wähler: Was wäre, wenn wir Ihnen morgen dieses oder jenes erzählten? Würden Sie uns dann wählen? Diese Fragen werden gestellt, bis man die richtige Positionierung für den Kandidaten gefunden hat, die Stimmen bringt. Am nächsten Tag wiederholt sich das Spiel. Marketingleute müssen genau das Gleiche tun.

Kontrollieren Sie den Dialog

Die Geschichte von New Coke ist ein gutes Beispiel dafür, was Marktforschung und Vorausforschung bewirken können und was nicht. Da ich weiß, dass manche Leute dieses Buch nur kaufen werden, um herauszufinden, was wir uns bei Coca-Cola dabei dachten, als wir die Formel änderten und New Coke einführten, erzähle ich die Geschichte an dieser Stelle und betrachte das Thema dann als erledigt.

Ich habe bereits am Anfang dieses Kapitels erwähnt, dass ich die Einführung von New Coke nicht bedauere, denn das Gesamtergebnis dieser Maßnahme war, dass wir die Beziehung der amerikanischen Öffentlichkeit zu Coca-Cola deutlich intensivierten und infolgedessen auch sehr viel mehr verkauften. Wir setzten uns das Ziel, die Bindung der amerikanischen Konsumenten an Coca-Cola zu verstärken, und das ist uns gründlich gelungen.

Ich gebe auch zu, dass mir die Erfahrung mit New Coke ein paar wichtige Lektionen erteilt hat. Eine davon ist, dass Konsumenten in der Regel die Fragen, die man ihnen stellt, ziemlich ehrlich beantworten, aber, und das ist der springende Punkt, sie beantworten nicht die Fragen, die man ihnen nicht stellt. Genau wie ein Wissenschaftler, der eine Versuchsanordnung aufbaut, müssen Sie also auch die richtigen Fragen stellen.

»Genau wie ein Wissenschaftler, der eine Versuchsanordnung aufbaut, müssen Sie auch die richtigen Fragen stellen.«

Die Geschichte von New Coke beginnt schon in den fünfziger Jahren, als Pepsi am Markt für Colagetränke die Initiative ergriff. Ich will damit sagen, dass es Pepsi aufgrund seiner Marketinganstrengungen und der mangelnden Aktivität von Coke gelang, das Image von Coca-Cola zu bestimmen. Als Pepsi begann, sein Getränk in größeren Flaschen zu verkaufen, vermittelte dies unterschwellig die Botschaft, dass Coke zu teuer war und man bei Pepsi mehr für sein Geld bekam. Das brachte die Konsumenten auf den Gedanken, den Preis in ihre Entscheidungsfindung bei der Auswahl einer Cola mit einzubeziehen. Dann begann Pepsi, sich mit Hilfe seiner Werbung noch auf andere Art von Coke zu differenzieren. »You've got a lot to live and Pepsi's got a lot to give« [Sie erwarten viel vom Leben, und genau das bietet Ihnen Pepsi] suggerierte den Cola-Käufern, dass es bei Pepsi darum ging, das Leben zu genießen. Die »Pepsi-Generation« wurde für ihre Jugendlichkeit, ihren Schwung und ihre Vitalität bekannt. Es dauerte nicht lange, da hatte sich Pepsi ein Image geschaffen, das die Jungen und Junggebliebenen ansprach.

In der Zwischenzeit tat Coke sehr wenig, um sich selbst zu definieren, abgesehen von der Entwicklung einer ziemlich schlappen »Things go better with Coke«-Kampagne [Mit Coke geht alles besser]. Mit Coca-Colas eigener Unterstützung positionierte Pepsi Coke also als ein weniger dynamisches, langweiliges Getränk für alte Leute.

Das nächste große Ereignis war die Zuckerkrise von 1975. Sowohl Coke als auch Pepsi erhöhten die Preise, doch als die Krise vorbei war, senkte lediglich Pepsi durch gelegentliche Niedrigpreiskampagnen die Preise insgesamt wieder, während Coke das nicht tat. Dann führte Pepsi die Pepsi Challenge [Herausforderung] ein: Konsumenten gaben bei Blindtests an, Pepsi schmecke ihnen besser als Coke. Zusammen mit einem sinkenden Marktanteil war es schließlich dieses Resultat, das uns aufweckte.

1979 und 1980 nahm Coca-Cola dann den Kampf auf. Wir begannen damit, wirklich alles zu attackieren, was Pepsi sagte oder tat. Wir schalteten Anzeigen, in denen Bill Cosby Coke als »the real thing« [das Wahre] verkaufte, was natürlich unterstellte, dass Pepsi minderwertig sei, und die Tatsache unterstrich, dass Pepsi sich nur deshalb mit Coke vergleiche, weil Coke sozusagen »der Goldstandard« war. Wir führten mehr Ladenwerbung in Supermärkten durch. Wir änderten das Design unserer Getränkeautomaten. Dann änderten wir unseren Slogan in ein noch pointierteres »Coke Is It!« [Coke bringt's]. Wir führten Promotionskampagnen und Verkaufswettbewerbe durch und unternahmen Unendliches mehr. Du meine Güte, wir machten alles, was uns nur in den Sinn kam, aber Pepsi hatte gute Arbeit geleistet und beherrschte nach wie vor die Kommunikation mit den Konsumenten.

Das große Problem, das immer wieder in der Marktforschung auftauchte, war der Geschmack. Wir von Coke führten auch Geschmackstests durch und stellten fest, dass Pepsi nicht gelogen hatte. Bei Blindtests sagten die Konsumenten auch uns, dass sie den Geschmack von Pepsi dem von Coke vorzogen, hauptsächlich deshalb, weil Pepsi viel süßer war. Beim schluckweisen Probieren empfanden die Leute den Pepsi-Geschmack als harmonischer.

Während der mehr als neunzig Jahre, die Coke schon im Geschäft war, hatte es niemals die Formel geändert, außer um Süßstoffe zu verwenden oder andere kleine Änderungen durchzuführen, etwa um die Kosten zu reduzieren oder auf die Verfügbarkeit von Zutaten zu reagieren. Das Ziel war dabei jedoch immer das gleiche geblieben: Modifizierungen durchzuführen, ohne den Geschmack zu ändern.

Stellen Sie die richtigen Fragen

Nun, nachdem wir selbst auf die Behauptung von Pepsi hereingefallen waren, dass nur der Geschmack wirklich zähle, kamen wir zu dem Entschluss, dass wir ihn ändern mussten, wenn wir mehr Coke verkaufen wollten. Wir dachten, dass wir alles andere probiert hätten und dass die Konsumenten nur des Geschmacks wegen nicht mehr kauften. Im Nachhinein glaube ich, dass es vielleicht tatsächlich funktioniert hätte, wenn wir die Werbeagentur gewechselt und Konsumenten mit mehr und mehr Gründen bombardiert hätten, warum sie Coke kaufen sollten, was wir später tatsächlich taten. Aber damals taten wir es nicht.

»Ich glaube, dass es vielleicht tatsächlich funktioniert hätte, wenn wir die Werbeagentur gewechselt und Konsumenten mit mehr und mehr Gründen bombardiert hätten, warum sie Coke kaufen sollten.«

Stattdessen stellten wir den Konsumenten jene offenen Fragen, wie sie Marktforscher häufig benutzen. Beispielsweise: »Warum trinken Sie nicht mehr so viel Coca-Cola wie bisher?« Und sie schauten uns erstaunt an und antworteten: »Aber ich trinke doch schon so viel, wie ich *brauche*. Ich trinke es, wenn ich durstig bin, und ich trinke es, wenn es heiß ist. Ich trinke es, wenn ich einen Hamburger esse.«. Daraufhin fragten wir: »Was würde Sie dazu bewegen, *mehr* zu trinken?«

Und die Antwort lautete: »Nichts.«

Als wir Konsumenten fragten, was sie von Coke hielten, sagten sie uns nette Dinge. »Coke ist Teil meines Lebens. Es versteht meine Gefühle. Es ist schon lange da.«

Aber wir verloren nach wie vor beträchtliche Marktanteile an Pepsi.

Da uns die Fragen der Marktforschung nicht genug Aufschluss lieferten, verlegten wir uns auf Vorausforschung. Statt Fragen in der Hoffnung auf nette Antworten zu stellen, begannen wir, Konsumenten Alternativen anzubieten. Wir gaben ihnen Proben von verschiedenen Coca-Cola-Versionen zu trinken und testeten diese im Vergleich zu Coke und Pepsi. Wir fragten die Konsumenten auch: »Was würden Sie tun, wenn wir Ihnen ein Produkt präsentierten, das besser schmeckte als Pepsi, aber immer noch Coke wäre?«

Wir bekamen zur Antwort: »Das würde ich kaufen.«

»Würde Ihnen das gefallen?«, fragten wir.

»Klar würde mir das gefallen«, lautete die Antwort. Das Problem bestand jedoch darin, dass wir ihnen zwar die richtige Art von Vorausschaufragen stellten, die eine wesentliche Frage aber vernachlässigten. Tatsächlich gab es nur eine Frage, die wir wirklich stellen mussten, und die lautete: »Wenn wir Coca-Cola vom Markt nähmen und stattdessen New Coke einführten, würden Sie das akzeptieren?«

Treffen Sie eine Entscheidung und revidieren Sie diese, wenn nötig

Glücklicherweise hat sich New Coke nicht als völlige Katastrophe erwiesen. Tatsache ist, dass sie sich zu einem enormen Erfolg für Coca-Cola entwickelte, denn sie belebte die Beziehung zwischen den Amerikanern und der klassischen Coke. Der einzige Grund, warum das Experiment nicht zu einem Desaster wurde, liegt jedoch darin, dass wir bereit waren, aus der Erfahrung zu lernen und unsere Meinung zu ändern.

»Hätten wir uns nach den alten Marketingregeln verhalten, dann wären wir so in Fahrt gewesen ... dass wir gar nicht hätten zugeben können, ... dass wir mit einem echten Problem konfrontiert waren.«

Sie denken möglicherweise, dass angesichts der überwältigenden Reaktion auf New Coke nur Dummköpfe die Botschaft überhört haben könnten. Es wäre gar nicht schwer gewesen, an unserem Kurs festzuhalten und mehr, immer mehr und noch mehr zu tun, um die Situation in Ordnung zu bringen und zu beweisen, dass wir Recht hatten. Aber da wir uns selbst als Wissenschaftler sahen und für die Fakten offen blieben, die uns präsentiert wurden, entschieden wir uns für eine Revision unserer Strategie. Wenn wir nach den alten Marketingregeln vorgegangen wären, hätten wir vielleicht nicht den Mut aufgebracht, unsere Meinung zu ändern.

Auf jeden Fall hätten wir sie sicherlich nicht so schnell geändert. Nach den alten Regeln wären wir so darauf erpicht gewesen zu beweisen, dass wir Recht hatten, dass wir gar nicht in der Lage gewesen wären zuzugeben, ein möglicherweise echtes Problem – oder vielleicht auch eine günstige Gelegenheit – zu erkennen.

Gerade weil wir einen wissenschaftlichen Ansatz und eine wissenschaftliche Denkweise entwickelt hatten, waren wir in der Lage, die Daten emotionslos zu betrachten und einfach nur das nächste Experiment auszuprobieren: nämlich die Neueinführung der klassischen Coke nur 77 Tage nach der Einführung von New Coke. Denn fähig zu sein, aufzustehen und zu sagen: »Das war ein Fehler und ich möchte ihn korrigieren«, ist wichtiger und bedeutender als zu sagen: »Ich hatte von Anfang an Recht und nun werde ich das beweisen.«

Denken Sie nur einmal an die großartige, kostenlose Werbung, die für uns gemacht wurde. Peter Jennings, der Hauptmoderator des Fernsehsenders ABC, unterbrach *General Hospital* (damals die führende Seifenoper während des Tages), um bekanntzugeben, dass wir Coke Gerüchten zufolge zurückbringen wollten. Es war das Hauptthema in den Nachrichten auf allen drei großen Sendern, was Jennings zu der Bemerkung veranlasste: »Nur in Amerika kann die Rückkehr eines Erfrischungsgetränkes Schlagzeilen machen.«

Jawohl, ich verließ die Coca-Cola-Company kurz darauf, im Jahr 1987. Eine Menge Leute in der Firma und auch außerhalb spekulierten darüber, ob man mich rausgeschmissen hatte, ob ich der Sündenbock war, der die »Schuld« für New Coke auf sich nahm. Während ich zugegebenermaßen bei diesem Projekt eine Hauptrolle spielte, ist es doch nicht der Grund, warum ich das Unternehmen verließ.

Ich ging, weil 1987 eine Menge Leute im Unternehmen New Coke vergessen und alles wieder so machen wollten, wie wir es immer getan hatten. Nach dem ganzen Tumult waren sie müde und wollten einfach so weitermachen, wie es bequem war. Ich gehörte nicht zu diesen Leuten. Wir hatten eine Menge von New Coke gelernt, und wir waren so richtig in Schwung. Mit unseren Aktivitäten vor der Einführung von New Coke hatten wir Marktanteile verloren, und ich wollte auf keinen Fall wieder in eine solche Situation geraten. Als mir klar wurde, dass ich nicht in der Lage sein würde, neue Sachen auszuprobieren und sie voranzutreiben, dass mein Umfeld mir dies einfach nicht erlauben würde, beschloss ich zu gehen. Erst 1993 kam ich zu Coke zurück, weil Roberto Goizueta und Doug Ivester, die damals das Unternehmen leiteten, bereit waren, wieder nach vorn zu drängen.

Erkennen Sie, wie wichtig Zuhören ist

Bei unserer Vorausforschung vor der Einführung von New Coke verfehlten wir zwar unser Ziel, aber bei der Wiedereinführung von Classic Coke schossen wir nicht vorbei. Es war ziemlich offensichtlich, dass wir der Meinung der Konsumenten nach die alte, vertraute Coke zurückbringen sollten, aber es war durchaus nicht klar, wie wir sie daran hindern konnten, uns weiterhin böse zu sein, und sie stattdessen zum Kauf von mehr Produkten bewegen konnten. Wir mussten herausfinden, wie wir uns bewusst positionieren und effektiv kommunizieren konnten. Wieder begannen wir mit Marktforschung und stellten die Frage: »Was sollen wir euch denn erzählen, damit ihr glücklich seid?«

Es überraschte uns nicht, dass sie es nicht wussten. Die einzige Antwort, die wir bekamen, war ein mehrstimmiges, leidvolles Gejammer. Daraufhin begannen wir, ein paar Hypothesen zu testen, und fanden genau heraus, was wir zu tun hatten. Wir fragten: »Wenn wir euch dieses oder jenes erzählten, würde das eure Meinung ändern?«, und »Was passiert, wenn wir dies oder jenes tun?«. Kein einziger unserer Vorschläge konnte New Coke retten, denn die Medien und die Öffentlichkeit hatten sich bereits entschieden. Aber mit Classic Coke gelang uns der Goldene Schuss.

»Wir gaben die Macht der Konsumenten im Markt zu und beugten uns öffentlich deren Forderungen.«

Schließlich entwickelten wir ein paar Werbeaussagen und führten sie einigen Testgruppen vor. Diejenigen, für die wir uns entschieden, weil uns die Konsumenten gesagt hatten, wir sollten sie wählen, sagten etwa Folgendes aus: »Wir mögen nicht besonders schlau sein, aber wir sind auch nicht völlig blöd, und wir werden jetzt die herkömmliche Coke wieder einführen, weil ihr es so haben wollt.« Diese Werbeaussagen waren großartig, weil die Konsumenten sie bestimmt hatten. Dadurch, dass wir Classic Coke zurückbrachten und uns mit dieser direkten Werbung positionierten, drückten wir unsere Anerkennung für die Macht der Konsumenten am Markt aus und gaben deren Wünschen und Forderungen nach.

Vergessen Sie niemals, die »Warum«-Frage zu stellen

Ich rede eine Menge über Wissenschaft und das Sammeln und Analysieren von Daten, weil ich glaube, dass Marketingleute nicht genug Respekt vor klaren Ergebnissen haben. Sie müssen endlich anfangen, sich auf reale, messbare Tatsachen zu konzentrieren und mit ihren Anstrengungen Ergebnisse zu erzielen. Wenn ihnen das nicht gelingt, sind sie verloren. Ich möchte jedoch keinesfalls den Eindruck entstehen lassen, man könne allein dadurch ein guter Marketingexperte werden, dass man Daten verfolgt oder, im Falle der Vorausforschung, eine Serie von logischen »Was wäre wenn«- oder »Entweder/oder«-Fragen stellt. Daten zu verfolgen und »Was«-Fragen zu stellen ist ganz besonders wertvoll, wenn man sie dazu verwendet, die alles entscheidende Frage nach dem Warum zu stellen.

»Sobald man versteht warum, ist es wesentlich einfacher, herauszufinden, wie man das erreichen kann, was man erreichen will.«

Die Frage »Warum?« ist wichtig, denn sie führt von einer einfachen Erkenntnis zu einer gedanklichen Verbindung, vom einfachen Sehen dessen, was passiert, zum Verständnis der Beziehung zwischen einem Ereignis oder Trend und einem anderen. Anders ausgedrückt, es ist der Unterschied zwischen dem Bewusstmachen einer Sachlage und der Fähigkeit, die damit verbundene Information zu nehmen und sie auf eine andere Situation anzuwenden. Beispielsweise kann man mitunter nach einer Wahl, die eine andere Partei an die Macht brachte, beobachten, dass die Menschen viel glücklicher und zuversichtlicher sind als zuvor. Das kann sich darin äußern, dass sie mehr für Konsum ausgeben, was für die Marketingleute natürlich gut ist. Aber man muss schon tiefer schürfen und die Gründe herausfinden, denn das hat große Auswirkungen, und zwar nicht nur auf die Strategie, für die man sich heute entscheidet, sondern auch auf die Strategien von morgen, bei denen man das Gelernte anwendet. Wenn der Grund dafür, warum die Konsumenten glücklicher und zuversichtlicher sind und mehr Geld ausgeben, darin zu sehen ist, dass die alte Regierung inkompetent war, dann werden die Strategien, die man ausprobieren will, und die Lektionen, die man lernt, mit dem Bemühen zusammenhängen, einer inkompetenten Regierung zu entkommen. Wenn die Leute aber glücklich sind, weil sie die neue Regierung und deren Politik voll Überzeugung unterstützen, dann werden die Strategien und die Lektionen mit dieser Politik zu tun haben müssen und nicht nur mit der einfachen Tatsache, dass ein Wechsel eingetreten ist.

Verstehen, warum etwas geschieht, ist im Marketing genau wie in der Wissenschaft der wichtigste Faktor, denn sobald man das Warum versteht, ist es wesentlich einfacher, herauszufinden, wie man das erreichen kann, was man erreichen will.

Um am Ende zu siegen, muss man nicht jede Runde gewinnen

Man wird nicht immer ins Zentrum treffen und nicht immer hundertprozentig mit allem Recht haben, was man versucht. Aber selbst wenn man Perfektion erzielen könnte, indem man in jede Anstrengung genug Zeit und Gedanken investiert, bin ich mir durchaus nicht sicher, dass man das wirklich erreichen will. Wenn Sie nur die Würfe zählen, mit denen Sie genau ins Zentrum treffen, dann denken Sie einmal an all die Punkte, die Ihnen verloren gehen, weil sie die Würfe nicht zählen, die einen Zielerreichungsgrad von 80 Prozent bedeuten.

»Jede Runde in einem Kampf oder auch im Marketing sollte als eigenständiges Ereignis betrachtet werden, das mit dem Gesamtziel in Zusammenhang steht. Stellen Sie sicher, dass Sie Ihre Fähigkeit ausbauen, das Ende des Kampfes mit immer mehr gewonnenen Runden und weniger Schaden für Ihren Körper zu erreichen.«

Wenn wir in die Zukunft aufbrechen, müssen wir erstens die Tatsache akzeptieren, dass sich die Umstände ändern und es keine absolut perfekte Planung gibt, und zweitens müssen wir stetig weiterlernen und uns verbessern, während wir vorwärts streben. Wir müssen auf die gleiche Art und Weise denken wie ein Politiker vor der Wahl oder ein Finanzchef oder ein Pilot. Das heißt wir müssen auf der Basis vorhandener Informationen zu den bestmöglichen Annahmen kommen und dann bereit sein, sowohl die Annahmen als auch den Kurs zu ändern, um unser eigentliches Ziel zu erreichen. (Erinnern Sie sich an das Apollo-13-Projekt?) [1970 startete Apollo 13 in Richtung Mond. Nach drei Tagen im All explodierte ein Sauerstofftank der Raumkapsel, Strom- und Sauerstoffversorgung brachen zusammen. Die NASA hatte ab da nur noch ein Ziel: die Astronauten lebend zur Erde zurückzubringen. Es gelang.]

Um einen anderen Vergleich zu verwenden: Marketing ist wie ein Schwergewichtsboxkampf. Es ist ein langfristiges Projekt. Wenn jemand eine Runde gewinnt, heißt das noch lange nicht, dass er den ganzen Kampf gewinnt. Es kommt zu einem dreiminütigen Austausch von Schlägen mit dem Kontrahenten, gefolgt von einer einminütigen Ruhepause, während der man seine Strategie überdenken, den Kopf frei schütteln, den Schweiß abwischen und dann wieder in den Ring gehen muss.

Selbst wenn die Lage am Anfang gut aussieht und einer der Kontrahenten jede Runde bis zur 14 oder 15 gewinnt, kann er am Ende trotzdem noch k.o. gehen. Jede Runde in dem Kampf oder auch im Marketing sollte als eigenständiges Ereignis betrachtet werden, das mit dem Gesamtziel in Zusammenhang steht. Aller Wahrscheinlichkeit nach wird man die eine oder andere Runde verlieren. Manchmal wird es unentschieden ausgehen, in anderen Fällen wird man gewinnen. Nutzen Sie die einminütigen Pausen bis zum nächsten Gongschlag, um die Situation zu überdenken, um sich auszuruhen, um neu festzulegen, was Sie tun müssen. Stellen Sie sicher, dass Sie Ihre Fähigkeit ausbauen, das Ende des Kampfes mit immer mehr gewonnenen Runden und weniger Schaden für Ihren Körper zu erreichen.

Überprüfen und revidieren Sie. Testen Sie wieder und nehmen Sie neue Änderungen vor. So werden Sie vielleicht ein paar Runden verlieren, aber letztendlich als Sieger dastehen.

2. TEIL

Wie man den größtmöglichen Absatz und Umsatz erzielt

4. Kapitel

Positionieren ist eine zweigleisige Sache

Sie wissen inzwischen, dass Marketing einzig und alleine das Ziel hat, mehr Leuten immer öfter immer mehr Ware zu höchstmöglichen Preisen zu verkaufen. Und Sie wissen, dass Sie Marketing auf wissenschaftliche Art betreiben müssen. Sie müssen diszipliniert sein und gut durchdachte Strategien entwickeln, um Ihr Ziel zu erreichen. Das ist übrigens ein guter Ratschlag für alle Menschen, die in irgendeiner Form am Geschäftsleben beteiligt sind.

Lassen Sie uns nun zu den Details kommen, dem Kleinkram, der wirklich im Zentrum des Marketings steht, über den, meiner Meinung nach, die meisten Marketingleute nicht viel nachdenken. Es ist Zeit, über den Aufbau von Marken zu reden, die Positionierung von Produkten und die Schaffung eines Image für die Marken und Produkte – und wie man das anders als früher machen muss, um trotz des intensiven Wettbewerbs, der heute auf allen Märkten herrscht (und morgen herrschen wird), erfolgreich zu sein.

Wie *Branding* eine Identität schafft

Auch wenn Sie überzeugt sind zu wissen, was *Branding* ist, haben Sie Geduld mit mir und denken Sie einmal an die ursprüngliche Bedeutung dieses Wortes. Jawohl, meine Damen und Herren, es geht um Cowboys, aber nicht um Indianer, sondern um Vieh.

»Jonny Carson war eine Marke, zu der Carsons Monolog am Anfang jeder Show gehörte, ... sein Ausholen mit dem Golfschläger und sein Schlagabtausch mit Ed McMahon und Carnac the Magnificent.«

Die Cowboys auf den weiten Ebenen Amerikas erhitzten ihre Brandeisen und markierten dann das Vieh mit einem bestimmten Brandzeichen, einem X, einem Kreis, oder sonst irgendetwas. Warum taten sie das wohl? Damit kein Durcheinander entstand, wem was gehörte. Mit der Zeit dienten diese Markierungen nicht nur den Eigentümern, sondern auch den Käufern zur Identifikation. Die Käufer lernten schnell (und erinnerten sich dann daran), dass das Vieh, das etwa mit einem Kreis und einem X markiert war, üblicherweise rund und fett war. Andererseits waren beispielsweise die mit zwei Querstrichen gezeichneten Rinder dürr und zäh.

Coca-Cola ist das wahre Original. Pepsi ist der Rebell und steht für Veränderung. McDonald's wird mit Ronald McDonald identifiziert. Burger King steht für Grillen statt Braten.

Eine andere Art und Weise, sich mit Branding auseinander zu setzen, besteht daran, dass man sich selbst und den eigenen Namen betrachtet. Mein Markenname ist Sergio Zyman. Diese Marke bestimmt mich und ist eine Kurzform, durch die Ihnen all jene Eigenschaften ins Gedächtnis gerufen werden, die Sie mit mir in Verbindung bringen. Jonny Carson war eine Marke, zu der Carsons Monolog am Beginn jeder Show gehörte, sein Gehabe, sein Ausholen mit dem Golfschläger und sein Schlagabtausch mit Ed McMahon und Carnac the Magnificent. Sobald man sein Gesicht sah oder seinen Namen hörte, tauchte sogleich eine Reihe von Assoziationen und Meinungen auf, die man im Laufe der Zeit mit ihm verbunden hatte. Man erwartete Unterhaltung und Vergnügen mit Blödelei, kunstvoller Blödelei.

Der einzige Grund für die Schaffung einer Marke besteht darin, dass man die Konsumenten dazu bringen möchte, eine Reihe wünschenswerter Eigenschaften und Attribute mit einem bestimmten Produkt zu verbinden. Coca-Cola ist erfrischend, köstlich und schmeckt gut. Aber das ist nicht alles. Es hat noch eine ganze Reihe anderer Merkmale, die auf der Beziehung beruhen, die die Marke im Laufe der Zeit zu den Menschen hergestellt hat. Das Produkt hat sein eigenes Erbgut und ihm haftet der Mythos an, typisch amerikanisch zu sein. Wir erinnern uns an unsere eigenen Kindheitserlebnisse und daran, was uns unsere Eltern über Coke erzählten. Wir haben gewisse Vorstellungen von Cola-Trinkern und Erinnerungen, die mit dem Konsum von Coke verbunden sind. Diet Coke ist die kalorienarme Version von Coke, aber es ist auch noch viel mehr. Es spiegelt wider, wie ich mich fühle oder wie ich mich fühlen möchte, wie ich aussehe oder aussehen möchte.

Wenn Sie ein Straßenverkäufer wären, der Obst und Gemüse anbietet, dann könnten Sie Ihren Karren nehmen und jeden Morgen zu einer anderen Straßenecke fahren, um Ihre Waren täglich einem anderen Kundenkreis anzupreisen. Das würde Sie mit viel mehr Menschen in Kontakt bringen, als wenn Sie immer nur an der Kreuzung der Hauptstraße mit der großen Allee stünden. Aber es würde Ihnen sehr schnell dämmern, dass diese Vorgehensweise reichlich ineffizient ist, denn Sie müssten jeden Tag Leute auf sich aufmerksam machen, die Sie noch nie zuvor gesehen haben, und sie überzeugen, Ihre Waren zu kaufen. Sie würden kein dauerhaftes Vertrauen aufbauen. Sie würden horizontales Marketing betreiben, das heißt ständig neue Märkte betreten, statt sich Zusatzgeschäfte zu schaffen, indem Sie Ihrer etablierten Kundschaft zunehmend mehr verkaufen. Die Kosten für diese Vorgehensweise wären sehr hoch.

Marketing, das sich auf Zusatzverkäufe konzentriert, ist viel billiger als horizontales Marketing. Man kann mehr verkaufen, muss aber für den zusätzlichen Absatz weniger ausgeben. Man muss selbstverständlich nach wie vor Geld dafür ausgeben, um die Marke immer wieder aufzufrischen, um die Leute daran zu erinnern, warum sie diese Ware mögen, und um ihnen mehr und mehr Gründe zu geben, warum sie die Produkte kaufen sollen. Wenn Sie wollen, dass die Menschen Ihr Produkt täglich kaufen, dann müssen Sie es auch täglich vermarkten, und wenn Sie möchten, dass die Leute mehr kaufen, dann müssen Sie ihnen auch mehr Gründe liefern, warum sie kaufen sollen. Es ist viel effizienter, eine Beziehung zu den Konsumenten aufzubauen und dann daran zu arbeiten, dass die Leute, die Sie bereits kennen, mehr kaufen, als jeden Tag auszuziehen und neue Kunden zu finden.

Warum Megamarken eine schlechte Idee sind

Die Marketingsprache hat viele Ausdrücke, die klar und eindeutig sein sollten, denn es handelt sich dabei um Worte – beispielsweise *Marke* oder *Warenzeichen* –, die von den Marketingleuten tagtäglich benutzt werden. Aber wenn man dann seine Kollegen auffordert, sie nicht einfach willkürlich in die Unterhaltung einzuflechten, sondern ihre Bedeutung einmal genau zu definieren, dann erhält man eine Menge vager und widersprüchlicher Antworten.

»*Megabranding* nimmt den Produkten ihre Einzigartigkeit und sagt letztendlich: ›Schaut her, alle unsere Produkte sind mehr oder weniger gleich.‹«

Die größte Verwirrung scheint in Bezug auf Warenzeichen und Marken zu herrschen, weil die Namen der beiden oft identisch sind. Beispielsweise ist Coca-Cola sowohl der Name als auch das Warenzeichen des größten Erfrischungsgetränkeherstellers der Welt, aber es ist auch der Name der wichtigsten Einzelmarke, die etwas anderes ist als Diet Coke, Cherry Coke, Sprite oder Fruitopia. Diese Verwirrung und Verwechslung von Marken mit Warenzeichen ist einer der Gründe dafür, warum so viele Firmen das Konzept der *Megamarken* adoptiert haben, ein an sich unsinniges Konzept.

Man betreibt Branding einzig und allein in der Absicht, auf dem Markt ein Produkt von anderen abzugrenzen und die Konsumenten dazu zu bewegen, dieses Produkt als etwas anderes als die anderen oder, noch besser, als etwas ganz Besonderes anzusehen. Deshalb geben die Marketingexperten Unsummen für die Erläuterung aus, wie sich Persil von Ariel unterscheidet, worin der Unterschied zwischen Nestlé und Dr. Oetker besteht und was Continental so anders als Michelin macht. Ziel ist es, ein einzigartiges Verkaufsargument zu liefern.

Genau deshalb sind Megamarken eine schlechte Idee.

Man macht bei Megamarken den Fehler, anzunehmen, dass man tatsächlich eine Reihe unterschiedlicher Artikel als das gleiche Produkt vermarkten kann. Uns wurde einmal von einer bedeutenden Designerfirma empfohlen, Coke, Diet Coke, Cherry Coke, koffeinfreies Diet Coke und alle anderen unserer Getränke unter dem gleichen Dach zu vermarkten. Eine Megamarke! Welch großartige Idee! Mit einem Schlag wären all die einzigartigen Unterscheidungsmerkmale für jede Einzelmarke, an denen wir so hart gearbeitet hatten, dadurch überholt, dass man sie einfach zusammenwirft und sagt: Ach übrigens, all diese Marken sind grundsätzlich dasselbe. Sie sollten sie immer dann trinken, wenn sie Lust auf ein Coke-Produkt haben.

Ob die Konsumenten das wohl sinnvoll fänden?

Die Art und Weise, wie man Leute dazu bewegt, das eigene Produkt allen anderen gegenüber vorzuziehen, besteht darin, ihnen zu erklären, wieso das eigene Produkt anders, besser und besonders ist. Klar, das Warenzeichen Coca-Cola steht für ein Qualitätsimage, das besagt: Sie bezahlen ein bisschen mehr für ein Coca-Cola-Produkt, weil Sie mehr über unseren Geschmack und unsere Qualität wissen als über irgendein namenloses Produkt. Aber ein Diet Coke ist nicht identisch mit einer normalen Coke und nicht dasselbe wie Cherry Coke. Ganz unterschiedliche Leute trinken diese Produkte, aus ganz verschiedenen Gründen und zu verschiedenen Zeiten. Was die Trinker von Diet Coke anspricht, ist nicht das Gleiche, womit man die Trinker von Coke oder Cherry Coke für sich gewinnt. Daher ist es einfach lächerlich, zu denken, dass man all diese Produkte auf die gleiche Weise vermarkten kann.

Megabranding nimmt den Produkten ihre Einzigartigkeit und sagt letztendlich: »Schaut her, alle unsere Produkte sind mehr oder weniger gleich, also nehmt euch irgendeines davon.« Der Wert von Warenzeichen, und die sind es letztendlich, was Megamarken zu verkaufen versuchen, liegt darin, dass sie die Konsumenten positiv stimmen und ihre Bereitschaft erhöhen, den anderen Dingen zuzuhören, die man ihnen noch vermitteln möchte. »Ich vertraue Coke, Kellogg's, Toyota, Compaq oder wem auch immer, daher muss ich mir um die Qualität keine Sorgen machen. Ich kann meine Entscheidung aufgrund anderer Kriterien fällen.« Als Marketingfachmann müssen Sie diese anderen Kriterien definieren. Sie müssen jedes Produkt für die Konsumenten deutlich charakterisieren, damit sie es als etwas erkennen, das sie mögen und folglich immer wieder kaufen.

Um das zu erreichen, müssen Sie Ihr Produkt den Wettbewerbern im Markt gegenüber abgrenzen. Damit Ihnen dies gelingt, müssen Sie sich überlegen, welche Wahlmöglichkeiten die Konsumenten haben. Die Gründe, warum manche Leute Kellogg's Raisin Bran kaufen, sind nicht die gleichen Gründe, aus denen andere Kellogg's Frosted Flakes bevorzugen. Jede Marke spricht aus bestimmten Gründen eine bestimmte Zielgruppe an, und Konsumenten kaufen die Marken zu verschiedenen Zeiten für verschiedene Zwecke. Sie können also nicht sämtliche Menschen zum Kauf aller Ihrer Produkte motivieren, indem Sie einen globalen Ansatz wählen. Der gleiche Ansatz oder die gleiche Marke, egal wie groß und umfassend sie ist, passt einfach nicht für alle Menschen und alle Produkte.

Differenzierung ist unbedingt notwendig; Gleichheit bringt nichts.

Weil es beim Branding darum geht, starke Identitäten zu schaffen, müssen Sie sich darüber klar werden, dass eine Identität, die Sie kreieren, manche Kunden nicht ansprechen wird oder dass die Ware, auch wenn sie die Kunden anspricht, nicht für alle erschwinglich sein wird. Die meisten Leuten halten Ferraris für großartige Autos, aber nur wenige von ihnen haben genug Geld, um sich einen kaufen zu können. Bei Coke haben wir immer gesagt, dass wir anders sein müssen, besser, besonders. Auch dann, wenn sich Konsumenten für eine andere Marke entschieden haben, wollten wir sicherstellen, dass auch diese Konsumenten verstanden haben, dass Coca-Cola tatsächlich anders, besser und besonders ist. Wir wollten, dass diese Menschen ihre Wahl ganz bewusst trafen und genau wussten, wann sie sich gegen Coke entschieden.

Denken Sie einmal an das letzte Mal zurück, als Sie oder irgendeine Ihnen bekannte Person in einem Restaurant eine Coke bestellten. Sie sagen nicht einfach »Ein Cola, bitte.«. Sie sagen: »Ich möchte ein Coca-Cola.« Sie treffen diese Unterscheidung. Aber es ist vielleicht noch signifikanter, dass der Kellner unter Umständen antwortet: »Tut mir leid, Coca-Cola führen wir nicht. Darf es auch Pepsi sein?« Das heißt, dass auch dem Kellner der Unterschied bewusst ist, da er nachfragt, ob Sie auch etwas akzeptieren werden, das nicht »the real thing« ist.

Ein Name, eine Erwartungshaltung, eine Unterscheidung. Das ist Branding.

Warum Marken nicht statisch sind

Branding ist schwierig, weil Sie möglichst viel von Ihrer Ware an so viele Menschen wie möglich verkaufen möchten, gleichzeitig aber jede Marke auf einem einzigartigen Verkaufsargument basieren muss. Sie möchten immer mehr Leute davon überzeugen, dass Ihre Marke und Ihr Verkaufsargument attraktiv und anders sind, das heißt, sie möchten die Attraktivität der Marke ständig erweitern, ohne dabei ihre Einzigartigkeit einzubüßen.

Das Schlimmste jedoch, was man tun kann, ist zu glauben, dass man eine Marke einfach einführen und sie dann sich selbst überlassen kann. Wer das tut, wird nicht viel Ware verkaufen. Ein Grund dafür besteht darin, dass einem viele Abverkäufe entgehen, wenn man den Leuten nicht ständig neue Vorstellungen von der Marke vermittelt. Nehmen Sie Arm & Hammers Soda zum Backen. Das Produkt ist das Gleiche geblieben, aber das Unternehmen hat die mit der Marke verbundenen Assoziationen geändert. Es hat die Marke in einem anderen Wettbewerbsumfeld platziert. Es erklärt, Soda könne man nicht nur in den Kuchenteig mischen, wie bisher alle Welt zu glauben schien. Soda könne man auch verwenden, um die Luft im Kühlschrank zu verbessern, die Zähne zu putzen, die Badewanne zu schrubben und Sodbrennen zu vertreiben. Diese Leute haben uns sogar dazu gebracht, es in den Spülstein zu schütten, damit der frisch und sauber bleibt! Ist das nicht großartig? Kaufen Sie es und schütten Sie es gleich wieder weg! Was für ein Konzept! Immer und immer wieder haben sie ihr Angebot an die Konsumenten neu definiert, wodurch sie sehr erfolgreich geworden sind.

Ein anderer Grund, warum man eine Marke immer wieder neu definieren muss, ist der, dass alle Welt eine gute Idee, besonders dann, wenn sie erfolgreich ist, kopiert. Sie behaupten beispielsweise, dass Ihr Produkt aufgrund eines besonderen Zusatzes das Haar seidiger machen wird. Daraufhin benutzen alle Wettbewerber den gleichen Zusatz und sagen: »Meines auch. Meines hat die gleiche Wirkung.« Ich erzähle den Leuten gerne, der Status quo sei wie eine Rampe oder ein Hügel. Man platziert sein Produkt oben hin, aber sobald man es loslässt, rollt es herab. Man muss ständig etwas tun, um es wieder noch oben zu bugsieren und seinen einzigartigen Wert in den Köpfen der Leute zu verankern.

Während meiner Zeit als Berater zählte Club Med zu meinen Kunden. Das von Club Med entwickelte Konzept war großartig. Ein Gegenmittel gegen die Zivilisation. Das Angebot bestand darin, Leuten die Möglichkeit zu geben, wegzufahren und all das zu tun, wovon sie immer schon geträumt hatten: Sporttauchen, Schnorcheln, Segeln, Samba tanzen, und das alles in einer wohlgeordneten Umgebung, die aber ungeordnet wirkte. Der Gedanke dahinter war, dass es kein Luxus sein sollte, aber Spaß machen sollte. Man brauchte kein Geld mit sich herumzutragen (Essen gab es kostenlos und die Getränke wurden mit »Barperlen« bezahlt) und konnte mit großartigen fremden Menschen in Kontakt kommen, ohne sich an irgendwelche Vorschriften und Regeln halten zu müssen.

> »Die Club-Med-Leute schliefen am Steuer ein – sie haben sich überhaupt nicht entwickelt.«

Das Konzept war so lange erfolgreich, dass es eine große Anzahl von Wettbewerbern auf den Plan rief, die alle sagten: »Wir können das Gleiche wie der Club Med bieten, aber für weniger Geld.« Die Club-Med-Leute schliefen am Steuer ein – sie haben sich überhaupt nicht entwickelt. Das Unternehmen wuchs, weil immer mehr Dörfer geöffnet wurden. Das Managementsystem in den Dörfern war großartig. Es ging darum, die Leute zu unterhalten und ihnen leckeres Essen zu servieren und sicherzustellen, dass die Animateure, die sich um die Leute kümmerten, ein ordentliches Arbeitsverhältnis hatten und vernünftig ausgebildet wurden. Der Fehler bestand meiner Meinung nach, wie ich oft schon gesagt habe, darin, dass die ganze Firma auf die gleiche Art und Weise geführt wurde – wie eine Reihe von Dörfern, nicht wie ein Unternehmen. Das, was den Club so erfolgreich machte, der Verzicht auf Förmlichkeit und seine Ausrichtung auf Spaß und Vergnügen, war nicht gut für den Gewinn.

Der Club Med vergaß ganz einfach, dass er sich auch langfristig von anderen Unternehmen abheben musste, so wie er anfangs in seiner Kategorie ohnegleichen war. Die bestehende Organisation erlaubte es den Wettbewerbern jedoch, das Gleiche anzubieten und, in gewisser Weise, das Unternehmen mit seinen eigenen Waffen zu schlagen.

Was kann man daraus lernen? Man muss sich ständig mit dem eigenen Konzept auseinander setzen, auch dann, wenn man stolz auf das ist, was man geschaffen hat, auch dann, wenn es originell erscheint, auch dann, wenn es oberflächlich betrachtet wie ein gesetzlich geschütztes Produkt wirkt. Man muss sicherstellen, dass es wirklich geschützt ist und geschützt bleiben wird und dass man jeden Tag den Wettbewerbern entgegentreten kann, indem man sich und sie ständig klar und eindeutig neu definiert.

Treten Sie mit sich selbst in Wettbewerb

Es macht mich wirklich wahnsinnig, wenn die gleichen Leute, die sich einbilden, man könne Waren verkaufen, indem man Megamarken schafft, ebenfalls behaupten, man müsse sicherstellen, dass die Marken eines Unternehmens sich nicht überschneiden und miteinander konkurrieren.

Außer dem Glauben an Megamarken fehlt mir auch noch der Glaube an eine zweite Sache – an das *Portfolio-Management*, das heißt an das Errichten von Zäunen um jede der eigenen Marken, sodass keine Marke einer anderen Marke aus dem gleichen Portfolio ins Gehege kommen kann. Ich akzeptiere das einfach nicht. Ich bin davon überzeugt, dass jede Marke gegen alle anderen kämpfen muss, auch gegen andere Marken vom gleichen Hersteller. Genauso sieht der Konsument die Welt, und das ist die einzige Welt, die wirklich zählt.

»Während … Abgrenzungen vorzunehmen in der Theorie sehr hübsch klingt, ist die Situation im wirklichen Leben nicht ganz so klar und eindeutig. Irgendjemand wird mit Ihren Produkten in Wettbewerb treten und versuchen, Ihnen Kunden wegzunehmen. Wenn also sowieso jemand das tun wird, warum sollten Sie dann nicht selbst dieser Jemand sein?«

Portfolio-Management verlangt, dass man künstliche Kategorien für jedes der eigenen Produkte schafft und dass man keinem Produkt erlaubt, die Grenzen zu einer anderen Kategorie zu überschreiten. Warum? Um eine Kannibalisierung des eigenen Kundenstamms zu vermeiden. Das ist eine großartige Idee, aber während der Gedanke, Abgrenzungen vorzunehmen, in der Theorie sehr hübsch klingt, ist die Situation im wirklichen Leben nicht ganz so klar und eindeutig. Irgendjemand wird mit Ihren Produkten in Wettbewerb treten und versuchen, Ihnen Kunden wegzunehmen. Wenn also sowieso jemand das tun wird, warum sollten Sie dann nicht selbst dieser Jemand sein?

Schauen Sie sich an, was wir 1993 mit Sprite machten. Sprite war immer ein Zitrus-Erfrischungsgetränk gewesen, das in dieser Warengruppe konkurrierte, eine Kategorie des Getränkemarktes, in die man sehr leicht einsteigen konnte. Die Produkte in dieser Warenklasse unterschieden sich nicht sehr voneinander. Die Kategorie wurde von Sprite und 7UP dominiert und wuchs so gut wie gar nicht, es sei denn, es wurde wieder einmal ein neuer Süßstoff eingeführt.

Also setzten wir uns das Ziel, den Markt auszuweiten und Sprite neu zu positionieren. Wir sagten uns Folgendes: »Warum nehmen wir das Produkt nicht aus der Kategorie Zitruslimonade heraus und lassen es mit dem ganzen Markt der Erfrischungsgetränke in Wettbewerb treten?« Wir hörten also auf, über Reinheit und Klarheit zu reden, und erzählten den Konsumenten, sie sollten nicht nur dann an Sprite denken, wenn sie ein Zitrus-Erfrischungsgetränk wollten, sondern immer dann, wenn sie sich mit einer Marke verbünden wollten, die ihre eigene Einstellung zu sich selbst und dem Leben ausdrückte. Dieser Ansatz machte es uns möglich, die Marke anders zu positionieren und ihren Absatz zu erhöhen.

Das hieß natürlich auch, dass wir sie als Wettbewerber unserer anderen Marken aufbauten – einschließlich Coke und Diet Coke –, aber die Strategie war trotzdem gut. Sprite wurde zu dem Erfrischungsgetränk mit den höchsten Wachstumsraten auf der ganzen Welt, und der Absatz verdreifachte sich in vier

Jahren auf über eine Milliarde Kästen. Währenddessen positionierten und vermarkteten wir auch unsere anderen Marken mit Hochdruck, wodurch auch deren Absatz stieg. In dieser Zeit stieg das Absatzvolumen des Unternehmens um 50 Prozent auf 15 Milliarden Kästen pro Jahr statt zehn Milliarden.

Da alles mit allem in Konkurrenz steht, glaube ich auch an gleichzeitiges Marketing, nicht an aufeinander folgendes Marketing. Damit meine ich, dass Sie Ihre Produkttests nicht hintereinander fahren sollten. Der Markt ist niemals ruhig, statisch, unverändert. Sie können nicht kontrollieren, was die Wirtschaft im Allgemeinen und Ihre Wettbewerber im Besonderen tun werden. Warum sollten Sie dann versuchen, Testmärkte unter kontrollierten Bedingungen zu nutzen? Wenn Sie etwas Neues haben, das Sie ausprobieren möchten, dann sollten Sie es ausprobieren, auch wenn das bedeutet, dass Sie viele verschiedene Produkte zur gleichen Zeit an vielen Orten testen.

Ich glaube, wenn Sie gleichzeitig mehrere Luftballons steigen lassen, werden Sie schnell herausfinden, welche davon fliegen können. Sie müssen zur gleichen Zeit mehrere Programme für eine Reihe von Produkten durchführen. Sie glauben gar nicht, wie oft ich in Besprechungen saß und jemand sagte: »Februar ist der Monat für Coke, März der Monat für Fanta, und um Diet Coke kümmern wir uns im September.« Ich fragte: »Warum wählen wir nicht den Januar als Monat für alle?« Die Leute schauten mich an, als sei ich verrückt geworden, und behaupteten: »Dadurch kannibalisieren wir uns selbst«, worauf ich antwortete: »Wenn wir es nicht so machen, dann werden die Wettbewerber die Kannibalen sein.«

Machen Sie es gleichzeitig, nicht nacheinander. Es ist völlig in Ordnung, wenn Sie eine Ihrer eigenen Marken kannibalisieren, denn es ist immer noch besser, wenn Sie Ihre eigenen Kinder auffressen, als wenn es ein Wettbewerber tut. Wenn Ihre Hauptmarke aus irgendeinem Grund eine Schwäche hat und es so aussieht, als könne eine andere Marke ihr Marktanteile wegnehmen, dann sanieren Sie am besten zuerst Ihre Hauptmarke. Versuchen Sie nicht, das Problem dadurch zu lösen, dass Sie Ihre Hauptmarke mit Hilfe des Portfolio-Managements künstlich schützen. Setzen Sie sich intern und extern mit Ihren Wettbewerbern auseinander, indem Sie in Wettbewerb treten! Es ist schließlich besser, wenn Sie an sich selbst Marktanteile verlieren als an einen Konkurrenten.

Warum das Image zählt

Mitunter, wenn ich mich darüber auslasse, dass die traditionellen Marketingexperten zuviel Aufmerksamkeit darauf verschwenden, ein Image zu schaffen, und nicht genug ans Verkaufen denken, bekommen die Leute den Eindruck, ich dächte, der Aufbau eines Image sei reine Zeitverschwendung. Natürlich ist dem ganz und gar nicht so.

Die Marketingfachleute machen nur einen großen Fehler, wenn sie versuchen, sich hinter dem Konzept eines Imageaufbaus zu verstecken, damit man sie nicht für die Ergebnisse ihres Tuns zur Rechenschaft zieht. Es ist einfach Schwachsinn, zu behaupten, dass Marketing nichts mit dem Verkauf von Produkten und Geldverdienen zu tun hat. Aber die Tatsache, dass die Schaffung eines positiven Produktimages in den Augen der Verbraucher nicht genügt, heißt nicht, dass dies nicht wichtig ist. Es ist sehr wichtig, und man muss intensiv daran arbeiten.

»Zu viele Marketingleute … verstehen einfach nicht, was Branding und Positionieren leistet. Daher ist das Image, das sie schaffen, verschwommen, irrelevant oder langweilig.«

Die Marketingleute, die keine Verbindung zwischen der Schaffung eines Images und dem Verkauf von Produkten sehen, leisten häufig auf beiden Gebieten keine gute Arbeit. Ohne Frage haben viele Unternehmen ein Image geschaffen, das hervorragend dazu beiträgt, das jeweilige Produkt zu verkaufen. Virgin Airways und das *Wall Street Journal* sind nur zwei Beispiele für Produkte mit einem eindeutigen Image, das sie im Universum der den Konsumenten zur Verfügung stehenden Optionen an günstiger Stelle platziert. Zu viele Marketingexperten achten jedoch zu sehr auf die Leute in ihren Werbeagenturen, die über Produktwerte, überwältigende Konzepte und das Gewinnen von Preisen reden, aber sie denken nicht genug an ihre Zielsetzungen und daran, wie das Image, das sie schaffen wollen, ihnen dabei helfen oder schaden wird, den Absatz zu erhöhen. Sie verstehen eigentlich gar nicht, was zum Branding und Positionieren gehört oder was Branding und Positionieren wirklich leisten muss. Daher ist das Image, das sie schaffen, verschwommen, irrelevant oder langweilig.

Wiederum fängt alles bei der Strategie an. Man muss eine Strategie entwickeln, wie man den Markt beherrschen will, und dann muss man sicherstellen, dass man ein Image schafft, das einem dabei hilft. Wenn Sie die Strategie verfolgen, ein hohes Volumen bei niedrigen Preisen zu erzielen, dann wird das Image, das Sie schaffen wollen, kaum etwas mit Luxus und einer großen Auswahl zu tun haben. Southwest Airlines werben daher nicht mit dem guten Essen und dem Komfort an Bord. Wenn Sie andererseits die Strategie verfolgen, sich ein Image wie British Airways zu schaffen, das heißt die bequemsten Sessel auf jeder Ihrer Routen zu bieten, dann sprechen Sie vom Verwöhnen, reden aber nicht groß über den Preis. Eine Werbekampagne, die ich niemals verstanden habe, war die von Nissan vor ein paar Jahren. In den Anzeigen sah man einen Asiaten mit einem Hund. Die Bilder waren durchaus interessant, aber ich weiß immer noch nicht, was sie kommunizieren sollten. Eine andere Kampagne, die ich nicht verstand, war die »We love to fly and it shows«-Serie von Delta Airlines [Wir fliegen gerne, und das macht sich bemerkbar], die zu einer Zeit geschaltet wurde, als Delta die Kosten reduzierte und wirklich unzufriedene Angestellte hatte. Die Beschäftigten mochten ihre Arbeit überhaupt nicht. Sie hassten ihren Job, und das wurde deutlich. Der Service war furchtbar und die Werbung machte diese Tatsache überdeutlich.

Auch bei Coke waren wir nicht gegen Fehler gefeit. Denken

Sie nur an die »Have a Coke and smile«-Kampagne [nimm' eine Coke und lächle], die zur selben Zeit lief, als Pepsi sagte »Take the Pepsi Challenge and let your taste decide« [Nimm die Pepsi-Herausforderung an und lass deinen Geschmack entscheiden]. Coke konzentrierte sich aufs Image, während Pepsi sich um mehr Verkäufe bemühte!

Die Nissan-Anzeigen waren nicht erfolgreich (wenn man der Presse glauben darf), weil sie kein echtes Image von Nissan schufen, und sie haben ganz gewiss nicht zu steigenden Abverkäufen beigetragen. Die Delta-Anzeigen kreierten ein Image, aber das Image widersprach dem, was Delta zu der Zeit lieferte. Andere Produkte wiederum haben ein sehr deutliches, aber an sich wertloses Image, weil sie sich nicht klar im Markt positionieren. Der Milk Council etwa hat dieses Problem. Er hat Millionen von Dollar für eine Werbekampagne ausgegeben, die Berühmtheiten mit Schnurrbart zeigt. Ich liebe diese Kampagne. In meinen Augen hat Milch ein großartiges Image. Das Image ist toll, und mir wurde klar, dass Milch nicht nur etwas für Babys ist. Aber das Image erhöhte trotzdem nicht meinen Milchkonsum, denn es hat das Produkt nicht so positioniert, dass irgendwelche wünschenswerten Eigenschaften klar hervortraten. Die Kampagne läuft nun seit sechs oder sieben Jahren, und in dieser ganzen Zeit habe ich kein einziges Glas Milch getrunken. Es wäre viel besser gewesen, mir Gründe zu liefern, warum ich Milch trinken sollte.

Auch der amerikanische Vizepräsident Al Gore hat in meinem Kopf ein sehr klares Image. Es ist ein ziemlich positives Image. Ich denke, er ist vermutlich ein recht netter Typ. Aber das Image enthält absolut nichts, das in mir den Wunsch weckt, ihn zu wählen. Das liegt daran, dass er, soweit ich sehen kann, keine Strategie hat, die ihn so positioniert, dass es mich anspricht.

Wie man in Konsumenten Erwartungen weckt, die Wettbewerber nicht befriedigen können

Die Beispiele, die ich gerade gebracht habe, betrafen hauptsächlich den Einsatz von Werbung mit dem Ziel, ein Produktimage zu schaffen, aber ein Image ist in Wirklichkeit die Summe all dessen, was die Konsumenten über Ihr Produkt und Ihr Unternehmen wissen oder zu wissen glauben. Mein Image von Volvos sagt zum Beispiel, dass dies sehr sichere und langweilige Autos sind. Und Crest-Zahnpasta hat für mich das Image, ein zuverlässiges und wirksames Produkt zu sein, das ich brauche. Außerdem habe ich ein Image von dem Lebensmittelladen um die Ecke in meinem Kopf, das besagt, dass man dort prima Teebeutel kaufen kann, aber ich gehe zu Starbucks, wenn ich Kaffee brauche.

»Starbucks … hat mich gelehrt,
dass es guten Kaffee
nicht im Vakuumpack gibt.«

Wie ist das jeweilige Image in meiner Vorstellung zustande gekommen? Es beruht teilweise auf der Werbung, welche die Marketingleute von Volvo, Crest und dem Lebensmittelladen mir vorsetzen. Aber es beruht auch auf meiner eigenen Erfahrung mit den Produkten, auf dem, was ich über die Unternehmen gelesen und gehört habe, und auf den Wettbewerbern dieser Firmen.

Einer der Gründe, warum ich glaube, dass der Laden nebenan schlechten Kaffee verkauft, ist der, dass Starbucks mir das erzählt hat. Diese Kette hat mir beigebracht, etwas Besseres zu erwarten, etwas anderes als das, was ich im Supermarkt kaufen kann. Starbucks hat im Kaffeemarkt die Kontrolle über den Dialog mit dem Kunden an sich gerissen und definiert, was wünschenswert ist – in Bezug auf den Preis (hoch), die Art der Präsentation (ganze Bohnen), den Service (gut informiert) und die Auswahl (groß). Mit Hilfe seiner Werbung, seinen Geschäften, seinen fröhlichen, aber professionellen jungen Angestellten, seiner Melange und seinem Cappuccino, seinen dunklen Holztheken und dem röstfrischen Angebot hat mir das Unternehmen klar zu verstehen gegeben, dass es guten Kaffee nicht im Vakuumpack gibt. Es hat nicht nur ein Image für sich und seine Waren geschaffen, sondern auch für alle anderen, die im Kaffeegeschäft tätig sind.

Starbucks hat einen Standard gesetzt und Kaffeetrinken neu als eine Erfahrung definiert, die das Unternehmen ganz alleine und ausschließlich bieten kann.

Für die meisten Menschen ist Image ein eher schwammig definierter Ausdruck, der etwas mit Gefühlen, Emotionen oder unterschwelligen Eindrücken zu tun hat. Es ist einer der vielen Faktoren, von denen uns Marketingexperten weißzumachen versuchen, sie seien unbeschreiblich und geheimnisvoll. Aber wie alles andere im Marketing ist es nicht nur möglich, sondern unbedingt wichtig, dass ein Image auf logische, strategische und systematische Weise aufgebaut wird.

Um das zu tun, muss man wiederum wissenschaftlich denken. Man muss all die Elemente bedenken, die zur Imagebildung notwendig sind, und sie dann dazu nutzen, ein Gesamtimage zu schaffen, das den Kunden attraktiv und verlockend erscheint.

Sie müssen die verschiedenen Elemente der Imagebildung kennen

Meiner Erfahrung nach sind die fünf wichtigsten Elemente der Imageschaffung das Image des Warenzeichens, des Produktes selbst, das assoziative Image, das Image des Konsumenten dieses Produktes und das Bild, das man sich von dessen Gebrauch, Nutzung oder Konsum macht. Sie müssen diese Aspekte zusammen einsetzen, um ein stimmiges Image zu schaffen.

»Die Konsumenten werden ein Image von Ihrem Unternehmen und Ihrem Produkt haben, ob Sie nun bewusst eines schaffen oder nicht. … Und dieses Image wird ihre Entscheidung beeinflussen, ob sie kaufen wollen oder nicht.«

Das Image des Warenzeichens

Zur Identifizierung des Warenzeichens von Starbucks dienen das grün-schwarze Medaillon, die Farbe der Kaffeetüten und das dunkle Holz der Theken. Damit verbindet man die Vorstellung, dass man überall dort, wo man diese Zeichen sieht, frisch gerösteten, qualitativ hochwertigen Kaffee bekommt. Wenn man an Kodak denkt, dann ist dessen Warenzeichen durch die gelbe Schachtel gekennzeichnet. Aufgrund langjähriger Erfahrung und der Werbung steht in den Augen der Leute die gelbe Kodakschachtel für Qualität. Man denkt dabei an hochwertige Filme und ebensolches Filmpapier, was die Vorstellung von hochwertigen Fotos heraufbeschwört, ob man nun selbst ein guter Fotograf ist oder nicht. Im Falle von Disney denkt man bei dem Warenzeichen an Walt Disney, Disneyland, Mickey Mouse, Minnie Mouse und familienfreundliches, jugendfreies Vergnügen.

Diese Dinge machen das Wesentliche, den Kern einer Marke aus. Sie entwickeln sich im Lauf der Zeit und müssen sich ständig weiterentwickeln. Sie bilden ein Guthaben auf einer Bank, von dem man abheben kann, wenn man die Produktpalette ausweiten möchte oder ganz neue Produkte schaffen will. Das Image des Warenzeichens steht für Beständigkeit und schafft Vertrauen beim Kunden, das sie dazu bewegt, sich auch auf das nächste Imageelement einzulassen. Das Image eines Warenzeichens wird über längere Zeit aufgebaut und integriert mit voller Absicht alle Bilder, Handlungen und Ereignisse, die dieses Warenzeichen und das, wofür es steht, in den Augen der Kunden und potenziellen Kunden ausmachen.

Das Image des Produktes

Hierbei geht es um die tatsächlichen Eigenschaften des Produktes. Für Coke und Starbucks ist dies der Geschmack. Für Diet Coke ist es der Geschmack in Kombination mit nur einer Kalorie. Für Kodak ist es die Geschwindigkeit des Films und die Qualität der Bilder. Für Disney ist es nette, jugendfreie, sterile Unterhaltung. Für British Airways ist es der Komfort und die Sicherheit auf den Flügen. Insgesamt ist es das, was das Produkt oder die Dienstleistung zu bieten verspricht.

Assoziatives Image

Assoziatives Image ist der Grund, warum Sponsoren Verträge mit Sportlern oder Vereinen schließen – um der »Offizielle Was auch immer« des Tennisbundes, der Stuttgarter Kickers oder der Formel 1 zu sein. Deshalb hat Revlon Cindy Crawford verpflichtet und Pepsi sich mit Michael Jackson eingelassen. Assoziative Imagebildung ist der Versuch, eine gemeinsame Basis mit den Konsumenten zu finden und ihnen zu sagen: »Ich mag genau dasselbe, was ihr auch mögt. Unsere Interessen sind eure Interessen, und übrigens, ich habe hier noch etwas, das euch auch interessieren sollte.« Es ist ein wichtiger Teil der Gesamtheit verschiedener Gründe, die man Konsumenten gibt, damit sie das eigene Produkt kaufen, aber für sich alleine genommen genügt es nicht. Fox TV nutzt seine Verträge mit Baseball- Teams und der National Football League, um mit dem assoziativen Image die Frage zu beantworten: Ist Fox TV ein echter Fernsehkanal? Muss es wohl sein, wenn es die NFL und Baseball-Spiele überträgt. Ich nenne assoziative Imagebildung »Interesse leihen«, denn man borgt das Interesse des Konsumenten an etwas anderem, um sie für das eigene Produkt zu gewinnen.

Obwohl die Verbindung nicht immer sofort deutlich wird, muss das assoziative Image, genau wie die anderen Marketingelemente auch, aus der Strategie heraus entwickelt werden und auf ihr basieren. Es wäre unsinnig, Sponsor für etwas zu werden, das überhaupt nicht zu der Gesamtstrategie der Marke passt. Warum ist Coke ein Fußballsponsor? Wegen der Identifizierung vieler Konsumenten mit diesem Sport gelingt es Coke als Sponsor, die eigenen Marken und deren Botschaften sozusagen in fruchtbaren Boden zu pflanzen. Konsumenten identifizieren sich mit dem Sport und hören dem, was der Sponsor zu sagen hat, mit offenem Ohr zu. Denken Sie nur an die Verbindung von Revlon mit Models und die Verbindung von Budweiser mit Autorennen. Sie sollten sich nur dann an etwas binden, wenn Sie damit eine Strategie verfolgen und einen Grund für Ihr Handeln haben, und nicht weil Ihre Konkurrenz auch so etwas macht. Pepsis Entscheidung, erst einen Vertrag mit Michael Jackson und dann mit Lionel Richie abzuschließen, bewog Coke nicht dazu, das Gleiche zu tun – aus gutem Grund.

Das Image des Verbrauchers

Das Image des Verbrauchers zeigt an, welche Art von Menschen ein Produkt mögen und verbrauchen oder nutzen. Ziel ist, dass die Konsumenten sich eine Werbung anschauen und denken: »Nanu, die Leute in diesem Fernsehspot oder in dieser Anzeige sind Menschen wie ich'. Das sind Menschen, die ich mag, und ich möchte so sein wie diese Menschen. Wenn die dieses Produkt oder diesen Service nutzen, dann ist das eine Empfehlung für das Produkt und die Bestätigung, dass ich dieses Produkt auch nutzen sollte.« Aus diesem Grund zeigt die Werbung für Multivitaminpräparate und Naturheilmittel alte Menschen, die schwimmen, Kajak fahren, tanzen oder sich küssen. Und aus eben demselben Grund sind Models immer jung und schlank und schön.

Das Image, das man mit der Nutzung eines Produktes verbindet

Wird ein Produkt konsumiert, und wenn ja, wie? In einer Bar? Zuhause? In einem Restaurant? Wird es von Geschäftsleuten verwendet? Was ist es und wie wird es genutzt? Kann ich ein paar neue Nutzungsmöglichkeiten dafür vorschlagen? Abhängig von den unterschiedlichen Zielgruppen, kann das Image, das man sich von der Art des Konsums eines Produktes bildet, stark variieren. In Mexiko wird Coca-Cola als Teil des Mittagessens betrachtet; üblicherweise wird es mit allem möglichen Essen konsumiert. Essen ohne ein Coca-Cola ist fast eine unvollständige Mahlzeit. Aber das Gleiche gilt nicht unbedingt in Japan, Irland oder an anderen Orten. Verschiedene Botschaften funktionieren an verschiedenen Orten, daher gibt es auch kein mit dem Konsum verbundenes Image, das allgemein gültig ist.

Die richtige Mischung dieser verschiedenen Imageelemente ist notwendig, um das Gesamtimage einer Marke zu schaffen. Bei der Entwicklung von Werbung muss man die Stärken und Schwächen jedes einzelnen Elementes abklopfen, untersuchen, aus den Stärken Kapital schlagen und sie ausnutzen, um sicherzustellen, dass immer mehr Elemente zum Markenimage hinzukommen.

Es ist wichtig, niemals zu vergessen, dass Ihr Unternehmen und Ihr Produkt bei den Konsumenten ein bestimmtes Image haben werden, ob Sie nun bewusst eines schaffen oder nicht. Die Verpackung, die Verkaufsstellen, die Unfreundlichkeit oder Liebenswürdigkeit der Leute, die in Ihrem Unternehmen ans Telefon gehen, alles was die Konsumenten von einem Unternehmen sehen oder hören, trägt zu diesem Image bei. Und dieses Image wird ihre Kaufentscheidung beeinflussen.

Stecken Sie Ihren Bereich ab

Was ist der Unterschied zwischen einem Image und einer Positionierung? Ein Markenimage ist der Gesamteindruck, den die

Leute von dieser Marke haben. Die Positionierung einer Marke ist das, was die Leute nach Meinung der Marketingexperten von der Marke denken oder was sie im Zusammenhang mit dieser Marke empfinden sollen. Wie schon erwähnt, ist Volvo für mich sicher und langweilig und Al Gore nett und langweilig. Die Leute, die Volvos und Al Gore vermarkten, sind für die Schaffung dieses Images verantwortlich. Im Falle Volvos haben die Marketingleute des Unternehmens die Marke als robuste, zuverlässige Familienkutsche positioniert, die sicherer ist als die meisten anderen Autos. Im Fall Al Gores ist es ihm und seinen Beratern bisher nicht gelungen, eine starke Position einzunehmen, daher hat sich bei mir ein eher farbloses Image im Kopf festgesetzt.

Die Entscheidung, welche Position man für sich selbst definieren will und was man versprechen wird, ist ungeheuer bedeutend. Es gibt eine Formel, die mein guter Freund Scott Miller und ich vor einiger Zeit entwickelten und die wir ursprünglich D.A.D. nannten, was wir später in D.O.C.S. änderten. Das erste Kürzel steht für »**D**efine and **d**eliver« [definiere und liefere]. Die zweite Formel steht für **D**efine [definiere], **O**verdeliver [liefere mehr als versprochen], **C**laim [stellen Sie sicher, dass jeder hört, dass sie mehr leisten als versprochen], was letztendlich zum **S**uccess [Erfolg] führen wird.

»Der Grund, warum Southwest Airlines
so beliebt sind, liegt darin,
dass es der Fluggesellschaft sehr gut gelingt,
nur wenig zu versprechen,
dann aber mehr zu leisten als versprochen.«

Der Grund, warum Southwest Airlines so beliebt sind, liegt darin, dass es der Fluggesellschaft sehr gut gelingt, nur wenig zu versprechen, dann aber mehr zu leisten als versprochen. Die Leute von Southwest haben ein Angebot für Konsumenten ausgearbeitet, das viele der Probleme geschickt vermeidet, die Fluggesellschaften oft haben, wenn sie ihre Versprechen erfüllen wollen. Wie oft haben Sie schon Werbung gesehen, in der eine fesche Stewardess ein Abendessen auf gutem Porzellan serviert und eine Stimme im Hintergrund davon spricht, dass Sie zusätzlich zu diesem großartigen (sicheren, pünktlichen) Flug auch noch toll speisen werden, nur um dann nach Antritt des Fluges zu entdecken, dass es kein Hähnchen mehr gibt, die Weinauswahl praktisch nicht existiert und die Stewardessen ganz bestimmt nicht diejenigen sind, die in der Werbung auftraten?

Southwest hat dieses Problem gelöst, indem die Fluggesellschaft ihren Kunden nur sehr wenig verspricht. Noch wichtiger ist dabei aber, dass Southwest die Versprechen immer halten kann. Southwest behauptet zum Beispiel, dass jeder, der frühzeitig am Flughafen ankommt, auch zuerst einen Sitzplatz im Flieger bekommt. Auf jeder Seite des Ganges sind drei Sitze, sodass das erste Drittel der eincheckenden Fluggäste sich einen Gangplatz aussuchen kann, falls sie das wollen. Wenn man zum zweiten Drittel der Passagiere gehört, kann man das Flugzeug in der zweiten Gruppe betreten, was bedeutet, dass man die Fensterplätze bekommt, wenn schon alle Gangplätze vergeben sind. Wer zuletzt kommt, muss dann mit irgendeinem Sitz vorlieb nehmen, der noch frei ist. Es ist sehr unwahrscheinlich, dass jemand, der die Vorgehensweise kennt und weiß, was ihn erwartet, enttäuscht wird. Wer im letzten Moment am Flughafen ankommt, wird keinen Fensterplatz mehr erwarten und sich glücklich schätzen, wenn er doch einen ergattert.

Des weiteren verspricht die Fluggesellschaft kein Essen an Bord. Sie verteilt eine Tüte mit Erdnüssen und Coke, womit man nur sehr wenig falsch machen kann. Und schließlich wird versprochen, dass man zu vernünftigen Preisen von A nach B gebracht wird. Das recht breite Angebot an Zielen kommt vielen Fluggästen entgegen, und die gemachten Versprechen werden immer erfüllt. Die anderen wirklich großen Fluggesellschaften tun das normalerweise nicht. Sie versprechen Luxus, bieten einem dann aber nur den Komfort eines Viehwagens.

Definieren Sie die Erwartungen ganz bewusst so, dass Sie diese immer erfüllen können. Noch besser, machen Sie ein Versprechen, von dem Sie sicher sind, dass Sie es übererfüllen können, und dann sorgen Sie dafür, dass die ganze Welt erfährt, dass Sie dies tun.

Kämpfen Sie nicht gegen das Immunsystem der Marke

Es ist fast immer eine gute Idee, die eigene Position auszuweiten und mehr Versprechungen zu machen, sobald die Fähigkeit wächst, Entsprechendes zu leisten. Wenn Sie herausgefunden haben, wie Sie etwas anbieten können, insbesondere wenn es etwas ist, was Ihrer Meinung nach Ihr Wettbewerber nicht liefern kann, dann machen Sie daraus ein Versprechen und hoffen Sie, dass die Konsumenten es aufgreifen und in eine Forderung umwandeln, auf der sie bestehen. Es gibt allerdings Grenzen, an deren Überschreiten einen die Konsumenten hindern werden. Ich nenne die Kräfte, die diese Grenzen fixieren, das Immunsystem der Marke.

Das Immunsystem wird Ihnen einfach nicht erlauben, gewisse Elemente einzuführen, egal wie fleißig und erfindungsreich Sie sind.

»New Coke war für die Konsumenten ein Fremdkörper, und das Immunsystem produzierte Antikörper, um ihn loszuwerden.«

Das war eine der vielen wertvollen Lektionen, die uns New Coke erteilte. Nachdem wir uns von der unerwartet negativen Reaktion der Öffentlichkeit auf New Coke erholt hatten und unser Marketing von Classic Coke wieder in Schwung gekommen war, verfolgten wir unsere Schritte zurück und fragten, was eigentlich passiert war und warum. Eine Antwort, die wir fanden, war die, dass wir mit dem Immunsystem der Marke Coca-Cola kollidiert waren. Anders ausgedrückt, entdeckten wir, dass das Kernstück von Coke für die Öffentlichkeit Kontinuität und Unveränderlichkeit war. New Coke versprach dagegen Wandel und Auswahl. Das bedeutete, dass die Konsumenten, die Verständnis und starke Gefühle für die Marke und die inhärenten Grundelemente empfanden, nichts akzeptieren würden, das ihrem Produktverständnis dermaßen zuwiderlief. New Coke war für die Konsumenten ein Fremdkörper, und das Immunsystem produzierte Antikörper, um ihn loszuwerden.

Während Coke für Kontinuität und Unveränderlichkeit steht, werden mit Pepsi im Gegensatz dazu Begriffe wie Auswahl und Veränderung verbunden. Es hat sich immer als Produkt für die Jugend positioniert, indem es alles anders und auf unvorhersehbare Weise machte. Pepsi ist der Rebell, nicht die etablierte Marke, aber auch dem sind Grenzen gesetzt. Für Coke könnte eine Anzeige über ein Familientreffen und warme, verschwommene Bilder vom Weihnachtsmann, der Coke trinkt, ideal sein, während eine derartige Werbung für Pepsi-Trinker ein großer Schock wäre. Diese Grenzen im Auge zu behalten, ist eine wesentliche Aufgabe.

Obgleich das Immunsystem einer Marke oft eine Einschränkung hervorruft, bedeutet ein Verständnis des Immunsystems, dass man sich einige Freiheiten erlauben darf. Das Immunsystem stellt nämlich ein gutes und eindeutiges Alarmsystem darum zu erkennen, was funktioniert und was nicht. Sie können ohne Einschränkung eine ganze Reihe von Sachen ausprobieren, solange Sie wissen, dass dieses System Alarm schlagen wird, sobald Sie Fehler machen. Sie müssen nur die Augen offen halten und bereit sein, die Botschaft zu akzeptieren, wenn sie kommt. Wenn Sie etwas tun, was das Immunsystem verletzt, dann können Sie sicher sein, dass die Marke verrückt spielen wird.

In extremen Fällen, wie beispielsweise dem der New Coke, werden entweder die Absatzzahlen ins Bodenlose fallen oder die Konsumenten werden sich aufregen, und man kann das Problem auf der Stelle beheben. Aber mitunter treten Veränderungen nicht so deutlich und erst allmählich zutage. Wenn Sie also immer brav Marktforschung betreiben und auf einmal beobachten, dass sich das Konsumverhalten ändert, dann passen Sie auf. Wenn sich die Veränderung ergibt, weil die Konsumenten zunehmend mehr Gründe finden, Ihr Produkt zu kaufen, dann ist das vermutlich ein gutes Zeichen. Aber wenn ein paar der Motive für den Konsum verloren gehen, dann könnte das Unheil bedeuten, und wenn Sie nicht schnell reagieren, könnte es sogar das Ende der Marke bedeuten.

Können Sie sich die Zahnpastamarke Close-Up mit Sodapulver darin vorstellen? Ich nicht. Das ganze Produkt basiert auf der Aussage, dass es sich dabei um ein durchsichtiges Gel mit integrierter Mundspülung handelt. Wenn man dem Scheuerpulver beimengt, geht das ursprüngliche Produkt verloren. Oder wie sieht es mit einer Billigversion von Chivas Regal aus? Oder einem Fahrrad von General Motors? Oder schicken Pumps von Nike? Die Beispiele mögen an den Haaren herbeigezogen scheinen, aber sie illustrieren die Aussage. Eine Position im Hochpreissegment ist ein hervorstechendes Charakteristikum von Chivas Regal. General Motors hat mit Motoren zu tun, und Nike verspricht athletische Höchstleistungen, keine Straßenschuhe.

Steuern Sie den Dialog

Noch wichtiger, als die Grenzen zu erkennen und damit umzugehen, ist es, den Dialog am Markt, so wie er von allen Marktteilnehmern definiert wird, zu steuern. Bisher hat Al Gore Glück gehabt, denn seine potenziellen Gegner um die Präsidentschaftskandidatur haben ihn noch nicht als Repräsentanten von etwas positioniert, was die Wähler nicht mögen. Aber wenn er im Rennen bleibt, dann wird er bald eine solche Position haben, ob ihm das passt oder nicht.

Entweder Sie wählen das Territorium im Wettbewerbsumfeld selbst, das Sie einnehmen wollen, oder Ihre Konkurrenten werden die Wahl für Sie treffen.

»Wer die Wettbewerber positioniert, definiert die Spielregeln auf dem Markt.«

Vor vielen Jahren hat Pepsi Coke positioniert. Es begann mit der Aussage »Twice as much for a nickel too« [Doppelt so viel für ihr Geld] und diese Positionierung basierte auf der Behauptung: »Schaut her, Coke ist zu teuer. Fürs gleiche Geld erhält man weniger Coke als Pepsi.« Auf diese Weise schuf das Unternehmen nicht nur eine Position für sich selbst, sondern auch für die Konkurrenz.

Die Idee, Wettbewerber im Markt ganz bewusst zu platzieren, ist eine der besten Marketinglektionen der letzten 50 Jahre. Pepsi beherrschte diese Methode bis zur Vollendung und praktizierte sie jahrelang bis in die frühen neunziger Jahre, als Coke endlich beschloss, dies nicht länger zuzulassen. Nach der »Twice as much for a nickel too«-Kampagne verwendete Pepsi »You've got a lot to live and Pepsi's got a lot to give« [Sie erwarten viel vom Leben, und genau das bietet Ihnen Pepsi], was schließlich zum Slogan der Pepsi-Generation führte. Beide Kampagnen positionierten Coke als Produkt für alte, spießige Leute, während Pepsi etwas für die jungen und agilen war. Ende der siebziger Jahre ließ der Schwung etwas nach. Aber dann dachte sich diese kleine Werbeagentur in Dallas eine großartige Kampagne aus: »Take the Pepsi Challenge. Let your taste decide« [Nimm die Pepsi-Herausforderung an und lass deinen Geschmack entscheiden], lautete die und zeigte Coca-Cola-Trinker, die ihre Überraschung darüber ausdrückten, dass ihnen Pepsi besser schmeckte.

Wer die Wettbewerber positioniert, definiert die Spielregeln auf dem Markt. Die Fluggesellschaften tun dies ständig, indem sie die Definition dessen ändern, was einen guten Flug ausmacht oder was preisgünstig ist. Southwest ist in dieser Hinsicht nicht das einzige wichtige Fallbeispiel, schauen Sie sich nur an, was Virgin macht. Es erneuert und verändert seine Positionierung ständig und definiert seine Wettbewerber auf eine

Art und Weise um, wie sich das die Konsumenten niemals träumen ließen. Ist es Ihnen, ehe es Virgin gab, jemals in den Sinn gekommen, in der Luft eine Massage, eine Maniküre oder Pediküre zu erwarten? Wäre mir niemals eingefallen, aber jetzt will ich das.

Ronald Reagan positionierte seinen Gegenspieler, als er Jimmy Carter mit der Frage besiegte: »Amerika, geht es dir heute besser, als es dir vor vier Jahren ging?« Er stellte diese Testfrage zu einem Zeitpunkt, als nur zu deutlich war, dass die Amerikaner mitten in einer Krise steckten und sich überhaupt nicht gut und wohlhabend fühlten. Er unterstrich die Aussage noch, indem er verkündete: »Und noch ein Versuch, Jimmy«, wodurch er Carter als einen Mann ohne neue Ideen erscheinen ließ, der keine Lösungen bot.

1992 stellte Bill Clinton den Dialog auf eine wirtschaftliche Basis. George Bush glaubte, er und Ronald Reagan hätten die Wirtschaft bereits wieder flottgemacht, daher versuchte er dadurch mehr Anklang zu finden, dass er über andere Themen sprach. Aber Clinton bemerkte mit Hilfe von James Carville, dass sich eine Menge von Mittelklasseamerikanern immer noch geschröpft vorkamen. Daher wählten die Demokraten den Slogan »It's the economy, stupid« [Dummes, es liegt an der Wirtschaft], um auszudrücken: Wenn es jemandem nicht gut geht, wenn es seiner Familie nicht gut geht, dann wird es Zeit für eine Wende. Alle Experten sind sich darin einig, dass Clinton auf diese Weise die Wahl von 1992 gewann.

Schränken Sie die Themen ein, aber weiten Sie den Dialog aus

Zusätzlich zu ihrer direkten, frontalen Offensive taten sowohl Pepsi als auch Bill Clinton noch etwas sehr Wichtiges: Sie schränkten den Spielraum ihrer Kontrahenten ein. In den Cola-Kriegen nagelte Pepsi Coke auf die Frage des Geschmacks fest. Mit der Pepsi-Challenge sagte das Unternehmen nämlich, dass keine der Charakteristika, die Konsumenten mit Coke assoziierten – seine Geschichte, die damit verbundenen Emotionen, Beständigkeit und Stabilität –, wirklich von Bedeutung seien, da nur der Geschmack zähle. Und Clinton sagte letztendlich, es sei völlig egal, was George Bush sonst noch alles zu sagen hatte, wenn die Leute nicht mit ihrem Einkommen zufrieden waren.

»Beschränken Sie, wann immer es möglich ist, die Definition Ihres Wettbewerbers auf eine einzige Eigenschaft, während Sie gleichzeitig die Palette Ihrer eigenen Merkmale ausweiten.«

Das ist ein Schlüsselkonzept: Beschränken Sie, wann immer es möglich ist, die Definition Ihres Wettbewerbers auf eine einzige Eigenschaft, während Sie gleichzeitig die Palette Ihrer eigenen Merkmale ausweiten.

Stellen Sie Vergleiche an, um einen strategischen Vorteil zu erzielen

Die Pepsi-Challenge ist auch ein gutes Beispiel für eine immens wirkungsvolle Art der Werbung, von der ich glaube, dass die Marketingleute sie viel öfter einsetzen sollten. Das ist positive vergleichende Werbung. Wenn die meisten Leute an vergleichende Werbung denken, dann fällt ihnen nur Negatives ein, und das ist auch der Grund, warum die meisten davor zurückschrecken. Kurzfristige negative Werbung funktioniert, ein Grund, warum verzweifelte Politiker anfangen, mit Dreck zu werfen, wenn die Wahlen näher rücken. Aber langfristig gesehen bauen negative Kampagnen keinerlei Loyalitäten auf, denn sie sagen nur über Ihr Produkt, dass es nicht so schlecht ist wie das der anderen. Der Hinweis darauf oder gar die Behauptung, Ihr Gegner bei der nächsten Wahl sei ein lügender, betrügender Gauner, mag Ihnen ein paar Stimmen einbringen. Vielleicht aber auch nicht, wenn Sie niemandem Gründe dafür geliefert haben, Sie zu mögen. Wie stehen Sie denn dann im nächsten Jahr da, wenn Ihr Gegner eine ehrenwerte, anständige Person ist? Sie könnten ganz schön in die Klemme geraten, denn negative Anzeigen können Konsumenten, die nichts mit Dreckschleudern zu tun haben möchten, richtig verärgern.

Im Gegensatz dazu ist positive vergleichende Werbung eine gute Idee; es ist eine gute Idee, die Marketingleute zunehmend einsetzen müssen, denn sie erreicht drei wichtige Dinge gleichzeitig. Sie positioniert Ihr Produkt als eine Ware mit wertvollen Eigenschaften; sie hilft Ihnen, den Dialog am Markt zu steuern, indem Sie die Beurteilungskriterien festlegen; und sie beschränkt den Wettbewerb auf ein Gebiet, auf dem Ihr Kontrahent Ihnen unterlegen ist. Im Falle der Pepsi-Challenge nannte Pepsi die Marke Coke ganz klar als Wettbewerber, aber es behauptete niemals oder unterstellte auch nur, dass irgendetwas an Coke nicht in Ordnung sei. Es wurde nicht behauptet, Coke sei ein mieses, minderwertiges Produkt, mit dem man seinen Durst nicht löschen könne und das zudem voller Chemikalien sei und einen scheußlichen Geschmack habe. Alles, was explizit gesagt wurde, war: »Ein paar Leute, die Coke mögen, haben entdeckt, dass Pepsi ihnen besser schmeckt. Probieren Sie es doch selbst.« Anders ausgedrückt: Der Geschmack ist das Testkriterium, und Pepsi schmeckt gut.

»Wenn ich Ihnen erzähle, dass meine Fluggesellschaft so sicher ist, weil wir eine Menge voll beschäftigter Techniker haben, die jeden Tag mit jedem Flugzeug unzählige Tests durchführen, dann werden Sie anfangen, sich über die anderen Fluggesellschaften Gedanken zu machen.«

Wenn Pepsi Coke auch direkt genannt hatte, so ist das Nennen des Wettbewerbers doch nicht der wichtige Aspekt beim vergleichenden Marketing. Wirklich wichtig ist nur, dass man die Beurteilungskriterien festlegt und dann deutlich zeigt, wie das eigene Produkt den Kriterien entspricht oder die Anforderungen sogar noch übertrifft. Sobald der Konsument das Messkriterium akzeptiert, wird er selbst die Vergleiche anstellen. Wenn ich Ihnen zum Beispiel erzähle, dass meine Fluggesellschaft so sicher ist, weil wir eine Menge voll beschäftigter Techniker haben, die jeden Tag mit jedem Flugzeug unzählige Tests durchführen, dann werden Sie anfangen, sich über die anderen Fluggesellschaften Gedanken zu machen. Ich brauche Ihnen gar nicht zu sagen, wer meine Konkurrenten sind. Ich kann eine Unterscheidung alleine dadurch herbeiführen, dass ich erkläre, was ich tue, ohne je meinen Wettbewerber zu erwähnen, alles andere werden Sie schon selbst tun.

Klauen Sie von Ihren Wettbewerbern

Lassen Sie uns noch einmal Sprite betrachten, und Ihnen wird klar werden, wie wichtig die Positionierung ist. Sprite wurde vor vielen Jahren eher zufällig geboren, als die Coca-Cola-Company über eine Menge ungenutzter Kapazitäten verfügte. In der Warengruppe Zitrus-Erfrischungsgetränke war das Unternehmen nicht präsent, daher sagte irgendein kluges Kerlchen: »Warum produzieren wir kein Zitrus-Erfrischungsgetränk und steigen in diesen Markt ein?« Damals hatte die Firma ein kleines Maskottchen, eine Zeichentrickfilmfigur fürs Fernsehen namens Sprite, die für die Coke-Werbung verwendet wurde. Sprite war ein forscher kleiner Kerl mit einer Krone auf dem Kopf, daher beschloss Coke, jetzt das Erfrischungsgetränk Sprite herzustellen. Unglücklicherweise verfolgte das Unternehmen dabei keine Strategie und versuchte auch nicht, die Marke zu positionieren. Es sagte ganz einfach: »Hier ist Sprite. Ein klares Zitrus-Erfrischungsgetränk.«

Die Folge war, dass Sprite jahrelang in dem großen, eintönigen Teich der Zitrus-Erfrischungsgetränke vor sich hin dümpelte. Es handelte sich bei diesen Getränken per Definition um billige Limonaden, die auf der ganzen Welt nur hin und wieder von den Konsumenten getrunken wurden. Gelegentlich versuchten die beiden Marktführer in diesem Segment, die ganze Warengruppe umzukrempeln. Können Sie sich noch an die Un-Cola von 7UP erinnern, womit versucht wurde, die ganze Kategorie als etwas zu positionieren, was man trank, wenn man mal einen anderen Gang einlegen wollte? Das Problem einer solchen Definition bestand jedoch darin, dass man das Zeug wirklich nur dann trank, wenn man das Tempo wechseln wollte, und dadurch war das Marktvolumen so klein, dass man kein Geld damit verdienen konnte. 7UP war dann erneut innovativ, als es die Kampagne für koffeinfreie Getränke und solche ohne Konservierungsstoffe startete. Der Markt wuchs tatsächlich und gab den Anstoß für koffeinfreie Colas – Tab, Diet Coke, Coke und die verschiedenen Pepsi-Variationen. Aber weder der Markt noch der Umsatz von Sprite wuchsen besonders stark.

Ich glaube fest daran, dass man, solange man keinen Marktanteil von 100 Prozent hat, immer noch wachsen kann, indem man der Konkurrenz Kunden wegnimmt. Aber niemand hatte Sprite positioniert, um es von 7UP zu unterscheiden, daher blieb sein Wachstum auch auf die geringen Steigerungen in der Warengruppe beschränkt.

1992 wurde ich von Sunny Burrows, der Marketingleiterin von Coca-Cola USA, einer Division der Coca-Cola-Company, als Berater angeheuert. Ich sollte ihr dabei helfen, zu untersuchen, was mit Sprite nicht stimmte. Was wir dabei herausfanden, brachte uns auf die Idee, Sprite nicht als Limonade zu positionieren, sondern als Getränk, das eine bestimmte Einstellung ausdrückt. Im Rahmen der Marktforschung interviewten wir sowohl häufige Sprite-Trinker als auch Leute, die das Produkt gelegentlich oder als Alternative zu anderen Limonaden tranken, um zu erfahren, was sie von Sprite hielten. Wir hatten vor, eine Diskussion in Gang zu bringen, um herauszufinden, was passieren würde, wenn wir die Sprite-Liebhaber baten, das Getränk gegen die weniger begeisterten Gelegenheitstrinker zu verteidigen, und um dann zu schauen, ob wir die Aussagen der häufigen Sprite-Trinker verwenden konnten, um die gelegentlichen Trinker zu einer Konsumsteigerung zu bewegen.

Interessanterweise erfuhren wir von beiden Konsumentengruppen, dass es ihnen ziemlich egal war, dass es sich bei Sprite um ein Zitrus-Erfrischungsgetränk handelte. Was sie an dem Getränk mochten, war die Tatsache, dass es eine Einstellung verkörperte und ihre eigene Haltung widerspiegelte, die ein bisschen frech und unkonventionell war. Wir betrachteten das als Gelegenheit, um mit Pepsi in einigen von dessen Märkten zu konkurrieren, indem wir auf dessen Positionierung im Segment »Veränderung und Auswahl« eingingen. Wir empfahlen, Sprite solle ganz einfach seine Herkunft aus dem Zitrus-Erfrischungsgetränkesegment und seine Position im Markt der klaren Getränke ignorieren, aus der Enge dieser Kategorien entkommen und auf dem ganzen großen Getränkemarkt auftreten. Unsere Empfehlungen wurden damals mit so viel Begeisterung aufgenommen, dass das ganze Projekt sang- und klanglos in der Schublade verschwand.

»Wir betrachteten dies als Gelegenheit, um mit Pepsi in einigen von dessen Märkten zu konkurrieren, indem wir auf dessen Positionierung im Segment ›Veränderung und Auswahl‹ eingingen.«

Kurz darauf forderte mich Doug Ivester, der Hauptgeschäftsführer von Coca-Cola, auf, zu dem Unternehmen zurückzukommen. Noch am Tag meines Arbeitsantritts telefonierte ich herum und fragte: »Was ist eigentlich aus dem Sprite-Projekt geworden, an dem wir vor einem Jahr arbeiteten?« Der neue Produktmanager für Sprite sagte: »Wir denken darüber nach«, worauf ich antwortete: »Machen wir es.« Wir erklärten der Werbeagentur, dass wir die Marke außerhalb der Warengruppe Zitrus-Erfrischungsgetränke positionieren und mehr in die Pepsi-Domäne eindringen wollten, und so kreierte sie den Slogan: »Follow your instincts. Obey your thirst.« [Folge deinem Instinkt. Gehorche dem Durst.] Die völlig neue Definition der Regeln machte aus Sprite die am schnellsten wachsende Marke der letzten sechs Jahre. Die Abverkäufe verdreifachten sich auf eine Milliarde Kästen, und das in einem Geschäft, das jahrelang stagniert hatte.

Um die neue Positionierung zu stützen, unterschrieben wir einen Vertrag mit der National Basketball Association. Basketball hat ein schneidiges Image, und genau das wollten wir für Sprite. Ehe wir das taten, hatten nur die großen Marken mit umfassenden Werbekampagnen wie zum Beispiel Coca-Cola und Pepsi-Cola Kontakte zu Massensportarten, aber niemals eine so kleine Marke wie Sprite. Als das Unternehmen mit der NBA verhandelte, nahm jeder an, dass eine Verbindung zu der Marke Coca-Cola angestrebt war. Also ging ich hin und redete mit David Stern, dem Verhandlungsführer der NBA, und erklärte ihm, dass die Marke Coca-Cola einfach nicht die Ressourcen hatte, um sämtliche Sportarten zu fördern, sondern im Gegenteil bereits jetzt mit Verbindungen zu über 20 anderen Sportarten an ihre Grenzen stieß und daher nicht alle Aktivitäten und Ereignisse unterstützen könnte, die von der NBA initiiert wurden. Ich erklärte, dass Sprite dies aber sehr wohl tun könne und dass wir eine Menge Geld für die Werbung für die NBA und gleichzeitig für die Marke ausgeben könnten. David sah die Vorteile sowohl für die NBA als auch für Sprite und stimmte per Handschlag zu. Heutzutage assoziiert man Sprite ganz eindeutig mit Basketball und mit der Einstellung, die Basketball verkörpert. Diese Art von assoziativem Image funktioniert, weil beide Partner in den Augen der Konsumenten die gleichen Eigenschaften haben. All dies ist Teil einer einzigen Positionierungsstrategie.

Werbung ist nur ein Teil von dem, was eine Marke bestimmt und ihr eine Position und ein Image verleiht. Alles, was ein Unternehmen tut, von den Promotionskampagnen über das Verpackungsdesign bis hin zur Distribution, hat Einfluss auf die Marken der Firma. Denken Sie also immer daran: Alles ist Kommunikation. Für jede Marke braucht man eine Positionierungsstrategie, und alles, was man im Hinblick auf diese Marke tut, muss diese Strategie reflektieren.

5. Kapitel

Was haben Bill Clinton, Prinzessin Di und der Monat Ramadan mit dem Verkaufen zu tun?

Um erfolgreich zu sein, müssen sich Marketingaktivitäten auf die Konsumenten beziehen. Wir alle wissen das, oder etwa nicht? Aber niemand scheint zur Kenntnis zu nehmen, dass es nicht genügt, sich die Konsumenten in einem Vakuum, isoliert von allem anderen, vorzustellen. Die Menschen leben nicht in Isolation; alles was sie sehen, fühlen, tun und denken hat Einfluss auf ihr Kaufverhalten. Die meisten Marketingexperten achten nicht genügend darauf, was in der Welt passiert und wie diese Ereignisse die Konsumenten *beeinflussen.*

Wenn Sie nachfragten, würden die meisten Marketingleute sagen: »Klar weiß ich, was in der Welt passiert. Ich bin gebildet, habe gute Kontakte, sehe mir die Nachrichten im Fernsehen an und lese täglich die Zeitung.« Nun, das mag schon sein, aber die meisten dieser Leute denken pro Woche keine fünf Minuten lang darüber nach, wie der Firmenzusammenschluss von Travelers und Citicorp oder der Wechsel an der Spitze der SPD das Verhalten ihrer Kunden beeinflussen wird. Vermutlich denken sie an die offensichtlichen Faktoren, beispielsweise dass die Flaute am Aktienmarkt keine positiven Auswirkungen auf den Verkauf von Jachten und Ferienhäusern haben wird. Möglicherweise führt eine solche Situation auch dazu, dass manche Firmen ihre Werbebudgets zusammenstreichen – was eine Dummheit ist, denn man muss die Werbeausgaben immer dann erhöhen, wenn die Kunden offensichtlich nicht in der Stimmung sind, etwas zu kaufen (gerade dann müssen Sie ihnen einen guten Grund für einen Kauf nennen).

In Wahrheit hat *alles*, was geschieht, Auswirkungen auf alles andere. Alles hängt miteinander zusammen, und daher ist auch alles, was in der Welt der Konsumenten geschieht, für Sie wichtig! Konsumenten werden von Informationen überflutet und leben in einem Umfeld, in dem die Bewegung jedes einzelnen Moleküls alle anderen beeinflusst. Ein guter Marketingfachmann sollte wie ein Wal sein, der durch die Fluten schwimmt und auf der Suche nach Nahrung das Wasser um sich herum filtert.

Warum reißen die Fans am Ende eines Football-Spiels die Torpfosten nieder? Warum ist Piercing bei Menschen unter 30 so beliebt? Warum kriechen manche Fahrer auf der Autobahn auf der linken Spur? Warum gehen so wenige Menschen wählen? Was haben all diese Fragen mit dem Verkauf von Erfrischungsgetränken, Glühbirnen oder Flugscheinen zu tun?

Die Antworten auf die ersten vier Fragen weiß ich wirklich nicht, aber ich weiß, dass es meine Aufgabe ist, diese Fragen zu stellen. Und dass es auch Ihre Aufgabe ist. Denn für das, was die Menschen tun, gibt es Gründe. Es ist unsere Aufgabe als Marketingexperten und Geschäftsleute, diese Gründe herauszufinden und festzustellen, wie wir sie für unser Geschäft nutzen können. Alle menschlichen Handlungen basieren auf Emotionen, Meinungen und Umständen und spiegeln diese wider. Ob es sich nun darum handelt, Torpfosten niederzureißen, sich die Zunge zu durchbohren, auf der linken Spur zu trödeln, nicht zu wählen oder Erfrischungsgetränke, Glühbirnen beziehungsweise Flugscheine zu kaufen oder dies nicht zu tun, zwischen allem besteht eine Beziehung. Ich sehe fern, um herauszufinden, was andere gute Marketing- und Geschäftsleute tun. Aber ich beobachte auch die Menschen, die wählen gehen und denke über sie nach, genauso wie ich über Trends im Restaurantbereich nachdenke, das Verhalten der Leute in Sportstadien, in Piercing-Studios, auf der Autobahn und in der Wahlkabine. Wenn wir Konsumenten beobachten und ihr Verhalten analysieren, dann können wir Dinge lernen, die uns helfen, sie ins Geschäft oder ans Telefon zu locken, um unsere Waren zu kaufen. Sie müssen auf alles achten und überall etwas lernen, denn alles hängt mit allem zusammen.

Man kann niemals zu viel über Konsumenten wissen

Die Erkenntnis, dass man das Verhalten der Konsumenten untersuchen muss, ist nichts revolutionär Neues. Marketingleute haben schon immer Konsumenten beobachtet und Fragen gestellt, aber was die meisten Marketingexperten nicht tun, ist Konsumenten *genau* genug zu beobachten – und dann über die Implikationen dessen nachzudenken, was sie gesehen haben. Die Konsumenten sind nicht einfach nur ein Glied in der Wertschöpfungskette, zu der auch die Produktion und Distribution sowie die Planung, der Einkauf und der Verkauf gehören. Sie sind nicht nur noch »einer der Punkte«, an die Marketingfachleute denken müssen. Sie stehen auch nicht einfach nur an erster Stelle unter vielen gleich wichtigen Punkten, an die unsere Experten denken müssen.

Sie sind möglicherweise das Einzige, worüber sich nachzudenken lohnt. Alles andere – einschließlich der immens wichtigen Strategie – kommt hinter den Konsumenten.

> »Wenn Sie auch nur einen winzigen Teil potenziell wertvoller Information über (Konsumenten) ignorieren, verschwenden Sie Geld.«

Während des Präsidentenwahlkampfes 1992 wurde James Carville berühmt dafür, dass er den Kandidaten Clinton ständig daran erinnerte, dass das wichtigste Thema, um das sich die Leute sorgten, ihre Finanzen waren. »It's the economy, stupid« [Es liegt an der Wirtschaft, Dummes] wurde zum Leitsatz der ganzen Kampagne und zum Ausdruck, den die Leute überall verwendeten. Meine Version für Marketingexperten lautet: »Es liegt an den Konsumenten, Dummchen.« Wenn Sie Geschäftsmann oder -frau sind und Ihren Gewinn maximieren wollen, was Sie sollten, dann können Sie nur erfolgreich sein, wenn Sie sich darauf konzentrieren, die Konsumenten zu verstehen und sie zufrieden zu stellen. Wenn Sie das nicht tun, werden Sie niemals Erfolg haben.

Ich weiß – Sie müssen auch an anderes denken. Sie brauchen Vertriebsleute und ein Distributionssystem. Sie brauchen eine effiziente Produktion, kostengünstigen Einkauf und gute Beziehungen zu den Mittelsmännern, die Ihre Produkte an die Konsumenten bringen. Aber die wirklich wichtige Frage lautet: *Wer wird Ihre Waren kaufen?* Wer fliegt in Ihren Flugzeugen? Wer fährt Ihre Autos? Wer trinkt Ihr Bier? Wer wird seine Wäsche mit Ihrem Waschpulver waschen? Die Konsumenten natürlich, du Dummchen! Ohne die Konsumenten sind alle anderen Gruppen bedeutungslos.

Im Zentrum des Marketings, im Zentrum jedes Geschäfts stehen die Leute, die tatsächlich das Geld ausgeben, um Ihr Produkt oder Ihre Dienstleistung zu kaufen. Sie müssen ständig an diese Menschen denken, ihr Verhalten analysieren und alles, was Sie tun, auf sie konzentrieren. Ich kann diesen Punkt nicht deutlich genug machen, also wiederhole ich mich: *Alles, was mit den Konsumenten geschieht, und alles, was Konsumenten tun, sollte Ihre Marketingentscheidungen beeinflussen. Wenn Sie auch nur einen winzigen Teil potenziell wertvoller Information über sie ignorieren, verschwenden Sie Geld.*

Wenn ich sage, Sie sollen die Konsumenten analysieren und über sie nachdenken, dann meine ich nicht die altmodische Art, auf die die meisten Marketingleute über Konsumenten nachdenken. Klar, es ist wichtig, Muster des Kaufverhaltens zu betrachten und sich anzusehen, welchen Bezug die Konsumenten zu Ihren Produkten und denen Ihrer Wettbewerber haben. Wenn Sie Apfelsaft verkaufen, dann ist es natürlich eine gute Idee, sich darüber zu informieren, wie oft und warum Leute Orangensaft und Diet Coke und sogar frisches Obst kaufen. Aber wenn Sie die Konsumenten wirklich verstehen wollen und sie davon abhalten wollen, etwas anderes als ihr Produkt zu kaufen, dann müssen Sie wesentlich tiefer blicken und sich ein wesentlich umfassenderes Bild verschaffen.

Sie müssen das ganze Umfeld verstehen, in dem die Menschen leben – oder wenn nicht völlig verstehen, zumindest versuchen zu verstehen. Alles, was in diesem Umfeld geschieht, wird das Tun und Lassen der Konsumenten beeinflussen. Die wirtschaftlichen Bedingungen haben Auswirkungen auf das Denken der Leute. Klimatische Veränderungen, ein Hurrikan, ein großes Ereignis, der Tod einer wichtigen öffentlichen Person, eine Wahl – was immer es ist, es wird das Denken der Konsumenten verändern und einen Einfluss darauf haben, was sie über Ihr Produkt denken. Das bedeutet, dass Sie sowohl auf die Politik als auch auf Wirtschaft, Geschichte, gesellschaftliche Trends, Moden, Ängste und Unterhaltung achten müssen. Und Sie müssen wirklich gründlich darüber nachdenken. Genau wie das Kaufverhalten findet auch das Konsumentenverhalten nicht im Vakuum statt.

Beobachten Sie die Welt, nicht nur Ihren Markt

Wenn man Massenware verkauft, dann kann man nicht jeden potenziellen Kunden befragen, um herauszufinden, was er will. Aber glücklicherweise ist das auch nicht notwendig. Eine ganze Menge Information ist leicht verfügbar, die einem sagt, was Konsumenten denken und fühlen. Unglücklicherweise verwenden die meisten Marketingleute diese Information nicht, weil ihnen gar nicht bewusst ist, in welchen großen Kategorien sie denken müssen und wie Ereignisse und Situationen, die von ihrem Produkt sehr weit entfernt zu sein scheinen, doch ihre Fähigkeit, Waren zu verkaufen, beeinflussen.

Meine übliche Vorgehensweise bei Coca-Cola war, dass ich jedesmal, wenn in einem Land Wahlen stattfanden, unsere Leute beauftragte, die Meinungsforscher zu engagieren, die für den neuen Präsidenten, Premierminister oder Kanzler gearbeitet hatten. Ich war der Meinung, dass diese Forscher besser als irgendjemand anderes wussten, was in den Köpfen der Menschen vorging, und ich wollte, dass unsere Leute diese Information bekamen, um sie zur Feinabstimmung unserer Marketingaktivitäten zu nutzen. Als beispielsweise Tony Blair in Großbritannien gewählt wurde, wiesen die Analytiker und Meinungsforscher darauf hin, dass ihm dies auf der Basis eines eher dürftigen Programms gelungen war, das Veränderung versprach, aber wenig Details angab. Seine Aussage war im Wesentlichen: »Schaut her, es ist Zeit für eine Änderung. Meine Regierung wird anders sein.« Das sieht nicht nach einem guten Anhaltspunkt für die Briten aus, aber es funktionierte. Er gewann die Wahl. Als wir uns daraufhin fragten, was wir daraus über die Briten lernen konnten, kamen wir zu dem Schluss, dass die Leute den Istzustand satt hatten und an einer Veränderung, egal welcher, interessiert sein würden.

»Wir folgten dem Beispiel (Tony) Blairs und änderten unsere Werbung und Promotionskampagnen, und das Konzept funktionierte auch für uns.«

Wir folgten dem Beispiel Blairs und änderten unsere Werbung und Promotionskampagnen, und das Konzept funktionierte auch für uns. Wir positionierten unser Produkt nicht neu oder änderten unsere Versprechen grundlegend. Wir fingen einfach damit an, manches anders zu machen. Wir begannen, direkter mit den Konsumenten zu kommunizieren, beispielsweise mit Hilfe von Konturflaschen, mehr Sponsoring und einer Menge Promotionskampagnen für die Konsumenten, während wir weniger für die Kommunikation mit dem Handel unternahmen. Der Umsatz von Coke, der in Großbritannien lange unverändert geblieben war, stieg auf einmal wieder. Außenstehenden Beobachtern mag es so vorgekommen sein, als verhielten wir uns wie altmodische Marketingleute und führten Änderungen durch, nur um etwas zu tun. In Wahrheit trafen wir die Maßnahmen, um unsere Marken neu zu erklären, und wir taten dies, weil die Menschen deutlich gemacht hatten, dass sie genau das wollten. Das ist der gewaltige Unterschied zwischen dem herkömmlichen Marketing und der Art von Marketing, die sich auf das konzentriert, was ich in diesem ganzen Buch hervorhebe. Marketing ist keine geheimnisvolle Kunst, die auf Intuition und Launen basiert. Es ist eine Wissenschaft, die auf Forschung und Information fußt.

Der Tod von Prinzessin Diana war ein aufschlussreiches Ereignis. Sie war eine Frau, die man in der Öffentlichkeit als neurotisch dargestellt hatte und die vielfach dafür kritisiert worden war, dass sie im Fernsehen erschien, um über ihr außereheliches Sexleben zu reden. Trotzdem waren auf der ganzen Welt Millionen von Menschen bei ihrem Tod von Schmerz überwältigt. Während ich fasziniert die weinenden und trauernden Massen im Fernsehen beobachtete, sagte ich mir: »Irgendetwas Großes passiert hier.«

Aber ich beließ es nicht dabei. Ich war davon überzeugt, dass die Reaktionen auf ihren Tod uns bei Coke etwas lehren konnten. Daher initiierten wir schnell ein Forschungsprojekt, um zu versuchen zu verstehen, was da vor sich ging. Wir fanden heraus, dass der Grund, warum sich die Menschen mit Diana verbunden fühlten, der war, dass sie ein Leben voller Extreme geführt hatte, die sie aber alle irgendwie unter einen Hut gebracht hatte. Sie war ein immens reiches Playgirl, aber sie war auch eine gute Mutter. Wenn sie sich nicht gerade auf einer Jacht räkelte oder mit Angehörigen des Jetset ausging, widmete sie sich ernst zu nehmenden sozialen Angelegenheiten, beispielsweise dem Verbot von Landminen und der Unterstützung verschiedener Kinderhilfswerke. Sie war eine wunderbare Frau, aber sie hatte eine Menge Probleme, wie alle anderen Menschen auch. Wir begannen zu verstehen, dass sie in den Augen der Leute den Ausgleich zwischen Gut und Böse darstellte, wie es in allen von uns ruht.

Die Leute trauerten um den Verlust eines Vorbildes. Jawohl, sie war reicher und schöner als die meisten von uns und hatte mehr Privilegien, aber das war nicht der springende Punkt. Wir erfuhren, dass sie für Millionen von Leuten eine Ikone des Überlebens darstellte. Sie machte anderen Menschen Mut und Hoffnung, die mit den Schwierigkeiten in ihrem eigenen Leben kämpften.

Gestützt auf diese Untersuchung taten wir nichts Dramatisches. Wir machten keine Werbung oder fuhren Promotionskampagnen, die versuchten, aus Diana oder ihrem Tod einen Vorteil zu ziehen; wir schalteten keine großen Anzeigen mit dem Slogan: »Ertränken Sie Ihren Kummer in Coca-Cola.« Aber wir lernten trotzdem eine Menge aus unseren Untersuchungen. Und wir ordneten unsere Werbemaßnahmen so an, dass wir eine ausgewogene Mischung grundsätzlicher Botschaften aussenden konnten, solche, die das Leben feierten und Komfort und Zuverlässigkeit suggerierten. Wir führten nur sehr subtile Änderungen durch, aber wichtig war, dass wir genau hinsahen, zuhörten, lernten und daraufhin handelten.

Es funktionierte.

Das Entstehen der Konsumentendemokratie

Während der letzten zwei Jahrzehnte hat eine umwälzende Veränderung auf den Märkten für Konsumgüter stattgefunden, die meiner Meinung nach vielen Menschen entgangen ist. Es handelt sich dabei um das Entstehen dessen, was ich »Konsumentendemokratie« nenne. Damit meine ich, dass aufgrund verschiedener Faktoren, hauptsächlich dank der Technik und der Entwicklung globaler Märkte, die Konsumenten auf einmal mehr Wahlmöglichkeiten haben als je zuvor.

»Die Konsumenten begreifen, dass sie eine Wahl haben … aber sie wissen nicht, wie sie sich entscheiden sollen.«

Diese Entwicklung tritt vermutlich am deutlichsten in Osteuropa und Asien zutage. Der Rückgang des Kommunismus und das Öffnen freier Märkte haben ganz eindeutig die Wahlmöglichkeiten für die Konsumenten erhöht. Selbst in den Ländern, in denen die Wirtschaft zusammenbrach, haben die Leute hinsichtlich der Verteilung ihrer eingeschränkten Mittel heute wesentlich mehr Optionen als je zuvor. In den Entwicklungsländern haben sich die Infrastruktur und die Distributionssysteme verbessert, sodass es in den Geschäften wesentlich mehr Waren gibt. Infolgedessen ist die Wahlmöglichkeit ein wichtiges Element auf Märkten geworden, auf denen es vor ein paar Jahren noch überhaupt keine Wahl gab. Zur gleichen Zeit haben sich auch beträchtliche Veränderungen in den demokratischen und industrialisierten Ländern ergeben. Teilweise ist dies das Ergebnis der technischen Entwicklung und dessen, was die Wirtschaftsforscher *Commoditization* nennen. Wenn ein Unternehmen ein einzigartiges Produkt auf den Markt bringt, dann haben alle seine Wettbewerber die Möglichkeit, dieses Produkt sehr schnell nachzumachen. Dadurch sehen sich die Konsumenten mit einer breiten Palette von mehr oder weniger identischen Produkten konfrontiert, das heißt mit Ware, die austauschbar ist. Mit der Zunahme der Fernsehkanäle, dem Wachstum des Internets und einem scheinbar endlosen Angebot an Waren und Dienstleistungen, die in allen Formen und Größen zu jeder Tages- und Nachtzeit verfügbar sind, erwarten und fordern die Menschen in den industrialisierten Ländern außerdem eine endlose Vielfalt an Konsumgütern – und mehr Information über diese Waren, als jemals zuvor verfügbar war.

Diese Entwicklungen haben immense Auswirkungen auf die Marketingleute, weil sie sowohl eine riesige Herausforderung als auch eine gewaltige Chance darstellen. Die Herausforderung besteht darin, dass es nun wesentlich mehr Wettbewerb gibt, sodass die Marketingleute härter arbeiten müssen, um sicherzustellen, dass die Konsumenten ihre Produkte wählen. Die Chance liegt darin, dass die Konsumenten, wenn sie eine Wahl haben, Entscheidungen treffen müssen.

Um diese Entscheidungen zu treffen, brauchen sie Information.

Ich glaube, einer der Hauptgründe dafür, warum bei den Wahlen 1998 nur 34 Prozent der Wahlberechtigten in den USA wählen gingen, liegt darin, dass die übrigen 66 Prozent nicht wussten, für wen sie stimmen sollten, oder es ihnen egal war, wer gewinnen würde, einfach weil niemand ihnen genügend Information oder genügend Gründe gegeben hatte, sich für den einen oder anderen Kandidaten zu entscheiden.

Das Gleiche geschieht mehr und mehr auf den Märkten. Die Konsumenten begreifen, dass sie eine Wahl haben. Sie verstehen, dass es da draußen in allen möglichen Kategorien eine Menge Dinge gibt, die sie wählen könnten, aber sie wissen nicht, wie sie sich entscheiden sollen. Wie kauft man heutzutage Benzin? Verstehen Sie wirklich etwas von der Oktanzahl oder davon, ob bleifrei Ihrem Motor gut tut? Ich nicht. Wie kaufen Sie ein Auto – nach der Größe, die sie brauchen (klein, mittel, groß)? Fast alle Wagen bieten heutzutage Vorderradantrieb, ABS, Temporegler, getönte Fensterscheiben, elektrische Fensterheber, automatische Türverriegelung und so weiter und so weiter. Also, welches Auto kaufen Sie jetzt?

Wie sieht es mit Bluejeans aus? Es ist gar nicht so schwer, ins Bluejeans-Geschäft einzusteigen. Sie müssen nur wissen, wer die Hersteller im Fernen Osten sind und wo Sie den Stoff kaufen können, dann können sie in Null komma nichts die Jeans produzieren lassen und anbieten. Dann sehen die Konsumenten ein Allerweltspaar Jeans mit Ihrer Marke drauf, aber sie haben keinen Grund, Ihre Jeans denjenigen eines anderen Anbieters vorzuziehen. Sie wissen nicht, ob der Stoff dick oder dünn sein sollte, sie wissen nicht, ob die Jeans Nieten oder fünf Taschen haben sollte. Jemand muss Ihnen das sagen, und dieser Jemand sind Sie.

Machen Sie niemals den Preis zum wichtigsten Entscheidungskriterium

Wenn Sie den Konsumenten nicht erklären, wie sie wählen sollen, dann treffen diese entweder gar keine Wahl oder sie treffen ihre Wahl auf der Basis des einzigen Kriteriums, das sie verstehen: dem Preis. Wenn der Preis das wichtigste Element für die Entscheidungen Ihrer Kunden ist, dann werden Ihr Gewinn und das Wohlergehen Ihres Geschäfts sehr schnell den Bach heruntergehen. Sie müssen Ihnen also andere Kriterien geben, anhand deren sie sich entscheiden können, Ihr Produkt zu kaufen. In unserer Gesellschaft des freien Marktes sitzen die Konsumenten da, sehen sich gegenseitig mit glasigen Augen an, hören sich das an, was wir als Produzenten oder Lieferanten von Waren und Dienstleistungen zu sagen haben, und fragen uns dann: »Warum sollte ich Ihr Produkt kaufen?« Die Herausforderung und Chance für die Marketingleute besteht darin, darauf die passende Antwort zu geben.

»Auch wenn Ihr Produkt gar nicht so furchtbar anders, besser oder besonders ist, haben Ihre Marketingleute trotzdem die Aufgabe, den Leuten zu suggerieren, es sei anders, besser und etwas Besonderes.«

Die Automobilhersteller machen das sehr gut. Da weder der Preis noch der Stil die Wahl deutlich einschränken, informieren sie uns über eine Menge anderer Sachen. Sie unterrichten uns über verschiedene Steuersysteme, 25 Zoll breite Räder, ABS-Bremsen und vieles mehr. Die meisten dieser Aspekte bedeuten uns nicht viel, zum Beispiel das Drehmoment, die Breite der Räder, wie viel Kilometer man mit einem Liter Benzin fahren kann und die Beschleunigung von null auf hundert – wen interessiert das heutzutage, wenn man meistens wegen der Verkehrsdichte ohnehin nur im Schneckentempo vorankommt. Nichtsdestotrotz versuchen Automobilhersteller, uns konkrete Gründe zu geben, warum wir gerade ihr Auto kaufen sollten. Das Unternehmen, das den Konsumenten die triftigsten Gründe liefert, wird etwas verkaufen.

In alten Zeiten brauchte man nicht so viel zu erklären, weil es nicht so viele Wahlmöglichkeiten gab. Heute und in Zukunft wird man den Konsumenten erklären müssen, warum sie etwas kaufen sollen, und Sie werden ihnen deutlich machen müssen, warum sie ausgerechnet Ihre Waren kaufen sollen – und das täglich. Das heißt, Sie müssen mit allen Mitteln verkaufen, mit Ihrer Verpackung, der Regalgestaltung, dem Laden, in dem die Ware angeboten wird, der Werbung, sogar der Farbe Ihrer Lastwagen. Sie müssen den Konsumenten immer mehr und mehr und noch mehr erzählen, wieso Ihre Waren anders sind. Produkte werden sich immer ähnlicher, und daher wächst die Notwendigkeit der Differenzierung, nicht nur auf der Basis immanenter Eigenschaften, sondern auch auf der Basis von Äußerlichkeiten. Immanent sind die tatsächlichen Vorteile, die ein Produkt bietet, etwa ein darin enthaltenes Enzym oder Vitamin, ein höherer Zuckergehalt oder ein gewisses Etwas, das man damit verbindet. Extrinsische Aspekte sind das assoziative Image, das Warenzeichen, die Verwendung und das Image der Konsumenten dieses Produktes, all das, worüber ich im vierten Kapitel schrieb. Auch wenn Ihr Produkt gar nicht bedeutend anders, besser oder besonders ist, haben Ihre Marketingleute trotzdem die Aufgabe, den Leuten zu suggerieren, es sei anders, besser und etwas Besonderes.

Kommunismus für die Konsumenten ist wirklich das Letzte

Wenn Sie keine Verbindung zu den Konsumenten herstellen und kein Überzeugungsmarketing betreiben, dann führt das zum Kommunismus für Konsumenten. Das passiert, wenn die Leute anfangen, einfach das zu kaufen, was alle anderen auch kaufen. Sie werden der letzten Botschaft glauben, die an ihr Ohr drang, oder dem, was ihre Tante, ihr Ehemann oder ihre Ehefrau meint oder ihnen sagt. Sie sind sich der Tatsache bewusst, dass sie nicht genügend wissen, um bewusst zu wählen, daher beschließen sie, das zu tun, was alle anderen auch tun. Wenn das für alle anderen gut genug ist, denken sie sich, dann wird es auch für mich gut genug sein. Konsumentenkommunismus ist ziemlich schaurig und eine ganz schlechte Nachricht für alle Marketingleute, denn er bedeutet, dass die Konsumenten irgendjemand anderem zuhören, aber nicht Ihnen.

»Sie werden der letzten Botschaft glauben, die an ihr Ohr drang, oder dem, was ihre Tante, ihr Ehemann oder ihre Ehefrau meint oder ihnen sagt.«

Vor einer Weile habe ich mich für die Möglichkeit des Timesharing an einem Flugzeug interessiert, und es gab drei Optionen: Ich konnte einen Anteil an einem Hawker, einem Learjet oder einem Citation kaufen. Ich habe ganze Tage und Monate damit verbracht, die Unterschiede zwischen den Angeboten herauszufinden, denn alle Welt versicherte mir, all diese Flieger seien mehr oder weniger gleich. Sie haben alle in etwa die gleiche Flugelektronik. Sie sind alle ziemlich sicher. Sie nutzen alle die gleichen Systeme, die gleichen Stabilisatoren und sind alle bequem. Ich war verzweifelt und konnte einfach nicht beurteilen, was ich am besten kaufen sollte. Ich sprach mit den Firmen, die mir auch nicht sagten, warum ich mir einen Anteil an dem einen Flugzeug und nicht an einem anderen kaufen sollte. Schließlich fing ich an, über den Preis nachzudenken, das allerletzte Auswahlkriterium. Der Preis ist das Kriterium, an dem Sie sich festhalten, wenn Sie wirklich keine Ahnung haben, ob Sie ein bestimmtes Produkt oder eine Dienstleistung kaufen sollten.

Aber letztendlich war der Preis für mich kein wichtiges Auswahlkriterium und ich ging nicht in die Falle des Konsumentenkommunismus und hörte nicht einfach auf das Urteil meiner Freunde. Ich machte etwas ganz anderes, was für die Marketingleute mindestens genauso gefährlich ist; ich überlegte mir meine eigenen Kriterien. Da die Unternehmen mir keine Anhaltspunkte für eine Auswahl boten, entwickelte ich ohne deren Input meine eigene Liste wünschenswerter Faktoren. Für mich waren das die Anzahl der Anflugmöglichkeiten und die Flexibilität bei der Zeitplanung. Und als ich herausfand, dass einige der Flugzeuge nicht so weit fliegen konnten wie andere und dass die Flexibilität in einem Fall höher war als in einem anderen, traf ich meine Entscheidung.

Wenn die für die Flugzeuge zuständigen Marketingleute ihre Arbeit getan hätten, dann hätte ich mir viel Arbeit sparen können. Wenn sie wirklich über ihre potenziellen Kunden nachgedacht hätten, dann wäre ihnen bewusst geworden, worauf Kunden wie ich Wert legen, und dann hätten sie das Geschäft gemacht, indem sie genau davon geredet hätten. In gewisser Weise war es die alte »Eigenschaften-oder-Vorteile«-Geschichte. Sie redeten über die Eigenschaften der Flugzeuge, beispielsweise das Navigationssystem und die Tatsache, dass sieben Leute in dem Flugzeug Platz hatten, als mich wirklich nur die Vorteile interessierten. Würden die Flugzeuge und der angebotene Service mich sicher dorthin bringen, wo ich hinwollte, wann ich dorthin wollte und auf eine Weise, die ich als bequem empfand? Ich war mir sicher, dass alle drei Unternehmen, mit denen ich sprach, sichere Flugzeuge herstellen, daher wurde die Bequemlichkeit zum wichtigsten Punkt. Da der Timesharing-Markt für Privatflugzeuge recht klein ist, hätte in diesem Fall die beste Methode, um herauszufinden, was mir im Hinblick auf die Bequemlichkeit wichtig war, darin bestanden, mich zu fragen. Hätten sie mich gefragt, dann wäre ihnen klar geworden, dass ich ein Mensch bin, der viele Jahre lang Millionen von Meilen pro Jahr geflogen ist. Ich reise gerne zum Vergnügen, und meine Arbeit macht es erforderlich, dass ich reise. Aber ich hasse alle Mühsal, die man mit Flughäfen und Flügen verbindet. Ich möchte dorthin fliegen, wo ich hinwill und wann ich will. Ich bin bereit, für diesen Dienst zu zahlen, aber als Gegenleistung möchte ich eine Gesellschaft, die genügend Flugzeuge hat, die in der Lage und flexibel genug sind, die Entfernungen zurückzulegen, die ich fliegen möchte, und ihren Zeitplan schnell ändern kann.

Die Marketingleute der Flugzeuganbieter machten den Fehler, dass sie zu viel über sich und ihr Produkt nachdachten, statt an mich zu denken, den Kunden.

Wenn die Leute tagsüber fasten, dann verkaufen Sie ihnen etwas in der Nacht

Genauso wie mehr und mehr Produkte weltweit verfügbar werden, so müssen auch die Marketingleute mehr und mehr Kulturen und Werte berücksichtigen, die sich von ihren eigenen unterscheiden. Ich glaube, mir hat die Tatsache etwas geholfen, dass ich als Mexikaner mein Leben lang für US-amerikanische Unternehmen gearbeitet habe. Trotzdem war ein Lernprozess notwendig. Hinterher ist man immer klüger, aber ich kann mich an den Moment vor ein paar Jahren erinnern, als mir jemand bei Coke eine Absatzprognose präsentierte, die zeigte, dass der Umsatz im Mittleren Osten im Januar im Vergleich zum Vorjahr stark sinken würde. Die Person, die den Plan vorlegte, erklärte, dass ein großer Teil des muslimischen Fastenmonats Ramadan in unseren Januar fallen würde, was bedeutet, dass die Muslime während dieses Monats von Sonnenaufgang bis Sonnenuntergang nichts essen und trinken dürfen. Da sich der Mondkalender von unserem unterscheidet, ändert sich auch die Ramadanperiode, und in dem betreffenden Jahr würde der Januar für uns ein verkaufsschwacher Monat sein.

Zunächst schien das einleuchtend. Wenn Millionen von Menschen fasten, dann kann man daraus leicht schließen, dass der Konsum von Nahrungsmitteln und Getränken in den Gegenden zurückgehen wird, wo sie leben. Aber das ist reine Denkfaulheit. Tatsache ist, dass die Muslime während des Ramadan nicht ganz aufhören, zu essen und zu trinken; sie tun es bloß nicht *während des Tages*.

»Der Absatzrückgang spiegelte nicht den sinkenden Konsum wider … er war ein Zeichen für eingeschränkte Verfügbarkeit.«

Der Absatz sank, nicht weil der Getränkekonsum zurückging, sondern weil es weniger Kaufmöglichkeiten gab, denn die Geschäfte und Restaurants waren nachts geschlossen, wenn die Leute hungrig und durstig waren, aber während des Tages geöffnet, wenn die Kunden nur daran denken konnten, dass sie später essen und trinken durften. Die Tatsache, dass unsere Werbung sich an Leute richtete, die während des Tages wach und durstig waren, aber nicht in der Lage, unsere Produkte zu kaufen, bedeutete außerdem, dass ein großer Teil unserer Werbung während des Tages an ein unempfängliches Publikum verschwendet wurde.

In der Fastenzeit darf man während des Tages nichts trinken, und das Letzte, was man sehen möchte, ist eine schöne, einladende Anzeige für ein erfrischendes Coke.

Uns wurde daher klar, dass wir, wenn wir während des Ramadan Erfrischungsgetränke verkaufen wollten, dies nachts tun mussten. Auch wenn die Leute tagsüber in die Läden gingen, um ihre Vorräte für die Nacht aufzufüllen, wären sie sicher mit mehr Begeisterung dabei, wenn wir ihr Verhalten verstanden und darauf reagierten. Wir änderten also unsere Werbung und starteten Promotionskampagnen und andere Aktivitäten, die uns helfen sollten, Ware während des Fastenmonats zu verkaufen. Wir achteten sorgfältig darauf, nicht zu versuchen, einen kommerziellen Vorteil aus diesem wichtigen Ausnahmezustand zu ziehen, sprachen aber gleichzeitig das echte Bedürfnis der Menschen an, die nach dem Fasten essen und trinken mussten. Wir taten alles, was wir konnten, um Coke-Produkte zu einem Teil des Fastenbrechens zu machen. Da es auf der Welt 1,2 Milliarden Muslime gibt, kann auch ein winziger Anstieg der Verkaufszahlen einen erheblichen Unterschied bedeuten.

Wenn sich ein Aspekt ändert, ändert sich alles

Der wesentliche Punkt, an den Sie denken müssen und den Sie nie vergessen dürfen, ist der, dass sich die Konsumenten ändern, wenn sich ihre Umgebung ändert. Es erschreckt mich immer wieder, dass Marketingleute auf der ganzen Welt politische Bewegungen und gesellschaftliche Veränderungen nicht in ihrer Planung berücksichtigen. Nicht dass die Konsumenten unbedingt Vertrauen in die Wirtschaft oder die Regierung haben; aber die Welt besteht aus vielen Molekülen, und wenn die Anordnung einiger dieser Moleküle deutlich geändert wird, dann werden alle anderen in Mitleidenschaft gezogen.

Natürlich redet jeder über das Wetter und die Wirtschaft. Darüber lässt sich leicht reden, aber was geschieht in einem Land wie Korea, wo die Wirtschaft Achterbahn fährt und ganz plötzlich die Psyche der Menschen einen Schock erleidet? Stabilität ist nicht mehr die Regel. Wir alle leben im Chaos. Was passiert, wenn sich ein bedeutender politischer Umschwung ereignet, von rechts nach links oder von links nach rechts?

Stellen Sie sich ein Glas Wasser vor, das bereits drei viertel voll ist, und das Sie bis zum Rand füllen. Das Wasser, das Sie nachgegossen haben, bleibt nicht im oberen Teil des Glases; es vermischt sich mit dem Rest der Moleküle in dem Glas. Das Gleiche passiert in einem größeren Umfeld, wie etwa in einem bestimmten Markt. Wann immer irgendetwas Neues in die Arena geworfen wird, verändert sich die Position aller Moleküle beziehungsweise ihre Beziehung zueinander. Es ist also absolut notwendig, das zu beherzigen, um an der Spitze zu bleiben.

Ich glaube fest daran, dass die Ereignisse des letzten Jahres, die Präsident Clinton betrafen, einen immensen Einfluss darauf hatten, wie die Amerikaner über alles Mögliche denken und wie sie fühlen. Ich glaube, die Ereignisse haben die Psyche der Konsumenten beeinflusst, in Bezug auf ihre Käufe und in Bezug auf ihre Erwartungen an die Zukunft, sowie ihre Einstellung zu Zügellosigkeit, Sparen, dem Besuch von jemandem, den sie lange nicht gesehen haben, und einem Familientreffen. Ich persönlich glaube, dass die politischen Umwälzungen und Unsicherheiten in den Vereinigten Staaten die Leute vorsichtiger und wirtschaftlich konservativer gemacht haben; außerdem sind sie sich stärker der Dinge in ihrem Leben bewusst geworden, die sie wirklich schätzen. Ich denke, das hat Auswirkungen auf vieles, beispielsweise ihre Bereitschaft, ein neues Haus oder Auto zu kaufen, oder den zunehmenden Wunsch, zu Hause zu bleiben, Freunde zu besuchen oder Familienfeiern zu veranstalten. Und ich glaube, dass diese meine Überzeugung, dass Unsicherheit zu einer konservativen Haltung führt, durch das Verhalten der Menschen gestützt wird. Im Februar 1999 las ich, der Umsatz an der Börse sei sehr hoch, fast so hoch wie 1929, dem Jahr des Zusammenbruchs. Ich muss einfach daran glauben, dass all diese Aspekte und andere, die die amerikanische Bevölkerung betreffen, einen starken Einfluss auf die Entwicklung der Märkte haben.

»Die politischen Umwälzungen und Unsicherheiten in den Vereinigten Staaten haben die Leute vorsichtiger und wirtschaftlich konservativer gemacht.«

Vor kurzem diskutierte ich dies mit einem Freund, der sagte: »Ich verstehe deine Annahme, dass die Politik das Verhalten beeinflusst, aber wie kannst du vorhersagen, welche Auswirkungen das haben wird? Kannst du nicht genauso gut zu dem Schluss kommen, dass es der Wirtschaft momentan gut geht und die Leute mit dem Wahnsinn, der um sie herum geschieht, unzufrieden sind, sodass sie sich selbst ablenken wollen, indem sie schöne Dinge kaufen und in den Urlaub fahren?« Eine gute Frage. Man kann nicht unbedingt vorhersagen, wie Leute auf eine bestimmte Änderung reagieren werden. Man muss beobachten, testen und messen, um die Reaktion zu erfassen. Der kritische Punkt ist jedoch, dass man sich der Tatsache bewusst sein muss, dass eine Änderung, irgendeine Änderung, geschehen wird und dass man bereit sein muss, darauf zu reagieren.

Was hat Aspirin mit Waschpulver zu tun?

Trends und Ereignisse in einem Markt können auch den Leuten in davon scheinbar völlig unabhängigen Märkten wesentliche Erkenntnisse vermitteln. Eine neue Marke oder die Neupositionierung einer Marke verändert die Molekularstruktur einer bestimmten Warengruppe, aber sie verändert auch die Struktur anderer Kategorien. Schauen Sie nur, was auf dem Markt der Schmerzmittel geschehen ist. Alles begann mit dem guten, alten Aspirin. Dann kam Tylenol daher und behauptete, es bringe eine bessere Schmerzlinderung, ohne zu Magenbeschwerden zu führen. Dadurch begann man sich verstärkt auf dem Schmerzmittelmarkt einzusetzen, sodass wir dieses oder jenes extra starke Schmerzmittel bekamen und den Markteinstieg von Motrin und Advil beobachten konnten. Magenbeschwerden wurden zu einem wichtigen Faktor, was zu beschichteten Aspirintabletten führte. Dann gewann die Leichtigkeit, mit der man alle diese Sachen schlucken kann, an Bedeutung, was zu der Einführung von Kapseln und Pillen führte. So wie die neuen Attribute für den Dialog wichtig wurden, verlor die Schmerzlinderung als solche ihre Hauptrolle. Schließlich kam dann jedoch Aleve auf den Markt, womit sich der Kreis schloss, denn es versprach wieder eine bessere Schmerzlinderung.

Was können andere Marketingleute daraus lernen? Nun, man kann auf jeden Fall daraus lernen, dass selbst dann, wenn die Konsumenten offensichtlich mit einem Produkt zufrieden sind, es überhaupt nicht schwer ist, den Dialog zu ändern und sie unzufrieden zu machen. Die für Waschmittel zuständigen Produktmanager wissen das ganz genau, denn auf dem Waschmittelmarkt passierte genau das Gleiche wie auf dem Schmerzmittelmarkt. Zunächst ging es bei den Waschmitteln darum, welches am besten reinigt. Dann wurden Konzentrate eingeführt, die nicht nur besser reinigten, sondern auch leichter zu tragen waren. Dann kamen leicht anwendbare Flüssigwaschmittel, und nun sind wir wieder bei der Frage angekommen, welches Produkt am besten reinigt.

Was passiert in Ihrem Markt? Wie können Sie den Dialog ändern? Gibt es ein Potenzial für ein alternatives Produkt, das dies oder jenes tut oder nicht tut, was ihr Produkt momentan nicht tut oder tut?

Denken Sie einmal an Hotels. Warum sind manche Hotelketten wie zum Beispiel Four Seasons so erfolgreich? Wer sagt denn, dass wir diese Frotteebademäntel und all das Haarwaschmittel und die Seife brauchen? Verdammt noch mal, diese Sachen sind teuer! Andere Hotels geben sie wieder auf, um den Ertrag zu erhöhen. Was weiß Four Seasons, was die anderen nicht wissen? Vielleicht machen sich die anderen Typen zu viel Sorgen um die Kosten und Personalreduzierungen, während Four Seasons Gewinne macht und einen Kundenstamm zufrieden stellt, der immer wiederkommt. Wenn Sie also einen solch großartigen Erfolg wie diesen von Four Seasons sehen, müssen Sie sich fragen: Was kann ich daraus für mich in meinem Markt lernen?

»Wenn Sie den großartigen Erfolg der Four Seasons Hotelkette sehen, müssen Sie sich fragen: was kann ich daraus für mich in meinem Markt lernen?«

Die geschäftstüchtigen Unternehmer, die wie Rally's zweiseitige Drive-in-Restaurants eröffneten, hatten sich die langen Schlangen an den Drive-in-Theken von McDonald's angeschaut und erkannt, dass sie hier Kunden abwerben und außerdem ihre Immobilien- und Ausstattungskosten reduzieren konnten, indem sie eine verkürzte Speisekarte und nur einen Drive-in, aber keine Restaurants anboten. Das funktionierte hervorragend, bis sie den Fehler machten, ihre Speisekarte zu erweitern, und dadurch die gleichen langen Schlangen produzierten wie McDonald's.

Und sind die Platinkarten von Hertz, die es möglich machen, dass einem das Auto wie in alten Zeiten vors Haus gebracht wird, eine Reaktion auf die Unzufriedenheit mit der Art und Weise, wie das Leihwagengeschäft an Flughäfen funktioniert?

Sie müssen sich anschauen, was andere Marketingleute tun, und analysieren, warum sie es tun. Wir Coke-Leute sind immer zu Lebensmittelausstellungen gegangen, nicht so sehr, um zu zeigen, was wir hatten, sondern eher um zu sehen, was die anderen machten. Wir schauten uns dann beispielsweise die Trends bei Farben und Verpackungen an. Aber wir gingen nicht nur zu Lebensmittelmessen. Wir gingen auch zu Autosalons, zu Kosmetikausstellungen und zu Modenschauen, denn diese Branchen sind im Bereich von Formen und Farben führend, sowie zu Sportveranstaltungen, um alles über Größe und Grad der Aggression bei den Konsumenten zu erfahren.

Genau wie die Politiker sind all die Aussteller Marketingleute. Sie alle halten dem Konsumenten etwas unter die Nase, damit er es wählen oder ablehnen kann, damit fahren oder fotografieren, es gebrauchen oder essen kann. Alles was diese Leute wissen, müssen sie lernen. Wenn Sie das tun, werden Sie mehr Erfolg haben als Ihre Wettbewerber.

Schmieden Sie das Eisen, solange es heiß ist

Es gibt noch eine andere wichtige Methode, wie man sich auf Konsumenten konzentrieren kann, die meiner Meinung nach nicht genügend von den Marketingleuten beachtet wird, und das ist der Aufbau von Beziehungen.

»Statt zu versuchen, mir heute den letzten Pfennig aus der Tasche zu ziehen, sollte der Optiker sich bemühen, sicherzustellen, dass ich wiederkomme.«

Ich habe schon gesagt, dass ich überhaupt nicht an die Aussage glaube: »Wenn man sie jung erwischt, gehören sie einem lebenslänglich.« Ja, man sollte die Konsumenten anziehen, wenn sie jung sind, aber dann muss man sie für den Rest ihres Lebens umwerben. Das heißt aber nicht, dass man jeden Verkauf als einmaliges Ereignis sehen sollte. Tatsache ist, dass man denjenigen Menschen am einfachsten etwas verkaufen kann, die am meisten Ware zu den höchsten Preisen kaufen und die bereits Ihr Produkt oder Ihre Dienstleistung gekauft haben und damit zufrieden waren; diejenigen sind auch gleichzeitig die besten Kunden. Daher überrascht es mich immer wieder, wenn ich in ein Geschäft gehe oder etwas kaufe und niemand etwas sagt oder tut, um mich zum Wiederkommen zu bewegen. Oder noch schlimmer, ich werde schlecht behandelt. Der Marketingmensch hat bereits Geld investiert, um überhaupt mein Interesse zu wecken, aber jetzt bin ich sauer. Was für eine Verschwendung!

Wiederholungsverkäufe sind immens wichtig, aber nur wenige Unternehmen bemühen sich darum. Vielflieger- und Vielkäuferprogramme sind eine Methode, um zu Wiederkäufen anzuregen, aber sie können sehr teuer sein und funktionieren nur in den Branchen, in denen es Kunden gibt, die das Produkt oder die Dienstleistung ziemlich regelmäßig brauchen. Es gibt jedoch eine Menge anderer, einfacherer Dinge, die Firmen unternehmen könnten, um Kunden zu Wiederkäufen zu verleiten, ohne dafür viel Geld auszugeben.

Optikerläden sind ein gutes Beispiel für Geschäfte, in denen die Verkäufer sich so sehr darauf konzentrieren, einem heute etwas Teures zu verkaufen, dass sie die Chance verpassen, einen zum Wiederkommen zu bewegen. Ich zerbreche ständig meine Brille, verliere sie oder entscheide ganz einfach, dass ich sie nicht mehr mag, daher bin ich ein guter Kunde in Optikerläden. Beziehungsweise ich könnte ein guter Kunde sein. Aber immer wenn ich in ein solches Geschäft gehe, werde ich überrumpelt und zum Kauf eines teureren Rahmens, entspiegelter Gläser, leichter Gläser mit Spezialbeschichtung und Schutz vor ultravioletten Strahlen und einer Menge anderen Zeugs animiert. Wenn ich aus der Tür gehe, jubilieren die Verkäufer, denn sie haben mir all diesen teuren Kram verkauft, aber ich fühle mich geneppt. Offenbar denken sie nicht darüber nach, dass ich in ein paar Monaten eine neue Brille kaufen werde und später noch weitere. Werde ich dann zu dem gleichen Optiker zurückgehen? Nein. Sie haben dort überhaupt nichts getan, um eine Beziehung zu mir aufzubauen.

Statt zu versuchen, mir heute den letzten Pfennig aus der Tasche zu ziehen, sollte der Optiker sich bemühen, sicherzustellen, dass ich wiederkomme. Die Tatsache, dass ich in dieses Geschäft gegangen bin, bedeutet ja bereits, dass er sich heute meines Einkaufs so gut wie sicher sein kann, er muss sich also schon auf den nächsten Kauf konzentrieren. Er muss herausfinden, wie man eine weitere Brille verkaufen kann, ehe der Konsument den Laden verlässt. Wie schwierig wäre es für den Verkäufer gewesen, sich eine Notiz zu machen, um am nächsten Tag anzurufen und zu fragen, ob ich mit der Brille zufrieden bin? Wer das tut, wird in der Lage sein, das zu richten, was möglicherweise nicht in Ordnung war, vielleicht auch eine Beziehung zu dem Kunden aufbauen und zudem sicherstellen, dass er wiederkommt. Wenn ich mein Auto in die Reparaturwerkstatt bringe, dann werde ich nach dem Service angerufen und gefragt, ob mein Auto in Ordnung ist. Ich halte das für klug, denn es bedeutet, dass ich mich im Fall eines Problems nicht monatelang darüber ärgere.

Goodwill zählt

Vor 20 Jahren zog ich nach Atlanta. Seitdem erhalte ich jedes Jahr zu Weihnachten einen Brief von dem Geschäftsführer der Southern Company, das heißt dem Unternehmen, das mir meinen Strom liefert. Am Anfang hielt ich diese Geschäftspraxis für ein bisschen absurd. Da gab es diesen Menschen, der mir etwas verkaufte, was ich nirgendwo sonst kaufen konnte, und er schrieb mir einen Brief, um mir dafür zu danken. Dies faszinierte mich, und mehr war nicht nötig, um in mir den Wunsch zu wecken, diesen Fall näher zu untersuchen.

Ich trieb also meine Studien, begann zu verstehen und fand den ganzen Prozess dann einfach großartig. Dieser Mensch hatte ganz klar verstanden, dass er früher oder später darauf angewiesen sein würde, dass ich auf seiner Seite war. Ich wusste nicht, auf welche Weise, und ich bin mir nicht sicher, dass er es wusste, aber er war klug genug, um beizeiten eine Beziehung herzustellen.

Atlanta ist eine sehr grüne Stadt. Überall gibt es Bäume, weshalb man auch wunderbar in Atlanta leben kann. Atlanta ist zudem eine alte Stadt, was bedeutet, dass ein großer Teil der Infrastruktur für die Stromversorgung vor vielen Jahren geschaffen wurde. Das heißt wiederum, dass wir in Atlanta Elektrizitätsmasten haben und Kabel, die sich von Mast zu Mast spannen. Da Atlanta im Süden der USA liegt, gibt es hier viele Stürme, und bei einem solchen Sturm werden leicht Bäume umgerissen. Wenn nun ein Baum auf einen Elektrizitätsmast fällt, dann reißen die Kabel, die Stromversorgung bricht zusammen – und die Kunden ärgern sich.

Es kann dann lange dauern, bis wieder Elektrizität bereitgestellt werden kann. Vor vier Jahren hatten wir etwa zehn Tage lang keinen Strom. Was glauben Sie, wie sehr ich während dieser Zeit an den Weihnachtsbrief von Bill Dalberg dachte. Die Menge an Goodwill, die Bill bei mir aufgebaut hatte, nutzte ihm in der Zeit, während der wir keinen Strom hatten. Meine Haltung war ganz einfach. Ich wusste, die waren da draußen am Arbeiten, um die Versorgung so schnell wie möglich wiederherzustellen.

Allein schon aus solchen Gründen ist es wirklich wichtig, im Marketing Beziehungen aufzubauen. Wenn Sie genug Goodwill für Ihre Marken aufbauen, dann werden Ihre Kunden auch wesentlich toleranter sein, wenn Sie einmal in Schwierigkeiten kommen.

Es gibt jedoch noch einen weiteren und vielleicht sogar wichtigeren Grund, eine gute Beziehung zu den Kunden aufzubauen. Wenn eine solche Beziehung besteht, dann ist die Wahrscheinlichkeit größer, dass die Kunden zu Ihnen halten, wenn Ihr Produkt von einer anderen Marke angegriffen wird. Die

Stromsaga geht nämlich noch weiter, denn inzwischen wird der Elektrizitätsmarkt genau wie der Telekommunikationsmarkt dereguliert. Die Elektrizitätswerke müssen sich also jetzt die Frage stellen, ob sie genug Goodwill aufgebaut haben, damit die Konsumenten ihnen treu bleiben. Wenn sie wirklich gute Arbeit geleistet haben, dann werden die Kunden jedem anderen, der daherkommt, misstrauen. Die meisten Konsumenten wissen über Elektrizität nur, dass sie gebraucht wird, und das ständig. Wenn also die Stromversorger wirklich gewissenhaft und zuverlässig waren und genug Goodwill aufgebaut haben, dann werden die Kunden, wenn ein Konkurrent mit einem niedrigeren Preis lockt, nicht nur nicht interessiert sein, sie werden auch echte Zweifel dem Produkt des anderen gegenüber haben.

»Wenn [ein Marketingexperte] wirklich
gute Arbeit geleistet hat,
dann werden die Kunden jedem anderen,
der daherkommt, misstrauen.«

Was wollen Sie mehr? Schauen Sie nur, wie viele Leute heute noch AT&T für ihre Ferngespräche nutzen. Ich werde jeden Tag angerufen und aufgefordert, die Telefongesellschaft zu wechseln, aber AT&T hat mich erfolgreich davon überzeugt, dass man sich auch weiterhin um mich kümmern wird, und ich belohne es dafür mit meiner Kundentreue.

Man kann diese Lektion auf praktisch jedes andere Produkt oder jede andere Dienstleistung im Markt übertragen. Früher oder später durchlebt jedes Unternehmen eine Phase, in der die Konsumenten mit wirtschaftlicher Unsicherheit leben müssen oder ihnen ein Wettbewerbsprodukt präsentiert wird, das von sich behauptet: »Ich kann Ihnen genau das Gleiche bieten wie der andere Anbieter, aber billiger, oder kleiner, größer, oder schneller.«. Wenn Sie klug genug sind, um sich im Laufe der Jahre den notwendigen Goodwill aufzubauen, dann haben Sie ein Reservoir, von dem Sie zehren können, wenn sie es brauchen. Glauben Sie mir: Der Tag wird kommen, an dem Sie es brauchen.

Vielleicht kostet es heute ein paar Pfennige mehr, um den Kunden goldene Brücken zu bauen und ihre Freundschaft zu gewinnen. Aber wenn Sie auf Ihre Kunden achten, wenn Sie über deren Bedürfnisse und Wünsche und Gefühle nachdenken, wenn Sie sich die Zeit nehmen und die Mühe machen, umfassend zu denken und alles über sie in Erfahrung zu bringen, was nur möglich ist, wird sich das für Sie immens lohnen. Wenn Sie das nicht tun, dann können Sie ruhig Ihren Hut an den Nagel hängen und dichtmachen, denn jemand anderes wird es dann tun – und dann sind Sie nicht mehr im Geschäft.

6. Kapitel

Was der Komiker Jerry Seinfeld Ihnen über Marketing beibringen kann

Kürzlich sprach ich mit einem meiner Kunden, der vor lauter Aufregung nicht still sitzen konnte, weil eine neue Untersuchung gezeigt hatte, dass sein Produkt in der entsprechenden Warengruppe die Marke mit dem höchsten Bekanntheitsgrad war. Er hatte den Markt mit einer großen Werbekampagne gesättigt, und jetzt zeigte die Forschung, dass Millionen von Konsumenten zuerst an seine Marke dachten, wenn ihnen die Warengruppe in den Sinn kam.

»Das ist großartig«, sagte ich, als er mir die Sache erzählte. »Aber wie sieht es mit dem Absatz aus? Können Sie den hohen Bekanntheitsgrad der Marke in Verkäufe umsetzen?«, fragte ich.

»Nun«, sagte er, »die Anzeigen waren so erfolgreich, dass wir sie noch eine Weile nutzen werden.«

Hier haben Sie ein klassisches Beispiel dafür, wie man im Marketing Geld verschwenden kann. Meiner Erfahrung nach ist das allerdings ein Fehler, den die Marketingleute ständig machen. Das Problem meines Kunden liegt darin, dass er seine Arbeit nur halb gemacht hatte. Aber er bildete sich ein, er wäre fertig. Er hatte Unsummen ausgegeben, um für sein Produkt ein Image zu schaffen, und nun wollte er sich zurücklehnen und darauf hoffen, dass es sich auch verkaufte.

Was fehlte?

Er hatte die Konsumenten überhaupt nicht gebeten, seine Ware zu kaufen.

Auf geht's: Fordern Sie die Leute auf, Ihr Produkt zu kaufen

Die unter Marketingleuten herrschende Vorstellung, dass es sich einfach nicht gehört, Leute zu bitten, ein Produkt zu kaufen, hat mich immer verblüfft. »Bloß nicht«, sagen sie. »Das ist viel zu direkt, das möchten wir wirklich nicht tun. Marketing soll ein Image schaffen, eine Aura, die Menschen anspricht. Man darf niemals so weit gehen und den Konsumenten dadurch beleidigen, dass man um einen Auftrag bittet.«

Tut mir leid, ich begreife das nicht.

> »Jerry Seinfeld hat mir einmal erklärt, wie ein Witz aufgebaut sein muss. Er erklärte: ›Er muss eine Struktur und eine Pointe haben und gut vorgetragen werden!‹ Für das Marketing gilt das Gleiche.«

Ich erzähle Ihnen genauso oft wie andere, dass Image wichtig ist. Die Konsumenten müssen eine klare Vorstellung davon haben, wofür ein Produkt steht – Qualität, Geschwindigkeit, niedriger Preis, hoher Preis, Vielfalt, was auch immer zählt –, ehe sie auch nur daran denken werden, es zu kaufen. Aber ein Image zu schaffen ist nur der erste Schritt. Ihr Ziel ist es, die Leute zu bewegen, die Brieftasche zu zücken und für Ihr Produkt zu bezahlen. Meines Wissens nach ist die beste Methode, sie zum Kaufen zu bringen, dass man ihnen Gründe für den Kauf gibt – es schmeckt gut, es bringt sie schneller von A nach B, es ist zuverlässig, es verleiht ihnen einen guten Duft. Und dann müssen Sie die Leute bitten, es tatsächlich zu kaufen.

Ich bin als der Mann in die Geschichte eingegangen, der verhinderte, dass die berühmte Hilltop-Kampagne für Coke wieder aufgelegt wurde. Das war die Werbung, in der wir einen Haufen Kinder aus der ganzen Welt auf einen Hügel brachten und sie zwitschern ließen »I'd like to teach the world to sing«.

Ich weiß: Sie liebten diese Werbung. Alle liebten diese Werbung.

Genau wie die Mean-Joe-Greene-Werbung war auch diese bei den Konsumenten und den Abfüllern ungeheuer beliebt. Ich setzte die Werbung nicht ab, weil sie mir nicht gefiel – ich mochte den Spot sehr gerne. Er ist rührend, warmherzig und eine großartige Methode, Einigkeit unter den verschiedenen Völkern auf dieser Erde zu propagieren. Als die Werbung 1979 zum ersten Mal lief, arbeitete ich bei der Werbeagentur McCann-Erickson in Mexiko für unseren Kunden Coca-Cola. Wir passten die Werbung für unsere Zwecke an; wir spürten sogar ein mexikanisches Mädchen auf, das zu den Kindern gehört hatte, und setzten sie für eine Reihe von zusätzlichen Marketingaktivitäten ein.

Wurde dadurch mehr Coke verkauft?

Nein.

Das Einzige, was die Werbung erreicht hatte, war, dass die Leute ein diffuses, angenehmes und warmes Gefühl Coca-Cola gegenüber verspürten. Die Werbung hatte tatsächlich aber so wenig Erfolg, dass wir während der ganzen Zeit, in der sie lief, Marktanteile verloren, besonders in den Vereinigten Staaten.

Denken Sie dagegen einmal an Autoverkäufer. Jawohl, ich sagte Autoverkäufer. Oder schauen Sie sich einmal die Werbung im Fernsehen genau an, wo alle möglichen Leute alle möglichen Sachen verhökern, die wir wirklich nicht brauchen. Sie treten Ihnen wie in einem herkömmlichen Verkaufsgespräch gegenüber und reden über Eigenschaften und Nutzen. Sie erklären klar und deutlich, warum ein neuer Treppenlift, Entsafter oder Heimtrainer unser Leben tatsächlich angenehmer machen wird. Dann fordern Sie uns auf, zum Telefonhörer zu greifen und 50 oder 500 Mark auszugeben, und *wir tun es*.

Warum verwenden wir diesen Ansatz nicht laufend im Marketing? Marketing ist nicht das Gleiche wie Verkauf oder Werbung, aber es muss beides beinhalten. Jerry Seinfeld hat mir einmal erklärt, wie ein Witz aufgebaut sein muss. Er sagte: »Er muss eine Struktur und eine Pointe haben und gut vorgetragen werden!« Für das Marketing gilt das Gleiche. Es muss eine Struktur haben beziehungsweise die Gründe aufweisen, warum es das Produkt überhaupt gibt; außerdem muss es vorgetragen werden. Das bedeutet, es muss die Erklärung gegeben werden, warum man das Produkt kaufen sollte; und schließlich muss die Pointe vorhanden sein – bitte kaufen Sie es!

Bekanntheit schaffen ist nur der erste Schritt

Wenn Sie einmal darüber nachdenken, wird Ihnen bewusst werden, dass es ziemlich einfach ist, einen hohen Bekanntheitsgrad für Ihre Werbung und Ihre Marke zu schaffen. Ich kann problemlos für einen hohen Bekanntheitsgrad meiner Werbung sorgen. Ich brauche nur im Fernsehen mein Hemd auszuziehen, und die Leute werden sich an die Werbung erinnern. Ich kann eine Marke bekannt machen, indem ich einen Namen wie Bumm wähle oder etwas Ähnliches, und die Leute werden sich an meine Marke erinnern. Ich kann sogar eine Lieblingsmarke schaffen, indem ich ein luxuriöses Image heraufbeschwöre, wie das die Leute von Ferrari und Lamborghini tun, oder indem ich wirklich herzige und liebenswerte Werbung mache wie Kodak. Aber auch wenn man Lieblingsmarke wird, bringt einen das noch lange nicht dahin, wo man sein muss, denn der Liebling der Verbraucher zu sein bedeutet nicht notwendigerweise, dass man auch etwas verkauft.

Ich lernte eine Menge über diese Lieblingsmarkenfalle, während ich bei Coca-Cola war. In den frühen achtziger Jahren zeigte eine ganze Reihe von Untersuchungen, dass Coca-Cola immer gewann, wenn man Leute fragte, welches ihre Lieblingsmarke bei den Erfrischungsgetränken sei. Aber während wir unsere Position als Lieblingsmarke ausbauten, ging der Umsatz zurück. Wir verloren Marktanteile, obwohl die Leute die Marke liebten, unsere Werbung liebten und das liebten, wofür beides stand.

Zu dem Zeitpunkt begriffen wir, dass wir es mit einem Phänomen zu tun hatten, das ich *virtuellen Konsum* nenne.

Virtueller Konsum ist etwas, was viele Luxusgüter, zum Beispiel Sportautos, erzielen. Alle Leute sagen: »Toll. Bombig. Einfach großartig. Ich liebe sie. Absolut meine Lieblingsmarke.« Aber wenn man dann fragt, ob sie oder wann sie eines dieser Autos kaufen werden, dann lautet die Antwort: »Oh nein. Ich kann mir das nicht leisten«, oder: »Das entspricht nicht meinen Bedürfnissen und passt nicht zu meinem Lebensstil.«, oder: »Das gibt es nicht in meiner Lieblingsfarbe«. Was hier beschrieben wird ist vergleichbar mit einem Menschen, der glaubt, er wäre in Sie verliebt, der aber nicht die Absicht hat, Sie jemals zu heiraten. In manchen Fällen kaufen diese Menschen sogar Ihr T-Shirt und tragen Ihre Werbung spazieren, und aufgrund dessen *denken* Sie, sie würden Ihr Produkt konsumieren, sie tun es aber nicht. Alles sehr schmeichelhaft, aber wenig erfolgreich.

Sie wollen keinen virtuellen Konsum. Sie wollen keine Konsumenten, die Ihr Produkt lieben, es aber niemals kaufen, genauso wenig wie Sie Leute wollen, denen bewusst ist, wer Sie sind, wie Sie aussehen und was Sie tun, die aber kein Interesse an Ihnen haben. An denen sollten Sie auch nicht interessiert sein. Was Sie brauchen, sind Käufer.

»Sie wollen keinen virtuellen Konsum. Sie wollen keine Konsumenten, die Ihr Produkt lieben, es aber niemals kaufen.«

Im vierten Kapitel habe ich über Branding und Positionieren geschrieben sowie über die Schaffung eines Images, das Ihr Produkt oder Ihre Dienstleistung von denen der Wettbewerber abhebt. Es ist ohne Zweifel wichtig, den Dialog am Markt zu steuern und sicherzustellen, dass die Konsumenten Ihr Produkt als anders, besser und als etwas Besonderes betrachten. Aber das bringt Sie erst zur Abschlagstelle. Sie müssen immer noch den Golfschläger schwingen und den Ball schlagen, was bedeutet, dass Sie die Konsumenten nicht nur davon überzeugen müssen, dass Ihr Produkt anders, besser und etwas Besonderes ist –, sondern dass es etwas ist, was sie auch kaufen wollen. Und dann müssen Sie sie dazu bringen, wirklich hinzugehen und es zu kaufen. Der Verkaufsabschluss ist Teil der Marketingarbeit.

So wie ich es sehe, gibt es drei Grade des Interesses, die Konsumenten an einem Produkt zeigen können. Die unterste Stufe ist der Bekanntheitsgrad der Marke. Die Leute wissen, wer Sie sind. Die zweite ist das, was man im Allgemeinen eine Kaufabsicht nennt. Sie besteht, wenn ein potenzieller Kunde sagt, dass er oder sie Ihr Produkt kennt und beabsichtigt, es irgendwann zu kaufen. So gut wie das auch klingt, der Ausdruck ist trotzdem irreführend, und die Marketingleute, die sich mit einem »hohen Grad der Kaufbereitschaft« zufrieden geben, werden tief enttäuscht sein, wenn die guten Absichten zu nichts führen. Dann gibt es noch eine dritte Stufe, um die Sie sich wirklich kümmern sollten. Es sind die zukünftigen Verkäufe: Planen die Konsumenten zu kaufen? Von ihren nächsten drei, fünf oder zehn Käufen, wie viele davon werden mein Produkt sein? Nachdem man eine Marke bekannt gemacht hat, ist dies folglich das Maß, an dem man arbeiten muss.

Allein der Konsum zählt

Viele traditionelle Marketingexperten und die meisten Werbeagenturen würden zu dem Schluss kommen, dass mein vorhin erwähnter Kunde, der erfolgreich den höchsten Bekanntheitsgrad in seiner Warengruppe erreicht hatte, absolut nichts falsch gemacht hatte. Sie würden sagen, dieser Mensch hat seine Arbeit getan, denn er hat ein Markenbewusstsein geschaffen. Vielleicht fügen sie noch hinzu, dass Verkaufen etwas ist, was der Vertrieb tut – es ist kein Marketing. Aber lassen Sie uns nicht vergessen, dass der einzige Grund, warum man Marketing macht, darin besteht, mehr zu verkaufen; wenn also die Marketingexperten den Konsum nicht erhöhen, dann tun sie nicht ihre Arbeit. Ein hoher Bekanntheitsgrad der Marke ist wichtig, aber Verkäufe und Gewinn sind alles.

»Die alte konventionelle Denkweise,
die besagt, dass wenn einem die Herzen
der Menschen gehörten,
ihre Brieftaschen folgen würden,
ist tot, mausetot, absolut erledigt. …
Die Menschen brauchen gute Gründe,
um zu kaufen.«

Die alte konventionelle Denkweise, die besagt, dass wenn einem die Herzen der Menschen gehörten, ihre Brieftaschen folgen würden, ist tot, mausetot, absolut erledigt. Denken Sie nur einmal an Wahlen. Wählen Sie den Mann, den Sie für einen netten Menschen halten? Oder wählen Sie denjenigen, der für bestimmte Sachen eintritt und Ihnen erklärt, was er für Sie und Ihre Hauptanliegen tun wird?

Das Gleiche gilt auch für Waren. Wenn Sie das Ziel haben, mehr zu verkaufen, dann müssen Sie den Leuten Gründe geben, Ihr Produkt zu kaufen. Es genügt nicht, wenn die nur Ihr Produkt kennen. Zusätzlich zu der Erhöhung des Bekanntheitsgrades müssen Sie auch alles Nötige tun, um den Konsumenten Ihre Botschaft zu vermitteln. Wenn Sie wollen, dass dieselben Konsumenten immer häufiger mehr von Ihrem Produkt wollen, dann müssen Sie ihnen Gründe dafür liefern. Im Wesentlichen müssen Sie sagen: »Schaut her, ihr braucht meine Ware. Oder, wenn ihr sie vielleicht auch nicht braucht, so glaubt ihr doch, dass ihr sie braucht. Oder zumindest wollt ihr meine Ware. Das sind die Gründe, warum. Also geht hin und kauft sie jetzt.« Immer wieder.

Dimensionalisieren: Mehr Gründe für einen Kauf bedeutet höhere Abverkäufe

Großartiges Konzept, sagen Sie vermutlich. Natürlich will man, dass die Leute das eigene Produkt kaufen. Aber wie bringt man sie dazu? Auf welche Weise unterscheidet sich Ihr Ansatz, theoretisches Interesse in tatsächliche Verkäufe zu verwandeln, vom traditionellen Marketing?

Sie erreichen Ihr Ziel mit Dimensionalisierung. Dimensionalisieren bedeutet, dass Sie den Leuten zunehmend mehr Gründe für einen Kauf liefern, das heißt, Sie gehen über das offensichtliche oder ursprüngliche Verkaufsargument hinaus und fügen dem Produktimage, das die Konsumenten im Kopf haben, neue Dimensionen hinzu. Meine Vorgehensweise ist insofern anders – und ich denke, dass alle Marketingexperten es ebenfalls anders machen müssen –, als ich die Konsumenten auf neue und kreative Weise betrachte, um neue und andere Dimensionen zu finden.

Traditionell wurde Marketing zielgruppenspezifisch durchgeführt, und daher dimensionalisierte man üblicherweise auch nur in drei oder vier große demographische Kategorien: Alter, Geschlecht, ethnische Zugehörigkeit und vielleicht noch Einkommen oder Ausübung beziehungsweise Nichtausübung des Berufs. Nachdem die Marketingleute diese drei oder vier Dimensionen herausgearbeitet hatten und außerdem die Gründe, warum die verschiedenen Gruppen kaufen sollten, sowie die Art der Ansprache an diese Gruppen bestimmt hatten, verwendeten sie diese immer wieder.

Ich bin der Ansicht, dass dies nicht genügt. Jawohl, es ist richtig, dass man ältere Leute oft auf eine ganz andere Art und Weise ansprechen muss als junge und Frauen anders als Männer. Aber wenn Sie einen Augenblick innehalten und darüber nachdenken, dann fallen Ihnen eine Menge anderer Kategorien oder Marktsegmente und viel mehr Dimensionen ein, die Sie hinzufügen können. Sie brauchen mehr Dimensionen, nicht nur, um neue Konsumentenschichten anzusprechen, sondern auch, um die alten zu Wiederkäufen zu bewegen.

»Coke war ein altes und wohl bekanntes Produkt, aber auf einmal stiegen die Abverkäufe enorm ... weil wir mehr Kunden in mehr Marktsegmenten mehr Gründe lieferten, es zu kaufen.«

Als wir bei Coca-Cola in den frühen neunziger Jahren ernsthaft mit dem Dimensionalisieren begannen, und zwar mit dem Start der »Always Coca-Cola«-Kampagne, dachten wir uns 35 verschiedene Attribute oder Dimensionen aus, die wir verwendeten, um die Kunden zum Kauf von Coke zu bewegen. Die Always-Kampagne enthielt tatsächlich 35 verschiedene Arten, die Marke zu sehen, und wir schufen gleichzeitig 35 verschiedene Fernsehwerbespots, etwas was noch nie zuvor gemacht worden war. Wann immer die Leute das Fernsehgerät anschalteten, erhielten sie von uns die Botschaft, Coke sei nicht nur erfrischend, sondern gesellig, modern, zuverlässig, schick, cool und eine Reihe anderer Sachen. Es funktionierte. Coke war ein altes und wohl bekanntes Produkt, aber auf einmal stiegen die Abverkäufe enorm. Das waren die Zeiten, in denen der Absatz der Coca-Cola-Company in nur fünf Jahren um 50 Prozent stieg, und zwar auf 15 Milliarden Kästen in einem Jahr – und alles nur, weil wir mehr Kunden in mehr Marktsegmenten mehr Gründe lieferten, es zu kaufen.

Eine Methode der Marktsegmentierung, die ich sehr nützlich finde, besteht darin, die Muster im Konsumverhalten zu beobachten und dann das Image oder die Dimensionen einer Marke bei verschiedenen Konsumentenschichten zu betrachten. Sie werden sicherlich über die gewaltigen Unterschiede in der Einstellung der Gelegenheits-, Durchschnitts- und der Dauerkäufer erstaunt sein, was die spezifischen Aspekte angeht, die sie als inhärente Eigenschaften Ihres Produktes betrachten. Außerdem liegen nicht nur Welten zwischen den Menschen, die große Mengen von Ihrem Produkt konsumieren, und denjenigen, die es nur gelegentlich kaufen; es bestehen auch Riesenunterschiede zwischen denjenigen, die Ihr Produkt oft kaufen und den anderen, die regelmäßig Ihren Wettbewerber bevorzugen.

Diese Information ist aus zwei wichtigen Gründen so wertvoll. Der erste Grund ist, dass die häufigen Konsumenten offenbar wesentlich gewinnbringender für Sie sind als Gelegenheitskäufer. Sobald Sie dieses Segment klar erkannt haben, können Sie maßgeschneidertes Marketing betreiben, um den Konsum der Vielverbraucher noch zu erhöhen und die häufigen Käufer der Wettbewerbsmarke auch für sich zu gewinnen. Der zweite Grund besteht darin, dass Sie, sobald Sie herausgefunden haben, was die häufigen Verbraucher Ihres Produktes anspricht, diese Information nutzen können, um wenigstens einen Teil der gelegentlichen Konsumenten in häufige Verbraucher zu verwandeln.

Bei Coke stellten wir fest, dass die Leute, die viel von unserem Produkt konsumierten, in der Regel viel mehr Gründe für den Kauf von Coke angeben konnten als die Gelegenheitskäufer. Wir begriffen also, dass wir herausfinden mussten, wie man die gelegentlichen Trinker ebenso wie die häufigen Käufer dazu bewegen konnte, mehr Gründe für den Kauf von Coke zu finden.

Denken Sie einmal darüber nach. Wenn ich Coke nur zur Erfrischung trinke und aus keinem anderen Grund, dann trinke ich es halt hin und wieder. Wenn es dagegen für mich zehn Gründe gibt, Coke zu trinken, dann werde ich viel mehr davon konsumieren.

Es ist eine gute Idee, die Dauerkäufer als Modell für das Ansprechen der Gelegenheitskäufer heranzuziehen, wenn man Produkte verkauft, die nicht lebenswichtig sind, beispielsweise Erfrischungsgetränke, bei denen die Entscheidung, ob man sie trinkt oder nicht, eine reine Frage der Vorliebe ist. Ich hasse es, dies zugeben zu müssen: Erfrischungsgetränke sind nicht lebenswichtig. Daher kann man in den gelegentlichen Käufern ein Interesse an einigen der gleichen Attribute wecken, die für Vieltrinker wichtig sind. In anderen Branchen mag die Lage ganz anders sein; beispielsweise finden Fluggesellschaften, dass Vielflieger sich sehr von gelegentlichen Fluggästen unterscheiden. Für Vielflieger ist Fliegen ein Muss. Leute, die hin und wieder ein Flugzeug besteigen, tun dies dagegen, wenn der Preis attraktiv genug ist oder wenn sie in den Urlaub, zu einer Hochzeit oder einem anderen Familientreffen fliegen. Das heißt, dass man in solchen Branchen die zwei unterschiedlichen Zielgruppen auf völlig andere Art und Weise ansprechen muss.

Ich habe das Gefühl, dass viele Fluggesellschaften das leider nicht ganz begriffen haben. Warum würden sie sich sonst so sehr auf die Vielfliegerprogramme konzentrieren? Denken Sie einmal darüber nach. Bei einem derartigen Programm bietet man denjenigen Menschen mehr Flüge an, die sowieso ständig reisen. Ich reise zwei Millionen Meilen pro Jahr, und dann bietet mir die Fluggesellschaft an, kostenlos weitere 300 000 Meilen zu reisen. Offen gesagt, wenn ich nicht müsste, würde ich am liebsten überhaupt nicht mehr fliegen.

Die Jungs im Hotelgewerbe dagegen haben das verstanden. Bei Holiday Inn, Sheraton und Ramada hat man damit aufgehört, einem Punkte zu geben; stattdessen wird einem nun eine Tageszeitung vor die Tür gelegt und einem ein Zimmer auf der Führungskräfteetage gegeben (die auch nicht anders aussieht als das Stockwerk, in dem man beim letzten Mal untergebracht war). Man bekommt den Eindruck, dass sie sich um einen kümmern, weil sie einen als besonderen Gast anerkennen und als jemanden, der sich von den anderen, die nur gelegentlich in dem Hotel übernachten, unterscheidet. Diese Leute verstehen, wie gewinnbringend Stammkunden sind, die laufend kommen.

Nach langer Zeit und vielen Untersuchungen wussten wir bei Coke, dass wir die Leute gewinnen wollten, die täglich Erfrischungsgetränke konsumierten. Für Länder wie Mexiko, wo der jährliche Prokopfverbrauch bei 406 Portionen zu 0,3 Litern liegt, kann man vermuten, dass Vieltrinker pro Tag drei oder vier Erfrischungsgetränke zu sich nehmen, wenn nicht gar mehr. Das sind die Konsumenten, die man gewinnen will, und man möchte natürlich auch sicherstellen, dass einem keiner davon verloren geht.

Wenn man im Gesamtmarkt einen Anteil von 30 Prozent hat, dann sollte man sicherstellen, dass der Anteil bei den Vieltrinkern doppelt so hoch liegt. Wenn diese täglichen Konsumenten nur zehn Prozent von der gesamten Zielgruppe ausmachen, dann muss man so viele von ihnen für sich gewinnen, wie man nur kann. Überlassen Sie den Wettbewerbern die Leute, die nur gelegentlich oder einmal im Monat konsumieren. Entwickeln Sie Programme, mit denen Sie die häufigen Verbraucher ansprechen. Etwas davon wird auch auf die anderen Zielgruppen abfärben, aber insgesamt werden Sie viel mehr Gewinn erzielen und wesentlich glücklicher mit dem Geschäft sein.

Denken Sie wie ein Politiker

Eine andere Art der Marktsegmentierung ergibt sich, wenn man dem Beispiel der Politiker folgt und sich die Loyalitäten anschaut beziehungsweise darauf achtet, wie sehr ein Konsument die eigene Marke bevorzugt oder auch nicht. Im Großen und Ganzen können Politiker die Wählerschaft in folgende Kategorien einteilen: starke Unterstützung eines Kandidaten, geringe Unterstützung, unentschieden, leichte Opposition und starke Opposition. Die Leute, die Sie überzeugt unterstützen, werden sich auch mitten in einem Schneesturm aufmachen, um Sie zu wählen. Von denen werden Sie gewählt, egal was Sie sagen oder tun. Bei denen, die zur geringen Unterstützung bereit sind, muss man nur etwas Überzeugungsarbeit leisten, aber nicht sehr viel, denn sie sind eigentlich schon im eigenen Lager. Die Unentschiedenen legen sich auf keinen Kandidaten fest, sie treffen ihre Entscheidung erst am Tag vor der Wahl auf der Basis dessen, was Sie ihnen während der letzten Tage erzählt haben oder was Sie ihnen über Ihren Gegenkandidaten gesagt haben. Die leichte Opposition wird zwar grundsätzlich Ihre Wahl in Erwägung ziehen, ist aber nur schwer zu gewinnen, und die starke Opposition können Sie im Prinzip gleich vergessen – die wird Sie nie wählen.

Wenn Sie diese Unterschiede einmal erkannt haben, dann können Sie über konkrete Angebote nachdenken, welche die unterschiedlichen Segmente ansprechen werden. Eine Sache, die Sie beispielsweise auf den Märkten versuchen können, in denen viele Menschen in die Kategorien »geringe Unterstützung« oder »unentschieden« fallen, ist das Angebot Ihrer Ware in Großpackungen. Acht Rollen Toilettenpapier in einer Packung, 24 Dosen Coca-Cola, Sechserpackungen Schokoriegel. Das bedeutet, dass Sie die Sachen nur einmal verkaufen müssen und der Konsument dann dem Markt für längere Zeit fernbleibt, es also eine ganze Weile bis zum nächsten Einkauf dauert, der dann möglicherweise der Kauf eines Konkurrenzproduktes ist.

Diese Strategie wird jedoch niemals bei Leuten funktionieren, die gegen Sie sind. Aber um die sollten Sie sich im Allgemeinen überhaupt nicht kümmern, denn um denen irgendetwas zu verkaufen, müssen Sie wahrscheinlich eine Menge Geld ausgeben, das wenig einbringt. Die leichte Opposition können Sie gewinnen, aber Großpackungen werden sie abstoßen. Ganz gleich, wie preisgünstig Sie diese anbieten, diejenigen Leute, die glauben, dass sie Ihr Produkt nicht mögen, werden es nicht auf einmal gleich kiloweise kaufen. Für diese Zielgruppe muss man mehr tun, beispielsweise kostenlose Probepackungen verteilen und Anreize geben, um einen weiteren Kauf zu tätigen. Aber für alle potenziellen Kundengruppen müssen Sie neue Dimensionen entwickeln und ihnen mehr Gründe bieten, warum sie Ihr Produkt ausprobieren und bevorzugen sollen.

Natürlich werden die Taktiken, die Sie wählen, von viel mehr Variablen abhängen als dem Grad der Unterstützung oder der Opposition. Sie müssen genauer hinschauen, um zu ergründen, warum Sie die Leute mögen oder nicht. Beispielsweise war Pepsi in Venezuela jahrzehntelang die dominante Marke mit einem Marktanteil von 80 Prozent. Aber die Bindung an Pepsi war gering und basierte hauptsächlich auf der guten Distribution des Produktes. Pepsi war leichter verfügbar als Coke, daher kannten es die Leute besser und fanden es in Ordnung. Aber als Coke die Pepsi-Abfüller in Venezuela aufkaufte und im Zusammenhang mit Baseball eine Kampagne startete, um die Herzen und Brieftaschen der Venezolaner zu öffnen, erreichte es recht schnell einen Marktanteil von 90 Prozent.

Mitunter sind Leute gegen Sie, weil sie glauben, dass sie irgendetwas an Ihnen nicht mögen, mitunter aber auch, weil sie einfach Ihren Wettbewerber lieber mögen. Meistens sind diese Leute jedoch unentschlossen, weil sie nicht genug über irgendeines der Produkte auf dem Markt wissen. Mitunter spreche ich von den Unentschlossenen als den Ungebildeten, weil sie ganz einfach viel mehr Information brauchen. Wenn Sie als Marketingexperte ihnen genug Information geben, und dazu noch die richtige Information, dann werden sie eine Entscheidung treffen, und sie werden beschließen, Ihr Produkt zu kaufen.

Es gibt keine einzige Strategie oder eine Bündelung von Strategien, die bei jedem Menschen in einer bestimmten Kategorie wirkt. Aber die meisten Strategien, die Sie entwickeln, werden mehr oder weniger gut in mehr als einer Gruppe wirken. Wenn Sie wissen, wie loyal oder positiv Ihnen jemand gegenübersteht, haben Sie immer noch nicht den absolut sicheren Verkaufsansatz, der sofort wirkt. Sie müssen immer noch ausprobieren und messen und fortfahren, den Menschen neue Gründe zu geben, warum sie Ihr Produkt kaufen und konsumieren sollen. Aber wenn Sie die Loyalität der Leute und gleichzeitig auch ihren Verbrauch, ihr Alter, ihr Geschlecht und ihre Zugehörigkeit zu einer ethnischen Gruppe beachten, dann wird es Ihnen viel besser gelingen, effektive Programme zu erarbeiten.

Hören Sie niemals auf, neue Gründe hinzuzufügen

Sie müssen ständig neue Gründe finden, warum Leute Ihr Produkt kaufen sollen, und zwar sowohl intrinsische als auch extrinsische. Das meine ich, wenn ich von der »Warum-Generation« spreche. Heutzutage begreifen die meisten Marketingleute nicht, dass es nicht genug ist, sich auf die geburtenstarken Jahrgänge der Nachkriegszeit zu konzentrieren oder auf die Generation X, die Generation Y oder Teenager. Die gemeinsame Charakteristik, die auf all diese demographischen Gruppen zutrifft, ist die Frage WARUM: Warum zum Teufel sollte ich Ihr Produkt kaufen?

Sie dürfen nicht aufhören, den Konsumenten klarzumachen, dass Aspirin Kopfschmerzen vertreibt. Aber was können Sie sonst noch darüber sagen? Können Sie auf Ihre bessere Verpackung im Vergleich zur Konkurrenz hinweisen? Oder darauf, dass die Tabletten einen Schutzfilm haben und daher den Magen nicht reizen? Erneuern Sie Ihr Angebot ständig, um den Leuten gute Gründe dafür zu liefern, Ihr Produkt oder Ihre Dienstleistung zu kaufen und nicht zur Konkurrenz zu gehen.

Vor einer Weile las ich irgendwo ein Zitat, das besagte, dass man ein weißes Haus selbst dann, wenn man die Farbe des Hauses nicht ändern will, in gewissen Abständen neu streichen muss, wenn die Farbe weiß bleiben soll. Wenn man das unterlässt, wird man bald ein graues Haus haben. Mit einer Marke geht es genauso. Wenn Sie möchten, dass Ihre Marke frisch bleibt, dann müssen Sie ihre Bedeutung und ihre Definition wieder und wieder auffrischen. Andernfalls werden Konsumenten eine Marke als selbstverständlich hinnehmen. Im Laufe der Zeit wird sie verblassen und der Absatz wird zurückgehen.

Der Börsenmakler Charles Schwab hat hervorragende Arbeit bei der Auffrischung seiner Marke geleistet. Das Hauptangebot des Unternehmens sind Maklerdienste für Konsumenten zu niedrigen Kosten. Seit die Firma ins Geschäft einstieg, war dies das Hauptprodukt und daran hat sich nichts geändert. Aber schauen Sie sich einmal die Werbung an. Das Unternehmen erinnert Sie ständig daran, wer es ist und was es tut, und dann fügt es noch etwas hinzu: »Wir sind preisgünstige Börsenmakler und wir bieten Ihnen Finanzanalysen. Wir sind preisgünstige Makler und Sie können uns übers Internet erreichen.« In dem Fall könnte man argumentieren, dass Schwab gar keine neue Dimension hinzugefügt hat, sondern einfach nur einen weiteren Aspekt erwähnt, der schlicht und ergreifend zum Geschäft gehört. Aber auf jeden Fall listet das Unternehmen mehr und mehr Gründe dafür auf, warum die Leute es mögen sollten. Dem Erfolg nach zu urteilen, scheint der Ansatz zu funktionieren.

»Wie alle Marketingleute, die behaupten, ihr Produkt habe seine Reifephase erreicht, waren wir ganz einfach nur faul.«

In alten Zeiten dachten wir bei Coke, dass wir, da die Leute Coke ohnehin schon kannten, ihnen nichts weiter darüber erzählen könnten. Wir glaubten, wir befänden uns in einer typischen Reifephase mit wenig Wachstumspotenzial. So kann man sich irren! Wie alle Marketingleute, die behaupten, ihr Produkt habe seine Reifephase erreicht, waren wir ganz einfach nur faul. Es gibt immer noch etwas, was man den Leuten erzählen kann, und Methoden, wie man ihnen helfen kann, sich mit dem Produkt zu identifizieren und einen Bezug dazu herzustellen. Damals gab es für Coke nur vier oder fünf Definitionen oder Dimensionen, die wir laufend als Verkaufsargument strapazierten: Es war erfrischend, Durst stillend, prickelnd, köstlich und gesellig. Also begannen wir, darüber nachzudenken, was wir den Leuten noch erzählen konnten, und entwickelten die 35 Dimensionen, die mit »Always« assoziiert werden: Coke ist Teil meines Lebens. Es versteht mich. Coole Leute trinken Coke. Leute aller Altersgruppen trinken es. Es hat das gewisse Etwas und einen charakteristischen Geschmack. Es wird in einer Flasche geliefert, die eine ganz bestimmte Form hat. Es ist modern, lustig, emotional, einfach, groß, freundlich, beständig und überall zu haben.

Damals begannen wir, das assoziative Image bestimmter Sportarten zu nutzen. Aber wir nutzten den Sport nicht nur, um als Sponsor aufzutreten und unser Logo in großen Stadien anzubringen. Wir nutzten die Verbindung zum Sport, um dadurch eine Bindung an die Konsumenten zu schaffen, dadurch dass wir in etwas involviert waren, das ihnen am Herzen lag.

Wir hielten uns dabei an das alte chinesische Sprichwort: Sage es ihnen und sie werden vergessen. Zeige es ihnen, und sie werden sich erinnern. Beziehe sie mit ein und sie werden verstehen. Wir bezogen die Konsumenten in etwas mit ein, was ihnen ohnehin wichtig war (die Leidenschaft für Sport), und wir baten sie, mehr von unseren Produkten zu kaufen. Unser Slogan für die Fußballweltmeisterschaft lautete: Eat football, sleep football, and drink Coca-Cola.

Verstanden? Die Konsumenten verstanden uns.

Wir starteten auch Werbung und Promotionskampagnen, die Vorschläge dazu machten, wann ein Coke gerade richtig sein würde. Kann man mit einem Coke nicht auf festliche Weise Silvester oder Weihnachten feiern? Ist es nicht eine großartige Erfrischung, um das Fasten während des Ramadan zu brechen? Können Sie sich ein Picknick ohne Coca-Cola vorstellen? Ach übrigens, Kinder, ihr bekommt an vielen Orten Rabatt, wenn ihr ein Coke kauft.

In der Vergangenheit hatte Coke eine Menge unterschiedlicher Werbung verwendet, jedoch ohne dabei allzu viele Dimensionen aufzuzeigen; außerdem waren die Kampagnen nicht bewusst entworfen worden, um ganz spezifische Marktsegmente anzusprechen. Sie waren nicht Teil einer zusammenhängenden Strategie. Heute hat Coke für die Menschen die unterschiedlichsten Bedeutungen, aber die Situation wird natürlich nicht ewig so bleiben. Loyalität und Markentreue sind vergänglich. Das Unternehmen wird auch in Zukunft die Definition des Produktes erweitern müssen, andernfalls wird diese Definition von ganz allein schrumpfen.

Die ständige Neudefinierung und Auffrischung eines Produktes ist Schwerstarbeit. Man muss jeden Morgen aufstehen und sich noch einen weiteren Grund dafür ausdenken, warum die Leute das eigene Produkt kaufen sollten. Man wird auch mit einer Menge Widerstand rechnen müssen. Ihre Werbeagentur wird sich zum Beispiel nicht die Mühe machen wollen, eine neue Kampagne zu entwickeln. Daher wird sie versuchen Sie davon zu überzeugen, dass Sie vielleicht einen neuen Spot brauchen, aber keine andere Definition. Zudem werden sich die Leute aus der Verpackungsentwicklung in ihre eigene Kreation verlieben, mit der sie gerade einen Preis gewonnen haben, und sie nicht ändern wollen. Und auch die Geschäftsführung werden Sie damit nervös machen, dass Sie sich einfach nicht mit dem Erreichten zufrieden geben.

Geben Sie nicht auf. Tun Sie es, tun Sie es wieder und tun Sie es noch einmal. Das ist der Weg der Zukunft. Wenn das nicht geschieht, dann wird das einmal Erreichte abbröckeln, und wenn das abbröckelt, wird auch der Absatz schrumpfen.

Weiten Sie den Markt aus, indem Sie ihn neu definieren

Eine wichtige Lektion, die jeder von Starbucks lernen sollte, ist die, dass Konsumenten zwar Ihr Produkt verstehen müssen, wenn Sie wollen, dass sie es kaufen, dass aber diese Konsumenten mitunter ein Produkt nur zu gut – und damit zu eindimensional – verstehen können. Ich will damit sagen, dass die Leute ein Produkt in diesem Fall ganz eindeutig mit Verwendungszweck A in Verbindung bringen und dass man wirklich hart arbeiten muss, damit sie begreifen, dass man es auch für Zweck B oder C nutzen kann. Diese Anstrengung kann aber immens lohnend sein. Um beim Beispiel Starbucks zu bleiben: Alle Welt glaubte, sehr viel von Kaffee zu verstehen, bis Starbucks daherkam und neue Erklärungen lieferte. Nein, sagte Starbucks, Kaffee ist eben nicht bloß Koffein, das in Form von gemahlenen Bohnen und Wasser serviert wird. Und nein, man sollte ihn auch nicht nur nach einer Mahlzeit zu sich nehmen oder um am Morgen aufzuwachen. Starbucks machte uns vielmehr klar, dass Kaffeetrinken eine Erfahrung sei und dass man Kaffee immer dann trinken solle, wenn man sich gesellig fühlt, ein bisschen Abwechslung sucht, eine Pause braucht oder sich verwöhnen möchte. Jeder, der das begreife und ein bisschen von Kaffee verstehe, sei ein kluges, gebildetes Köpfchen.

Nachdem Starbucks die Sache auf diese Weise erklärt hatte, nahm das Unternehmen nicht nur den Wettbewerbern Kunden weg, es brachte auch eine Menge Leute dazu, viel mehr Kaffee zu trinken. Es weitete den ganzen Markt aus.

Genau das Gleiche machte GE Capital vor ein paar Jahren, als es beschloss, sich nicht mehr darauf zu konzentrieren, seinen Marktanteil an Leasingverträgen für Lastwagen auszuweiten, sondern mehr Firmen dazu zu bewegen, Lastwagen zu leasen, statt sie zu kaufen. In der Vergangenheit war der Hauptgrund, warum ein Unternehmen Leasingverträge abschloss, statt zu kaufen, dass es nicht das ganze Geld in seinen Fuhrpark investieren wollte. Aber dann kam GE und sagte: Schauen Sie, wenn Sie von uns leasen, dann verwalten und organisieren wir Ihren ganzen Fuhrpark, wir kümmern uns um Wartung und Terminplanung, und Sie müssen gar nichts tun, außer uns das Geld zu überweisen. Dadurch dass GE also neue Gründe für den Abschluss von Leasingverträgen fand, gewann es eine ganze Reihe neuer Kunden für diesen Markt.

Computerfirmen haben genau das Gleiche getan. Der Markt für Textverarbeitungssysteme ist ziemlich begrenzt, aber indem die betreffenden Firmen Computer neu definierten, und zwar nicht nur als Bürogeräte, sondern als Kommunikationsmittel, Unterhaltungszentren, Lehrmittel und Einkaufsmöglichkeit, haben sie ein phänomenales Marktwachstum erzielt.

»Immer dann, wenn die Leute anfangen, Ihr Produkt oder Ihre Dienstleistung richtig zu verstehen, müssen Sie das betreffende Produkt oder die Dienstleistung neu erfinden.«

Denken Sie daran, dass Sie immer dann, wenn die Leute anfangen, Ihr Produkt oder Ihre Dienstleistung richtig zu verstehen, das betreffende Produkt oder die Dienstleistung neu erfinden müssen. Seit kurzem erlebt die Skibranche harte Zeiten, und ich glaube, das liegt daran, dass die Konsumenten glauben, sie hätten eine ziemlich klare Vorstellung davon, was Skifahren ist und bedeutet. Denken Sie einmal darüber nach. Man verbindet mit Skifahren immer den Gedanken an Kälte. Wegen des vielen Schnees ist es zudem oft schwierig, die Skigebiete überhaupt zu erreichen. Es kommt häufig zu Sportunfällen, mitunter sogar zu schweren. Außerdem ist es teuer. Ja, es ist auch ein Vergnügen, es macht Spaß und hilft einem, für eine Weile dem Alltagstrott zu entkommen. Aber häufig ist nur ein Familienmitglied wirklich vom Skifahren begeistert, alle anderen finden es eher langweilig und beschweren sich. Das ist auf jeden Fall ein Nachteil.

Die Skibranche müsste die Definition eines Skiurlaubs ausweiten und andere Vorteile und Nutzen mit einschließen, um mehr Leute anzusprechen. Einen Teil dieser Vorteile gibt es bereits, aber sie müssen mehr betont und besser erläutert werden. Wie wäre es denn, wenn die Leute beim Wort »Skiurlaub« an hervorragendes Essen, das Verwöhntwerden in einem Kurort und an tolle Einkaufsmöglichkeiten denken würden? Ich wette, dass sich dann viel mehr Leute dafür interessieren würden.

Wenn Sie etwas verkaufen wollen, dann müssen Sie ständig mit neuen Gründen aufwarten, warum jemand möglicherweise etwas kaufen möchte, erfahren möchte, lernen möchte, essen möchte. Dann müssen Sie diese Ideen systematisch testen, um herauszufinden, welche davon am besten geeignet sind, die Leute ihre Brieftasche zücken zu lassen und sie tatsächlich zu einem Kauf zu bewegen.

Im Grunde genommen ist das Konzept der Dimensionalisierung, über das ich hier schreibe, nichts Neues; aber ich glaube, die Vorstellung über das Ausmaß und die Beständigkeit, mit der man sie betreiben muss, ist durchaus neu. Lassen Sie die Konsumenten niemals aus den Augen. Um sie zu verstehen, müssen Sie sich ganz bewusst und ständig bemühen, neue Methoden zu entwickeln, um sie zum Kauf zu bewegen. Vergessen Sie niemals, dass Ihr Ziel nicht darin besteht, die Konsumenten zu unterhalten oder zu erstaunen. Sie haben das Ziel, Ihr Produkt oder Ihre Dienstleistung zu verkaufen.

Achten Sie auf die Konversionsraten

Eine Methode, sich auf die Entwicklung von Maßnahmen zu konzentrieren, die echte Verkaufshilfen sind, besteht darin, die Konversionsraten zu einem der wichtigsten Messinstrumente zu machen, die man beobachtet. Einzelhändler machen das, indem sie nachzählen, wie viele der Leute, die ihren Laden betreten, tatsächlich etwas kaufen. Die Fastfoodindustrie misst die Kaufhäufigkeit oder die Anzahl der verkauften Nebenprodukte mit hohen Gewinnmargen, beispielsweise Pommes frites und Getränke, die außer den Hamburgern und Hähnchenteilen mit niedrigen Margen noch verkauft werden. Sie sind sich der Tatsache bewusst, dass es viel Geld kostet, Werbung zu machen und Promotionskampagnen durchzuführen, damit die Leute überhaupt in Ihr Geschäft kommen, aber wie gut gelingt es Ihnen, den Konsumenten tatsächlich etwas zu verkaufen, sobald sie in Ihrem Laden sind? Sie wissen, dass diese Leute interessiert sind, sonst wären sie gar nicht da. Doch was müssen Sie jetzt noch tun, um tatsächlich etwas zu verkaufen?

Es ist ziemlich offensichtlich: Je mehr potenzielle Kunden Sie in tatsächliche Käufer umwandeln, umso effektiver werden Ihre ursprünglichen Marketingausgaben.

»Sie wissen, dass diese Leute interessiert sind, sonst wären sie gar nicht (im Laden). Was müssen Sie jetzt noch tun, um tatsächlich etwas zu verkaufen?«

Es gibt viele Möglichkeiten, um die Konversionsraten zu erhöhen. Wenn Ihre Waren in Geschäften verkauft werden, dann sind Promotionsmaßnahmen im Laden selbst offensichtlich eine Methode. Eine andere besteht darin, es den Kunden leicht zu machen, etwas zu kaufen. Das heißt, man braucht genügend Leute vor Ort, die gut geschult sind und den Kunden dabei behilflich sind, das zu finden, was sie suchen. Außerdem braucht man selbstverständlich genügend Kassierer, die das Geld entgegennehmen, das die Kunden so gerne loswerden möchten. Falls Sie im Versandhandel tätig sind, brauchen Sie zudem genügend Leute, um die Telefonanrufe zu beantworten; außerdem muss Ihr Versand schnell sein und die Rücknahme von Produkten problemlos. Ich würde auch sagen, dass der Versandhandel, der davon lebt, dass die Leute, die Kataloge erhalten, sie tatsächlich aufschlagen und lesen, seine Abverkäufe ganz einfach steigern könnte, indem er eine Postkarte hinterherschickt oder die Leute anruft, um zu fragen: »Haben Sie unseren Katalog erhalten? Wenn Sie während der nächsten fünf Tage etwas bestellen, erhalten Sie einen Rabatt oder ein Überraschungsgeschenk.«.

Gestern rief ich den Road-Runners-Club an und bestellte eine Atemmaske zum Joggen, und eine reizende Dame am Telefon verkaufte mir einen Haufen anderer Sache, einfach dadurch, dass sie sich meine früheren Bestellungen anschaute und überlegte, was ich vielleicht noch brauchen oder woran ich interessiert sein könnte.

Ich weiß, dass die meisten Verkäufe heutzutage nicht über das Telefon getätigt werden oder unter Umständen, in denen der Verkäufer sich die Daten über mein Einkaufsverhalten ansehen kann. Aber in Zukunft wird das immer häufiger der Fall sein, wenn immer mehr online eingekauft wird und sich das Kaufverhalten der Kunden entsprechend nachvollziehen und speichern lässt. Auch wenn Sie momentan keinen Zugang zu derartigen Kundeninformationen haben, müssen Sie doch bereits in diesen Dimensionen denken. In Zukunft wird erfolgreiches und effizientes Verkaufen davon abhängen, dass Sie sich auf immer kleinere Marktsegmente konzentrieren und dann Ihr Angebot optimal den Bedürfnissen dieser Kunden anpassen.

Denken Sie bloß an das Unternehmen Dell, das nur diejenigen Komponenten in Ihren PC einbaut, die für Ihre Spezifikationen tatsächlich notwendig sind.

Schließlich und endlich gibt es dann noch den offensichtlichen Verkaufsansatz. Eine der besten Methoden, Leute zum

Kauf Ihrer Waren zu bewegen, besteht darin, sie ganz einfach darum zu bitten. Sie können Millionen dafür ausgeben, Marken und ein dazugehöriges Image aufzubauen und den Leuten Gründe zu liefern, warum sie kaufen sollten, aber die Konsumenten werden für das Angebot Ihrer Wettbewerber offen bleiben, solange Sie nicht sagen: »Na los, kauft meine Waren!«

Aber das ist möglicherweise die Marketingtechnik, die viele der herkömmlichen, intellektuellen, hochgestochenen Marketingleute kategorisch ablehnen werden. Vielleicht liegt das daran, dass sie einfach nicht zugeben wollen, dass sie die Aufgabe haben, etwas zu verkaufen, und daran, dass sie nicht dafür verantwortlich gemacht werden möchten, wenn der Absatz stagniert. Aber ob es ihnen gefällt oder nicht, Preise und hochtrabende Werbespots zählen nun mal nicht. Verkäufe sind das A und O. Wenn Sie Konsumenten darum bitten, Ihre Ware zu kaufen, dann werden sie das tun – vielleicht nicht immer, aber auf jeden Fall häufiger, als wenn Sie nicht gefragt hätten. Das bedeutet letztendlich mehr Verkäufe für Sie und weniger für die Wettbewerber.

7. Kapitel

Fischen Sie dort, wo es Fische gibt

In den frühen neunziger Jahren beeilte sich die Coca-Cola-Company wie viele andere auch, in Russland, Osteuropa und Mittelasien Fuß zu fassen, um an den neuen Märkten zu verdienen, die gerade für Westwaren geöffnet worden waren. Wir bauten Fabriken, kauften Lieferwagen, etablierten Distributionssysteme. Mein Gott, waren wir aufgeregt. Einige hundert Millionen neuer Konsumenten würden nun freien Zugang zu Coke-Produkten haben.

Doch was haben wir für eine große Chance vertan!

Wir waren nicht die Einzigen. Dutzende von ausländischen Unternehmen schreiben ihre Verluste ab und ziehen sich aus den Ländern des früheren Ostblocks zurück. Wir sind alle dem Marketingansatz des Wunschdenkens auf den Leim gegangen: Wenn man nur ein Distributionsnetzwerk aufbaut und ein Produkt zur Verfügung stellt, dann werden es die Leute schon kaufen.

Taten sie aber nicht.

Zurückblickend könnte ich argumentieren, dass dieser Run auf jene Länder ganz einfach das Ergebnis wissenschaftlicher Berechnung und der Experimentierfreude war. Es gab da ein Marktpotenzial, also wollten wir es für uns reklamieren. Ich könnte auch darauf hinweisen, dass es bei der allgemein vorherrschenden Aufbruchstimmung so aussah, als könnten wir es uns nicht leisten, dass die Konkurrenz in diesem Fall die Nase vorn hatte. Wären die anderen erfolgreich gewesen, dann hätten wir wie Verlierer ausgesehen, ganz egal wie erfolgreich wir in anderen Bereichen unser Geld investiert hätten. Aber wir machten einen großen Fehler, nicht weil wir das Risiko eingingen und versuchten, weltweit zu expandieren, sondern weil wir unsere Hausaufgaben nicht gemacht hatten, weil wir die Märkte nicht gut genug verstanden und daher auch unsere Produkte nicht so draufgängerisch wie nötig vermarkteten.

Wo ist das Geld?

Wir hätten daran denken sollen, dass man niemals expandieren sollte, weder in neue Märkte noch in neue Produkte, bloß weil der Markt da ist oder man das Produkt herstellen kann. Genauso wie man niemals irgendeine Aktie kaufen würde, nur um sein Portfolio zu erweitern, ohne sich Gedanken darüber zu machen, ob sich die Investition wohl lohnen wird, genauso sollte man niemals in einen neuen Markt einsteigen oder ein neues Produkt herausbringen, ohne vorher innezuhalten und darüber nachzudenken, wie man ein Gewinn bringendes neues Geschäft damit aufbauen kann.

> »Man würde niemals irgendeine Aktie kaufen, nur um sein Portfolio zu erweitern, ohne sich Gedanken darüber zu machen, ob sich die Investition wohl lohnen wird.«

Wenn man darüber nachdenkt, ob sich der Einstieg in einen neuen Markt lohnt, dann sollte man sich zuallererst überlegen, ob die Konsumenten das Produkt überhaupt kaufen wollen oder brauchen. Anders ausgedrückt, die Frage ist nicht so sehr, wie viele Konsumenten es in einem bestimmten Markt gibt, sondern wie viele Menschen es dort gibt, die möglicherweise Ihr Produkt kaufen möchten *und* das Geld haben, dies auch zu tun.

Vor vielen Jahren wurde Coca-Cola gezwungen, sich aus Indien zurückzuziehen, weil die indische Regierung von dem Unternehmen die Formel für das Produkt verlangte und die Firma sich weigerte, sie herauszugeben. Dank der harten Arbeit vieler Leute waren wir schließlich wieder in der Lage, in den indischen Markt zurückzukehren, und wir rieben uns angesichts dieses Käuferpotentials von Millionen von Menschen, die in Indien nun unser Produkt kaufen konnten, vor Freude die Hände. Aber dann dämmerte uns, dass die meisten dieser Millionen bettelarm sind und gar keine Erfrischungsgetränke oder irgendetwas anderes kaufen können. Solange nicht mehr Inder ein höheres verfügbares Einkommen haben, wird es in Indien daher für ganz gleich welches Produkt keinen großen Markt geben. Dasselbe gilt für weite Teile des früheren Ostblocks. Wir waren unvorsichtig. Wir quantifizierten nicht das wahre Potenzial und investierten nicht entsprechend.

Das größte Potenzial bietet sich möglicherweise zu Hause

Im Laufe der Jahre ist der Einstieg in neue Märkte durch Ausweitung des Distributionssystems für viele Unternehmen, die wachsen wollen, zur offensichtlichen und einfachen Methode geworden. Wenn man sich jedoch das Ziel setzt, den Ertrag des investierten Kapitals zu maximieren, dann ist das häufig nicht der klügste Weg. Zunächst muss man sich auf diejenigen Märkte konzentrieren, die das größte Potential bieten – meistens sind das die Märkte, in denen man ohnehin schon vertreten ist –, und sicherstellen, dass man sie optimal ausschöpft. Erst dann sollte man daran denken, in andere Märkte einzusteigen. Man darf niemals vergessen, dass man, um Ware zu verkaufen, willige Konsumenten braucht, die über genügend Geld verfügen, das sie ausgeben können. Das meine ich, wenn ich sage: Fischen Sie dort, wo es Fische gibt.

»In etablierten Märkten erzielt man in der Regel bessere Ergebnisse als auf neuen Märkten. Das liegt teilweise daran, dass man in ihnen bereits einen hohen Bekanntheitsgrad der Marke aufgebaut hat, selbst bei den Leuten, die das Produkt nicht konsumieren. Man muss nicht erst viel Geld ausgeben, um die eigene Marke neu einzuführen und zu etablieren.«

Als wir bei Coca-Cola darüber diskutierten, ob das Unternehmen durch eine Expansion in neue Länder weiter wachsen könnte, brachte Roberto Goizueta die Sache auf den Punkt.

»Schaut«, sagte er, »jeder Mensch auf dieser Erde trinkt pro Tag etwa zwei Liter Flüssigkeit. Momentan liegt der weltweite Pro-Kopf-Verbrauch von Coca-Cola-Produkten aber nur bei etwa 60 Millilitern.« Bis dahin hatten wir unseren potenziellen Markt als 60 Milliliter multipliziert mit den 5,6 Milliarden Menschen dieser Erde betrachtet. Roberto wies uns darauf hin, dass es viel sinnvoller wäre, nicht nur zu überlegen, wie man mehr Menschen zum Trinken unserer Produkte bewegen könnte, sondern darüber nachzudenken, wie man die bereits vorhandenen Konsumenten dazu bringen könnte, *mehr* von unseren Produkten zu verbrauchen und andere Getränke dadurch zu ersetzen. Das bedeutete, dass es für uns allein bei den Millionen Konsumenten, die wir bereits für unsere Produkte gewonnen hatten, noch ein riesiges Wachstumspotenzial gab.

Es war schon immer meine Auffassung, dass man in etablierten Märkten bessere Ergebnisse erzielt als auf neuen Märkten. Das liegt teilweise daran, dass man in ihnen bereits einen hohen Bekanntheitsgrad der Marke aufgebaut hat, selbst bei den Leuten, die das Produkt nicht konsumieren. Man muss nicht erst viel Geld ausgeben, um die eigene Marke neu einzuführen und zu etablieren. Aber, und das ist möglicherweise noch wichtiger, es liegt auch daran, dass es leichter ist, Menschen mehr von einem Produkt zu verkaufen, die es sowieso schon kaufen.

Die Erfolgschancen sind viel besser bei Leuten, die bereits gelegentliche oder häufige Konsumenten sind, als bei denjenigen, die kein echtes Interesse an einem Produkt haben oder dessen Kauf noch nie in Erwägung zogen. Denken Sie einmal darüber nach. Wenn Sie Damenbinden vermarkten müssen, wo werden Sie dann wohl mehr verkaufen, in einem Markt mit 100 Frauen oder in einem anderen mit 1000 Männern? Die Situation mag überspitzt gezeichnet sein, weil Männer überhaupt keinen Bedarf an Damenbinden haben, aber der Grundgedanke und die Rechnung ist für andere Märkte genau gleich. Sie haben eine bessere Chance, Leuten Ihr Produkt zu verkaufen, die glauben, dass sie es brauchen oder haben wollen, als Menschen, die nicht dieser Meinung sind. Ihre Erfolgsquote wird wesentlich höher liegen.

Vor kurzem sprach ich auf einer Veranstaltung der Skibranche. Die Industrie hielt an der Strategie fest, Nichtskifahrer für diesen Sport begeistern zu wollen. Das war überhaupt nicht sinnvoll. Ich riet, die Strategie zu ändern, denn es würde viel einfacher sein, Leute, die bereits Ski fahren, zu bewegen, dies häufiger zu tun, als eine ganz neue Zielgruppe von der Bedeutung und dem Vergnügen des Skifahrens zu überzeugen.

Es ist sehr leicht, diesen Aspekt aus den Augen zu verlieren und sich von einer scheinbaren Nachfrage blenden zu lassen. Für etablierte Produkte, zum Beispiel Coke, ist der Einstieg in neue Märkte eine leichte Methode, kurzfristig zu wachsen, denn im Allgemeinen hilft die Präsenz des Produktes in etablierten Märkten dabei, auch in neuen Märkten eine gewisse Nachfrage zu fördern. Aber wenn man den Absatz wirklich dauerhaft steigern will, ist der Einstieg in neue Märkte keine effiziente Methode. Man kann mit geringeren Ausgaben wesentlich mehr in bereits etablierten Märkten verkaufen, in denen die Konsumenten das eigene Produkt oder den Service schon kennen. Man muss diese Verbraucher dazu bewegen, mehr zu kaufen und ihr Verhalten zu ändern. Man muss sie überzeugen, damit sie insgesamt mehr oder mehr von einem Produkt auf Kosten anderer kaufen. Diese Methode ist viel erfolgversprechender als der Versuch, Leute zu überzeugen, die kein echtes Interesse zeigen.

Ich möchte damit keinesfalls sagen, dass es einfach ist, Leute zu mehr Käufen oder einer Änderung ihres Verhaltens zu bewegen. Das ist nicht leicht. Tatsache ist, dass zusätzliche Verkäufe umso schwieriger zu erzielen sind, je besser ein Produkt bereits in einem Markt etabliert ist. Man muss die Definition des Produktes oder der Marke erweitern, und man muss Geld ausgeben, um diejenigen Leute zu erreichen, die das Produkt noch nicht kaufen. Außerdem muss man die bereits vorhandenen Käufer häufiger ansprechen, um ihnen mehr Gründe zu liefern, noch mehr zu kaufen. Trotzdem sind die Erfolgschancen besser in einem Markt, in dem der Bekanntheitsgrad der Marke bereits hoch ist, als in einem völlig neuen Markt.

Machen Sie Ihre Gewinn-und-Verlust-Rechnung nach Marken und Märkten getrennt

Wie viel Geld geben Sie wirklich aus? Wann beschließen Sie, dass ein alter Markt gesättigt ist und dass eine Investition in neue Märkte tatsächlich lohnender ist? Wie ich schon wiederholt erwähnt habe, lässt sich alles auf die Frage reduzieren, ob man Geld verdienen kann und wenn ja, wie viel und wie schnell. Anders ausgedrückt, man muss für jede Marke über einen bestimmten Zeitraum eine Gewinn-und-Verlust-Rechnung machen.

Ich vertrete die Auffassung, dass man so viel Geld wie möglich ausgeben soll, bis der mit dem investierten Kapital erzielte Ertrag nicht mehr akzeptabel ist. Die Entscheidung, ob man in einen Markt einsteigen soll, muss aufgrund des zu erwartenden Ertrages des investierten Kapitals getroffen werden. Man muss abschätzen, mit welchen Erträgen man in einem neuen Markt rechnen kann, und sie mit denen in bereits etablierten Märkten vergleichen. Meistens setze ich mein Geld auf bereits etablierte Märkte.

»Meistens setze ich mein Geld auf bereits etablierte Märkte.«

Das gleiche Prinzip gilt für Marken wie auch für Länder. Man muss die Daten sammeln und sie richtig nutzen. Leider machen das nur wenige Marketingleute. Viele Unternehmen sind Weltmeister im Sammeln von Verkaufsdaten auf Tages- oder sogar auf Stundenbasis; wenn sie könnten, würden sie die Zahlen für jede Minute erfassen. Aber dann stellen sie diese Daten nur alle drei Monate oder noch seltener den Kosten gegenüber. Infolgedessen wissen sie überhaupt nicht, ob sich ihre Ausgaben rentieren, denn sie haben keine Ahnung davon, was sie ausgeben. Außerdem werfen sie verschiedene Dinge in einen Topf; möglicherweise haben sie eine Gesamt-Gewinn-und-Verlust-Rechnung für einen bestimmten Zeitraum, aber sie wissen nicht, welche einzelnen Aktivitäten und Ausgaben sich wirklich gelohnt haben und welche nicht. Bei Coke führten wir eine Gewinn-und-Verlust-Rechnung für jede einzelne Marke ein – pro Monat und in manchen Fällen auch für einzelne Maßnahmen oder bestimmte Leute. Meine Prämisse war eine ganz einfache: Wenn man Geld ausgibt, muss man auch welches verdienen. Und um zu wissen, ob man Geld verdient, muss man eine Gewinn-und-Verlust-Rechnung machen, und zwar häufig.

Hören Sie nicht auf, Geld auszugeben, wenn ein Markt sich im Umbruch befindet

Wenn sich ein Markt im Umbruch befindet, dann ist es besonders wichtig, exakte Gewinn-und-Verlust-Rechnungen zu haben. Denn irgendwann wird man entscheiden müssen, ob der Markt nur kurzzeitig in Schwierigkeiten ist oder ob er langfristig schrumpft und man besser aussteigen sollte. Wenn ein Markt oder eine ganze Wirtschaft ins Trudeln gerät, sollte man auf keinen Fall der Versuchung nachgeben, sofort die Ausgaben zu kürzen. Man sollte in schwierigen Zeiten nicht nur deshalb die Ausgaben unverändert lassen, damit man keine Kunden verliert, sondern man sollte sich auch bewusst machen, dass kritische Zeiten eine wunderbare Wachstumschance bieten.

»Wenn die Leute verwirrt sind und nicht wissen, was sie denken sollen, dann ist dies eine günstige Gelegenheit für Sie, es ihnen zu sagen.«

Wenn die Leute verwirrt sind und nicht wissen, was sie denken sollen, dann ist dies eine günstige Gelegenheit für Sie, es ihnen zu sagen – das ist der eine Punkt. Außerdem werden vermutlich die meisten Ihrer Wettbewerber die Ausgaben kürzen, wenn die Zeiten unsicher sind, was Ihnen die Möglichkeit gibt, Ihren Marktanteil zu erhöhen.

Im Jahr 1994 wurde die mexikanische Währung abgewertet. Zu der Zeit war ich Ski fahren und gerade in einem Lift, als ich jemanden sagen hörte: »Mexiko wertet seine Währung ab.« So schnell ich nur konnte, kam ich von dem Berg herunter und rief Doug Ivester, den Präsidenten von Coke, an und sagte ihm, dass wir uns um Mexiko kümmern müssten, weil die Leute vor Ort vermutlich sofort versuchen würden, ihre Marketingausgaben zu reduzieren und wir dadurch unser Geschäft völlig zerstören könnten. Er stimmte mir zu. Wir wussten, dass die Mexikaner durch die dramatischen Veränderungen in ihrem Leben und ihres verfügbaren Einkommens völlig verunsichert sein würden. Die Reichen würden nicht mehr nach Houston in Texas fahren können, um im Galleria-Einkaufszentrum zu kaufen, sie würden sich auch keine ausländischen Autos oder amerikanische Handys mehr leisten können, weil die Dinger auf einmal doppelt so teuer werden würden. Und die Armen im Lande würden sich Sorgen ums tägliche Brot machen.

Für uns ging es nun nicht mehr um den Kampf um Marktanteile oder die Vorlieben der Leute. Wir mussten um einen Anteil am verfügbaren Einkommen der Menschen kämpfen. Wir würden mit jedem anderen Produkt und jeder anderen Dienstleistung auf dem mexikanischen Markt konkurrieren müssen; der Plan war, sofort zu handeln und sicherzustellen, dass die Konsumenten nicht vergaßen, Coke zu kaufen.

Da unsere Leute in Mexiko natürlich den gleichen Umbruch erlebten wie alle anderen Mexikaner auch, wussten wir, dass sie instinktiv versuchen würden, ihre Ausgaben zu kürzen. Also entwickelten wir einen Plan, wie man das Geld umverteilen konnte. Wir reduzierten die Kosten teilweise, aber wir sorgten dafür, dass wir überall präsent blieben; infolgedessen wuchs unser Absatz 1994 fast dreimal so schnell wie der des Gesamtmarktes und unserer Wettbewerber. Auch im folgenden Jahr stiegen unser Absatz und unser Marktanteil stark an, denn wir machten weiterhin Werbung, redeten mit den Konsumenten und sagten ihnen, warum sie unser Produkt kaufen sollten.

Sicherlich, diese Strategie konnte einem Angst einflößen. Sicherlich, wir mussten eine Zeit lang andere Ausgaben kürzen. Aber da unsere Gewinn-und-Verlust-Rechnung ein positives Bild zeichnete, wussten wir immer genau, wo wir standen, was funktionierte und was nicht; so konnten wir uns durch das Problem hindurchlavieren.

Ein wunderbarer Zusatzeffekt von Ausgaben in schwierigen Zeiten ist die Tatsache, dass Sie mit Ihrem Produkt zusätzliche Werte verbinden können, was letztendlich heißt, dass Sie mehr dafür verlangen können. Wenn die Leute über wenig Geld verfügen und sich Sorgen machen, dann kaufen sie nur die Produkte, ohne die sie nicht zu leben können glauben. Sie möchten natürlich, dass Ihr Produkt dazugehört, auch wenn man streng genommen durchaus ohne ein Produkt wie Coke leben kann. Um es trotzdem zu schaffen, müssen Sie mit den Leuten reden. Wenn Sie Menschen dazu bewegen können, Ihr Produkt in einer alles andere als idealen Situation zu kaufen, dann überzeugen Sie diese Menschen damit auch, dass Ihr Produkt wirklich wertvoll ist. Später, wenn die Zeiten wieder besser sind, wird nach wie vor in den Gedanken der Leute tief verwurzelt sein, wie sehr sie Ihr Produkt schätzen.

Neue Produkte müssen auch etwas Neues bieten

Was neue Produkte im Vergleich zu etablierten betrifft, so habe ich diesbezüglich die gleiche Einstellung wie zu neuen Märkten im Vergleich zu alten. Es gibt nur einen Grund, aus dem man neue Produkte einführen sollte: um Geld zu verdienen. Wenn Sie also alles durchrechnen und dann überzeugt sind, dass Sie Ihren Gesamtgewinn eher dadurch erhöhen können, dass Sie ein neues Produkt einführen, anstatt ein altes intensiver zu vermarkten, dann sollten Sie es tun. Aber wenn Sie nur daran denken, ein neues Produkt auf den Markt zu bringen, weil Ihr Wettbewerber das gerade getan hat, dann denken Sie wie ein herkömmlicher Marketingmensch – und Sie werden Ihren Gewinn nicht maximieren.

Nehmen Sie bloß nicht an, Ihr Wettbewerber sei schlauer als Sie oder wisse etwas, wovon Sie noch nichts gehört haben. Und helfen Sie Ihrem Wettbewerber nicht aus der Patsche, indem Sie sich zu ihm in eine unsinnige Warenklasse gesellen.

»Wenn das Vermarkten neuer Produkte zum Selbstzweck wird, dann ist das faules Marketing.«

Wenn das Vermarkten neuer Produkte zum Selbstzweck wird, dann ist das faules Marketing. Sie sollten nur dann neue Produkte einführen, wenn Ihnen das den Weg in eine langlebige Warengruppe ebnet. Neue Artikel müssen ein Wachstumspotenzial haben, das Sie mit Ihren etablierten Produkten nicht mehr erreichen, oder Sie müssen direkt oder indirekt in völlig neue Kategorien vorstoßen. Sie sollten so lange die Finger von einer Einführung lassen, bis Sie sicher sind, dass Sie mit Ihren bereits vorhandenen Produkten die Wünsche und Bedürfnisse von keinem zusätzlichen Konsumenten mehr befriedigen können (bzw. keine zusätzlichen Wünsche und Bedürfnisse Ihrer gegenwärtigen Kunden).

Neue Produkte sind wichtig, um eine Position zu erreichen, die man mit gewissen Marken einfach nicht erreichen kann. Ich habe bereits über das Immunsystem einer Marke gesprochen. Es ist ziemlich klar, dass Coca-Cola mit Zitronengeschmack kein großer Hit werden wird; wenn man also im Markt für Zitrus-Erfrischungsgetränke mitmischen will, dann muss man ein entsprechendes Produkt einführen. Sollte man dafür das Coca-Cola-Warenzeichen verwenden? In diesem Fall stellt sich die Frage, ob das Warenzeichen flexibel genug ist, um auch für andere Warengruppen verwendet werden zu können. Im Fall von Coke und Zitrus-Erfrischungsgetränken ist die Antwort ein klares Nein.

Egal, ob man nun eine völlig neue Marke einführt, wie beispielsweise Sprite, oder auf der Basis einer etablierten Marke eine Produktkategorie ausweitet, wie beispielsweise mit Diet Coke, die Probleme sind vielfach die gleichen. Sie müssen vor allem sicherstellen, dass Ihr neues Produkt in wenigstens einem Aspekt völlig anders als ihr etabliertes Produkt ist. Gleichzeitig müssen Sie auch daran arbeiten, dass Ihr altes Produkt sich nach wie vor gegenüber dem Wettbewerb behauptet.

Wenn Sie ein neues Produkt einführen, dürfen Sie die alten nicht ignorieren

Eine Ausweitung einer Produktkategorie, die wie kaum eine andere gefeiert wurde, war Miller Lite. Üblicherweise trinken Bierliebhaber gerne eine Menge. Stundenlang in geselliger Runde ein Bier nach dem anderen herunterzukippen, ist Teil der gesamten Bierkultur. Eines der Haupthindernisse für die Ausweitung des Bierabsatzes bestand jedoch darin, dass die Leute nach acht oder zehn Bierchen aufgrund des Nährwertes einfach satt waren und nicht mehr weitertrinken konnten. Daher kam Miller der Gedanke, dass das Unternehmen mehr Bier verkaufen könne, wenn es ein Produkt mit weniger Kalorien auf den Markt brächte.

Ein Ansatz hätte darin bestehen können, die Produkteigenschaften neu zu definieren, das heißt, den Verkaufsschlager Miller High Life so zu positionieren, dass dieses Produkt den Leuten ein Gefühl von weniger Völle gab als andere Marken. Aber Miller High Life war eine lebendige und beliebte Marke. Daher beschloss die Brauerei Miller, ein kalorienarmes Bier einzuführen. Mit der berühmten Kampagne »Great Taste, Less Filling« [Toller Geschmack, weniger sättigend] definierte Miller eine neue, wirklich coole Kategorie, und Miller Lite wurde zu der Marke, die innerhalb ihrer Warengruppe am schnellsten wuchs.

»Als (Miller) Miller Lite einführte, verliebten sich alle im Unternehmen in das Produkt und vergaßen ihre anderen Produkte.«

Aber als das Unternehmen Miller Lite einführte, verliebten sich alle im Unternehmen in das Produkt und vergaßen leider ihre anderen Produkte. Miller Lite wurde als ein leichtes Bier propagiert, das kein Völlegefühl hervorruft, aber das Unternehmen unternahm keinen Versuch, den Konsumenten auch zu sagen, warum sie weiterhin High Life trinken sollten. Es tat auch nichts, um Leuten, denen kalorienarme Biere egal waren, klarzumachen, warum sie High Life anstelle von Budweiser, Heineken oder Corona trinken sollten. Genau wie die Einführung eines jeden anderen neuen Produktes hatte die Einführung von Lite den ganzen Markt durcheinander gebracht, und Miller nahm das einfach nicht zur Kenntnis. Stellen Sie sich das einmal vor: Es initiierte die Veränderung, und dann reagierte es überhaupt nicht darauf. Klar wie Kloßbrühe, was dann passierte: Aus dem Absatz von Miller High Life war die Luft raus.

Aber es kam noch schlimmer: Während sich die Leute bei Miller gegenseitig auf die Schultern klopften, weil sie diese völlig neue Warengruppe der leichten Biere erfunden hatten, kam Anheuser-Busch daher und stahl ihnen den Markt. Es nutzte die Stärke der Marke Budweiser als Basis, führte Bud Light ein, positionierte Budweiser neu und eroberte damit Marktanteile auf Kosten von Miller High Life. Da Miller ihm die Arbeit abgenommen und bereits die neue Warengruppe der leichten Biere geschaffen hatte, musste sich Anheuser-Busch damit keine Mühe geben. Miller hatte sich sehr angestrengt, um Lite von anderen Bieren zu differenzieren, einschließlich der eigenen Marke High Life. Da dieser Unterschied bereits in den Köpfen der Konsumenten verankert war, konnte Anheuser-Busch einen völlig anderen Ansatz wählen und sagen: »He, von eurer Lieblingsmarke Budweiser gibt es jetzt auch eine kalorienarme Version.« Bud Light wurde zu dem, was ich als »aufmüpfigen Etablierten« bezeichne – der neue Macho im Viertel, der den bisherigen Platzhirsch Miller Lite herausforderte, und das mit der Stärke der etablierten Marke Budweiser, dem Lieblingsbier der Amerikaner, im Hintergrund. Und da sich die Leute bei Miller immer noch im Glanz ihres Anfangserfolges sonnten, änderten sie ihre Taktik nicht, um sich des Angriffs zu erwehren. Als dann Anheuser-Busch den Leuten sagte: »Don't ask for a Lite, ask for a Bud Light« [Verlangen sie nicht einfach ein kalorienarmes Bier, verlangen sie Bud Light], folgten diese der Aufforderung.

Die Macht des aufmüpfigen Etablierten

Was Budweiser mit Bud Light veranstaltete, machen die Zahnpastahersteller laufend. Wann immer eine neue Markteinführung stattfindet oder ein altes Produkt verbessert wird, weiten sie ihre Produktpalette aus, um die neuen Eigenschaften auch anzubieten.

Jahrelang fand die große Zahnpastaschlacht zwischen Colgate und Crest statt. Colgate versprach weiße Zähne und Crest warb mit der American Dental Association, die die Behauptung unterstützte, das Produkt helfe, Löcher in den Zähnen zu bekämpfen. Dann kam Close-Up, das erste Gel, auf den Markt und behauptete: »Wir machen Ihre Zähne nicht nur sauberer, wir bringen Ihnen auch einen Frischegeschmack.« Das war eine tolle Behauptung, und das Produkt eroberte einen beträchtlichen Marktanteil.

Bald folgten die Gels von Colgate und Crest, die nach wie vor alle bisherigen Eigenschaften anpriesen – zusätzlich zu den reinigenden und erfrischenden Charakteristika von Close-Up. Danach kamen der Pumpspender und die Backpulver-Zahncreme von Arm & Hammer. Jedes Mal schlossen Procter & Gamble und Colgate zu dem Neuankömmling auf. Nachdem es jahrelang die Rolle des aufmüpfigen Etablierten spielte, ist Colgate dann jedoch vor kurzem in die Offensive gegangen und hat all die genannten Eigenschaften in einem Produkt vereinigt, sowohl das Gel als auch das Backpulver, und Colgate Total auf den Markt gebracht. Von dem Produkt wird behauptet, dass es gleichzeitig Karies verhindert, für einen frischen Atem sorgt, Zahnstein reduziert und Parodontose bekämpft. Die Strategie des aufmüpfigen Etablierten ist gut, wenn Ihr Wettbewerber gerade mit einer tollen Idee auf den Markt kommt, aber viele Marketingleute machen den Fehler, zu glauben, das genüge. Dem ist nicht so.

»Die Messlatte lässt sich immer noch ein bisschen höher legen, und Sie müssen sicherstellen … dass Sie es sind, der das tut.«

Letztendlich muss man die Initiative ergreifen und selbst das Geschehen bestimmen. Geben Sie sich nicht damit zufrieden, bloß einer der Spieler zu sein. Egal welches Produkt Sie haben und in welchem Markt Sie sind, kein Produkt ist jemals absolut perfekt. Es gibt immer die Möglichkeit, Zähne noch weißer zu machen, den Atem frischer, die Haare weicher, die Wirkung auf den Schmerz schneller und effektiver. Die Messlatte lässt sich immer noch ein bisschen höher legen, und Sie müssen sicherstellen, dass Sie es sind, der das tut.

Die Mengenfalle

Ob Sie es nun mit einer neuen Produkteinführung versuchen oder Ihre alten Produkte neu definieren, Sie müssen immer daran denken, dass Ihr Unternehmen das Ziel hat, Geld zu verdienen. Die Begründung für die Einführung eines neuen Produktes, die man am häufigsten hört, ist die, dass man damit einen Wettbewerber stoppen oder das Absatzvolumen ausweiten will. Das häufigste Argument gegen die Einführung eines neuen Produktes lautet, dass man damit die eigenen etablierten Produkte kannibalisiere. Es gibt gute Gründe, neue Produkte einzuführen oder es sein zu lassen, aber die eben genannten gehören nicht dazu. Was der Wettbewerber tut, ist nur dann von Bedeutung, wenn er Ihnen mit dem, was er tut, Geschäfte wegnimmt oder einen neuen Markt erobert, der eigentlich Ihnen gehören sollte.

»Neue Produkte können …
das Absatzvolumen beträchtlich ausweiten,
ohne dass man mit ihnen jemals Geld
verdient. Aber Sie sollten immer daran denken:
Ihre Aufgabe ist es nicht, die Absatzmenge
zu maximieren, sondern den Gewinn.«

Für sich alleine genommen ist das Volumen auch der falsche Ansatzpunkt. Neue Produkte können trügerisch sein, weil sie nämlich das Absatzvolumen beträchtlich ausweiten, ohne dass man mit ihnen jemals Geld verdient. Daher sollten Sie immer daran denken: Ihre Aufgabe ist es nicht, die Absatzmenge zu maximieren, sondern den Gewinn. Bei Coca-Cola hatten wir ein großartiges Produkt namens Fanta, aber von allen unseren Marken wurde Fanta wahrscheinlich am meisten missbraucht. Wann immer wir einen neuen Geschmack brauchten oder, besser gesagt, wann immer wir ein paar Kästen mehr Erfrischungsgetränke verkaufen mussten, führten wir noch eine weitere Geschmacksrichtung ein. Unglücklicherweise passten eine ganze Reihe dieser Geschmacksrichtungen – beispielsweise Kaktusfrucht, Apfel oder Himbeere – überhaupt nicht zu der grundsätzlichen Markenstruktur. Grundsätzlich war Fanta eine Marke mit Zitrusgeschmack. Es war spritzig, machte Spaß und wurde hauptsächlich von Kindern getrunken. Mit den neuen Geschmacksrichtungen verwischten wir jedoch die Integrität und die Identität der Marke. Natürlich brachte uns jede neue Geschmacksrichtung einen schnellen Anstieg des Absatzvolumens, aber als wir anfingen, uns die G + V für jeden einzelnen Geschmack anzusehen, wurde uns klar, dass wir zwar das Volumen ausweiteten, dass aber die Rentabilität der Gesamtmarke rasch sank. Wenn wir der Erosion nicht bald entgegenwirkten, würden wir letztendlich überhaupt kein Geld mehr mit der Marke verdienen.

Schauen Sie sich nur an, was in Schnellimbissketten passiert ist – McDonald's, Burger King und Wendy's –, nachdem sie anfingen, sich zu sehr auf das Absatzvolumen zu konzentrieren. Sie fingen alle damit an, eine Menge von Geschäften aufzubauen und sich zu freuen, wenn die Kunden hineinströmten. Aber sie vergaßen, dass die mit den Läden und deren Einrichtung verbundenen Kosten zu hoch waren. Als sie anfingen, den wirtschaftlichen Zusatznutzen ihrer Entscheidung zu untersuchen, kamen sie zu dem Schluss, dass sie für die Aktionäre des Unternehmens keinen Zusatzgewinn erwirtschafteten, sondern die Rentabilität in den Keller fuhren. Boston Chicken ging in die gleiche Falle, machte aber einen noch größeren Fehler – das Unternehmen eröffnete zu viele Geschäfte und weitete seine Produktpalette zu weit aus, als es sich zu Boston Market entwickelte.

Man vergisst nur zu leicht, dass es nicht um zusätzliches Volumen geht, das nichts einbringt – es geht um den zusätzlichen Gewinn durch diese Volumensausweitung.

Stellen Sie sicher, dass die Kannibalen Ihre Wettbewerber fressen, nicht Sie selbst

Kümmern Sie sich um Ihre etablierten Marken, wenn Sie befürchten, dass Ihnen die Gefahr einer Kannibalisierung droht. Aber machen Sie sich keine Sorgen darum, dass Sie mit der Einführung eines neuen Produktes ihren alten Produkten das Wasser abgraben könnten. Wenn Ihre etablierten Produkte nicht stark genug sind, um gegen einen neuen Wettbewerber anzutreten, dann wird Ihre Konkurrenz das schnell genug herausfinden. Wenn Sie schon Kunden verlieren, dann verlieren Sie diese besser an eines Ihrer eigenen Produkte als an einen Wettbewerber.

Die kritische Frage, die man sich stellen muss, wenn man über eine Kannibalisierung nachdenkt, ist, ob der Ertrag des gesamten investierten Kapitals höher sein wird, wenn man ein neues Produkt einführt oder eine Produktfamilie ausweitet. Oft ist die beste Lösung, beides zu tun. Es ist wahrscheinlich, dass ein neues Produkt Ihren etablierten Produkten Marktanteile wegnehmen wird. Sie müssen daher herausfinden, ob das neue Produkt auch das Absatzvolumen und/oder den Gewinn Ihres Wettbewerbers schmälern wird oder ob es gar den ganzen Markt ausweitet, so dass sich jeder ein Stück von dem größeren Kuchen abschneiden kann und gewinnt. Es ist ungeheuer wichtig, genau kontrollierte Konsumentenmarktforschung zu betreiben und herauszufinden, woher das Absatzvolumen für das neue Produkt kommen wird und warum. Dann erst muss man entscheiden, ob sich bei den zu erwartenden Erträgen die Investition lohnt.

»Cherry Coke ... kannibalisierte unser etabliertes Produkt Coca-Cola, aber seine Einführung lohnte sich trotzdem, denn es nahm Pepsi viel mehr Volumen weg.«

Die Einführung von Cherry Coke durch Coca-Cola ist ein gutes Beispiel für ein neues Produkt, das unser etabliertes Produkt Coca-Cola kannibalisierte, aber seine Einführung lohnte sich trotzdem, denn es nahm Pepsi viel mehr Volumen weg. Pepsi präsentierte sich selbst als aufregendes, forsches Produkt, während sich Coke mehr auf die Aspekte Zuverlässigkeit und Behaglichkeit konzentrierte. Daher wurde Cherry Coke als der freche Cousin von Coke dargestellt und mit einer Kampagne beworben, in der man Leute aus Flugzeugen springen sah. Aufgrund der bestehenden Positionierung von Coke und Pepsi sprach dieser Ansatz am meisten die Leute an, die bisher Pepsi tranken. Natürlich verlor auch das klassische Coke ein paar Kunden, aber Pepsi verlor mehr, und insgesamt macht die Coca-Cola-Company mehr Umsatz und mehr Gewinn.

T + A + CO = S, das Marketingrezept eines Mexikaners

Bei Diet Coke verfolgten wir dagegen die Strategie, den Gesamtmarkt auszuweiten. Der bei der Einführung von Diet Coke gewählte Ansatz basierte auf Elementen, die ich später in einem Modell nutzte, das ich während meiner Beratertätigkeit entwickelte. Ich nannte es TACOS. TACOS steht für *Trademark* [Warenzeichen] + *Area* [Geschäftsbereich] + *Consumer Offering* [Angebot an die Konsumenten] = *Success* [Erfolg]. Das heißt, dass die Summe aus dem Umfang des eigenen Warenzeichens im Vergleich zu dem der Wettbewerber, der Größe des Geschäftsumfeldes, in dem man sich dem Wettbewerb stellt, und dem Angebot an die Konsumenten, das heißt dem einzigartigen Verkaufsargument, die Größe des zu erwartenden Erfolgs angibt. Wir testeten dieses Konzept an der Hypothese, dass Diet Coke größere Erfolgsaussichten haben würde als Tab.

»Das Pepsi-Warenzeichen war viel umfassender als das von Tab, und es war erfolgreicher.«

Tab war nur ein sehr kleines Warenzeichen. Es war als Warenzeichen bekannt, sprach aber nicht besonders an. Es stand im Wettbewerb mit den kalorienarmen Erfrischungsgetränken, die damals eine mittelgroße Warengruppe waren und etwa zehn Prozent des Erfrischungsgetränkemarktes ausmachten. Das einzigartige Verkaufsargument von Tab war der Gedanke, dass man damit Kalorien sparen und der Figur nicht schaden würde. Es erreichte etwa vier Prozent Marktanteil bei den Erfrischungsgetränken. Pepsi hatte in diesem Marktsegment zwei Produkte, Diet Pepsi und Pepsi Light, das einen ganz leichten Zitronengeschmack hatte. Zusammen hatten die beiden Produkte mit insgesamt 4,1 Prozent einen etwas größeren Marktanteil als Tab.

Wir schauten uns die Situation genau an und stellten fest, dass das »A« der Gleichung, das heißt das Geschäftsumfeld, für Pepsi und Tab das gleiche war, außerdem war das »CO«, also das einzigartige Verkaufsargument – in diesem Fall die niedrigen Kalorien und der neutrale Effekt auf die Figur –, für beide gleich. Aber das Pepsi-Warenzeichen war wesentlich umfassender als das von Tab, daher war der Erfolg von Pepsi auch größer. Also beschlossen wir, im Markt der kalorienarmen Getränke das Tab-Warenzeichen durch das Coke-Warenzeichen zu ersetzen und den Konsumenten ein neues Angebot zu machen, das mehr Leute ansprechen würde.

Im Erfrischungsgetränkemarkt war das Coke-Warenzeichen das stärkste Warenzeichen überhaupt. Es war ein riesiges »T«, das einen viel größeren Erfolg versprach als das kleine »T«, das mit Tab verbunden war. Das Geschäftsumfeld hatte die gleiche Größe von zehn Prozent des Gesamtmarktes, aber wir schätzten, dass sich der Markt mit dem Eintritt von Diet Coke beträchtlich ausweiten würde. Und hinsichtlich des einzigartigen Verkaufsargumentes beschlossen wir, die Kalorien zu ignorieren und uns auf den Geschmack zu konzentrieren. Diet Coke sollte allein seines Geschmacks wegen getrunken werden. Dies wurde durch neuartige Süßstoffe möglich gemacht, die den gesamten Markt der kalorienarmen Getränke verändern sollten. Aufgrund des umfassenderen Warenzeichens und des besseren Verkaufsargumentes rechneten wir uns aus, dass der Markt beträchtlich wachsen würde und damit auch unser Erfolg. Also prognostizierten wir, dass Diet Coke allein einen zehnprozentigen Anteil am Erfrischungsgetränkemarkt erringen oder, anders ausgedrückt, dass dieser Anteil genauso groß werden würde wie der damalige gesamte Markt für kalorienarme Getränke.

Wir planten, diesen Markt zu verdoppeln und einen Anteil von 50 Prozent zu erringen. Letztendlich erzielte Diet Coke dann einen Marktanteil, der zweieinhalbmal so groß war wie der von Tab.

Der Markt für herbe Biersorten ist ein anderes gutes *TACOS*-Beispiel. Die herben Sorten hatten einen höheren Alkoholgehalt als die üblichen Sorten und wurden zuerst von Sapporo in Japan als Super Dry eingeführt. In den Vereinigten Staaten stieg Budweiser mit einer Marke namens Bud Dry zuerst in diesen Markt ein und Miller hatte ernsthafte Pläne, in diesem Bereich mitzumischen. Zu der Zeit arbeitete ich als Berater für Miller, daher wandten wir das *TACOS*-Modell auf den Plan an. Wir kamen zu dem Ergebnis, dass die Miller-Marke im Vergleich zu Bud nur etwa halb so groß war. Der Markt für herbe Biersorten ist sehr, sehr klein, und wir hatten kein wirklich gutes Verkaufsargument. Wenn wir also alles addierten, ein relativ unbedeutendes Warenzeichen, einen kleinen Markt, ein schwaches Verkaufsargument, kamen wir zu dem Ergebnis, dass Miller damit kein Geld verdienen konnte. Klugerweise entschied das Unternehmen, den Markt links liegen zu lassen. Durch diese Entscheidung verlor Bud Dry sozusagen seine Daseinsberechtigung, was letztlich zum Verschwinden der ganzen Warengruppe führte.

Mitunter kann es die richtige Entscheidung sein, das, was die Wettbewerber tun, einfach zu ignorieren und nicht in einen Markt einzusteigen, aber in anderen Situationen muss man sich auf einen Markt begeben, um die Kontrolle über den Dialog mit dem Konsumenten zu übernehmen, auch wenn dieser Schritt zunächst nicht sehr sinnvoll erscheint. Ich habe bereits über Crystal Pepsi geschrieben und darüber, wie Coke dem Produkt mit Tab Clear entgegentrat, um den Dialog zu dominieren und Pepsi zu zwingen, mit seinem zuckerhaltigen Produkt im kalorienarmen Markt zu konkurrieren. Nachdem wir unter den Konsumenten genügend Verwirrung gestiftet und damit die Warengruppe zum Verschwinden gebracht hatten, betrachteten wir dies als großen Erfolg. Genauso hätten wir uns bei Miller Bud Dry aus einer anderen Perspektive ansehen können und hätten uns vielleicht entschieden, Anheuser-Busch von seiner großen Budweiser-Marke abzulenken und zu bewegen, Ressourcen davon abzuziehen und in die winzige Marke Bud Dry zu stecken. Aber die getroffene Entscheidung war genau die richtige für Miller, und es war eine Entscheidung, die auf einer nüchternen G+V-Rechnung und einer wohl überlegten Strategie basierte; es war keine kopflose Reaktion auf eine Handlung des Wettbewerbers.

Finden Sie die Quelle für Ihr Geschäft (S.O.B.)

Der Grundgedanke dieses ganzen Kapitels, ja der Grundgedanke von allem, was ich in diesem Buch schreibe, ist der, dass man niemals aufhören darf, sich auf den Gewinn zu konzentrieren.

»Sie müssen herausfinden,
was die Leute nicht mehr kaufen,
sobald sie Ihr neues Produkt kaufen.«

Alles was man tut, ob man nun entscheidet, in einen neuen Markt einzusteigen oder es nicht zu tun, ein neues Produkt einzuführen oder es zu lassen, muss als Antwort auf eine grundlegende Frage erfolgen: Wie erziele ich mit meinem investierten Kapital den größten Ertrag und wie mache ich den größtmöglichen Gewinn? Um die Antwort auf diese Frage zu finden, denke ich immer an S.O.B.

Nein, S.O.B. heißt nicht das, was Sie vielleicht glauben. S.O.B. steht für Source Of Business [Wo kommt das Geschäft her?]. Wer wird Ihr Produkt kaufen und wo werden die Leute das Geld dafür hernehmen? Wenn Sie ein neues Produkt einführen wollen, dann müssen Sie herausfinden, was die Leute nicht mehr kaufen, sobald sie Ihr neues Produkt kaufen. In gewisser Weise hat man es mit einem Nullsummenspiel zu tun.

Gelegentlich schaffen neue Produkte einen ganz neuen Markt, Computer beispielsweise. Mitunter kann ein neues Produkt auch zu einer Markterweiterung führen, wie es Diet Coke gelang. Aber selbst wenn ein neues Produkt den Markt ausweitet, wird zumindest am Anfang der Verkauf des neuen Artikels auf Kosten eines etablierten Produktes gehen. Das heißt, dass Sie darüber nachdenken müssen, ob das, was Sie anbieten wollen, Konsumenten mehr ansprechen wird als das, was bereits angeboten wird. Wenn es attraktiver ist, auf Kosten welches anderen Produktes wird es sich etablieren? Auf Kosten eines Ihrer eigenen Produkte? Zulasten eines anderen?

Sogar Produkte, die etwas völlig Neues sind, wie die Post-it-Haftnotizen, beeinträchtigen den Absatz irgendeines anderen Produktes. Denn Post-it-Notizen veränderten das Konsumentenverhalten zwar grundlegend und schufen einen ganz neuen Markt, aber sie ersetzten den Notizzettel, auf dem man bisher umfangreichere Mitteilungen aufgeschrieben hatte. Das Produkt weitete die Definition aus und führte zu neuen Anwendungsmöglichkeiten, aber es verdrängte etwas, was bereits etabliert war.

Dort zu fischen, wo es Fische gibt, sollte auch Teil der S.O.B.-Überlegungen sein; denn selbst wenn es für ein Produkt ein enormes Potenzial gibt, selbst wenn Konsumenten es brauchen und gerne kaufen möchten, so können sie es doch nicht kaufen, wenn sie nicht über das nötige Kleingeld verfügen. Konzentrieren Sie sich also auf die Länder mit dem notwendigen verfügbaren Einkommen. Schauen Sie sich die Politik in diesen Ländern an und die wirtschaftliche Situation. Unterstützt die Regierung eine freie Marktwirtschaft? Welche Wachstumschancen haben das BIP und das BSP? Wie gut sind die Aussichten, dass Wirtschaftswachstum zu mehr Wohlstand und verfügbarem Einkommen für einen Großteil der Bevölkerung führt? All dies müssen Sie berücksichtigen, um sicherzustellen, dass Ihre Modelle sich verwirklichen lassen und nicht einfach nur auf dem guten Willen oder dem Wunschdenken der Konsumenten basieren, die Ihr Produkt gerne haben möchten, sondern auf realistischen wirtschaftlichen Perspektiven.

Es ist ganz erstaunlich, wie viele Marketingleute an solche Sachen überhaupt nicht denken. Sie begeistern sich für irgendeinen neuen Artikel, weil sie glauben, damit ein Kaninchen aus dem Hut zaubern und eine großartige Saison einleiten zu können, und sie stürzen sich darauf, ohne die Sache gründlich zu durchdenken. Also, um ganz sicher zu gehen, noch einmal zur Erinnerung: Überlegen Sie, wo das Geschäft überhaupt herkommen wird, denn das wird es Ihnen möglich machen, eine Basis für Ihre Marke zu finden und festzustellen, was Sie tun müssen, um in dem gewählten Markt wirklich von Bedeutung zu sein.

Denken Sie an das Wachstumspotenzial

Ich habe immer geglaubt, Ziel eines jeden Marketingfachmanns sei es, das gesamte Marktwachstum für sich zu vereinnahmen – das organische Wachstum, das Wachstum aufgrund des wirtschaftlichen Wachstums, das durch die Konkurrenz geschaffene Wachstum sowie das Wachstum, das man selbst schafft. Wer das tut, dessen Marktanteil wird ganz natürlich wachsen. Ich bin aber zu dem Schluss gekommen, dass dieses Ziel nicht ambitioniert genug ist. Wenn man wirklich den Gewinn maximieren will, dann muss man das ganze Wachstumspotenzial vereinnahmen. Natürlich ist das ein theoretisches Ziel, das man niemals erreichen wird, aber es ist trotzdem wichtig, sich dieses Ziel zu stecken, denn es hilft einem, auf neue und konstruktive Weise über die Situation nachzudenken.

Hauptsächlich regt es einen zum Nachdenken darüber an, wie groß der potenzielle Markt wirklich ist und mit welchen Wettbewerbern man es zu tun hat. Wenn Sie Erfrischungsgetränke in Japan verkaufen, dann konkurrieren Sie gegen grünen Tee und Kaffee. In Irland muss man gegen Bier als Konkurrenz antreten. In Russland und einer Reihe Entwicklungsländer befindet man sich im Wettbewerb mit Schokoriegeln, Zeitschriften und all den anderen Sachen, die Leute gerne kaufen möchten, wenn sie nur ein bisschen Geld zur freien Verfügung übrig haben. In Ländern wie Indien schließlich konkurriert man gegen wirklich alle anderen Waren.

»Taco Bell … hatte die Idee für einen ganz neuen potenziellen Markt und machte ein großartiges neuartiges Angebot.«

Eines der besten Beispiele dafür, dass sich eine derartige Wettbewerbsanalyse lohnt, ist die Kette Taco Bell. Taco Bells Anfänge liegen im Gesamtmarkt für mexikanisches Essen. Die potenziellen Kunden waren Leute, die mexikanisches Essen mochten und danach suchten, sowie diejenigen, die solches Essen gelegentlich konsumierten, um einmal eine Abwechslung zu haben. Das Produkt definierte den Markt: Tacos anstelle von Hamburger oder Pizza. Das Problem bestand jedoch darin, dass Taco Bell in diesem Umfeld mit allen anderen mexikanischen Restaurants konkurrieren musste, einschließlich vieler, die wesentlich besseres Essen servierten; außerdem war der Gesamtmarkt nicht besonders groß.

Aber als Taco Bell sich die Situation genau ansah und über seine Wettbewerber nachdachte, hatte das Unternehmen die Idee für einen ganz neuen potenziellen Markt und machte ein großartiges neuartiges Angebot. Die Konkurrenz war eben nicht Pedro's Cantina ein paar Häuser weiter in der gleichen Straße, sondern McDonald's, Burger King, Kentucky Fried Chicken und alle anderen Unternehmen im Schnellimbissgeschäft. So begann Taco Bell, das Schnellimbisserlebnis auf der Basis des leichten Verzehrs und niedriger Preise neu zu definieren. Es führte einen Taco für umgerechnet etwa eine Mark ein, vermittelte den Konsumenten ein ganz neues Gefühl dafür, was eine schnelle Mahlzeit sein sollte, und veränderte so den ganzen Markt. Wahrscheinlich haben auch Sie von den Vorteilen dieses Frontalangriffs von Taco Bell profitiert, denn infolgedessen sanken die Preise für Hamburger.

Wachstum ist das Ziel

Letztendlich ist Wachstum das Ziel, denn ohne Wachstum geht gar nichts. Irgendetwas einzuführen oder taktische Maßnahmen zu ergreifen, die nicht zu Wachstum führen, ist der Mühe nicht wert. Jeder, der studiert, liest oder versucht, sich irgendwie weiterzubilden, bemüht sich zu wachsen. Auf das Geldverdienen trifft das Gleiche zu. Wenn Sie versuchen, mehr Geld zu verdienen, dann versuchen Sie zu wachsen. Wann immer jemand in Ihr Büro kommt und sagt: »Wir müssen das tun, um unsere Position im Markt zu verteidigen«, feuern Sie diese Person. Wann immer Ihnen eine Werbeagentur sagt: »Wir werden den Rückgang der Marke aufhalten«, trennen Sie sich von ihr. Beschäftigen Sie Leute, die von der Vorstellung und der Vision getrieben werden, dass es ohne Wachstum nicht geht. Wenn Sie nicht wachsen, dann wird mit Ihnen das geschehen, was mit allen Lebewesen geschieht, die nicht wachsen: Wenn Sie nicht wachsen, sterben Sie.

> »(Irgendetwas) zu tun … das nicht zu Wachstum führt, ist nicht der Mühe wert.«

Doch wie macht man das, wachsen? Zunächst müssen Sie nach günstigen Gelegenheiten Ausschau halten. Wie können Sie Ihre Marke neu definieren, wie definieren Sie Ihren Markt anders? Wo finden Sie im Markt für Seife, Zigaretten, Erfrischungsgetränke oder Bier das Äquivalent für die Maniküre, die Virgin Airways auf ihren Flügen anbietet? Wie kann man eine Autofahrt angenehmer gestalten, und wie kann man dieses angenehme Gefühl durch die Marke ausdrücken, die Sie verkaufen? Wie finden Sie für Ihr Produkt das Element, das Sony Triniton oder Intel Inside entspricht und den Artikel ganz neu definiert? Wie hält man nach Dingen Ausschau, die nicht offensichtlich sind? Mitunter führen einen die Antworten auf diese Fragen in völlig neue Märkte. Sobald die Märkte, die man gerade bedient, gesättigt sind, muss man sich auf ein neues Gebiet bewegen. Aber es bedarf eines ausgewogenen Ansatzes für neue und alte Märkte. Wagen Sie sich ruhig auf neues Terrain oder bauen Sie etwas völlig Neues auf, aber niemals auf Kosten Ihrer etablierten Marken oder der bereits entwickelten Märkte.

Man kann Marketing nicht isoliert vom allgemeinen Wirtschaftsgeschehen, der Politik und allem anderen, was auf der Welt geschieht, betreiben. Marketing ist Geschäft, und das bedeutet, dass Sie darauf achten müssen, ob Sie ein Produkt herstellen und verkaufen und ob die Konsumenten es auch kaufen können. Das bedeutet, dass man die Technik berücksichtigen muss, die Wirtschaftslage, die Buchhaltung, die Finanzen, die Regierung, aber auch die Kultur, demographische Daten und die Geschichte. Wenn Sie nicht all diese Aspekte berücksichtigen und darüber nachdenken, wie sie sich ändern und Sie in Zukunft betreffen werden, leben Sie in der Vergangenheit, und

Sie werden Produkte auf den Markt bringen, die schnell auf dem Friedhof für schlechte Ideen landen werden. Solche Produkte werden aus irgendwelchen taktischen Gründen eingeführt – ohne eine echte Zielsetzung; auf dieser Basis können Sie nicht überleben.

Aber wenn Sie ständig auf all die Faktoren achten, die einen wesentlichen Einfluss darauf haben werden, wie es Ihrem Produkt ergeht, dann werden Sie ganz sicher erfolgreich sein. Ihre Marke wird im Markt die größte Relevanz haben, weil Sie die Wettbewerber und deren Bedeutung verstehen und wissen, warum Konsumenten auf eine bestimmte Marke oder ein Produkt beziehungsweise eine Idee abfahren. Sie werden in der Lage sein, den Kunden etwas zu bieten, was anders ist, besser, etwas ganz Besonderes, und Sie werden fähig sein, eine Idee auf organische Weise in mehr und mehr Märkten auf der ganzen Welt durchzusetzen. Wenn Sie das tun, werden Sie viel Geld verdienen, Ihre Aktionäre werden glücklich und Sie werden sehr erfolgreich sein.

8. Kapitel

Hören Sie niemals auf, an morgen zu denken

Vielleicht haben religiöse Mystiker das Ziel, ausschließlich in der Gegenwart zu leben, aber Marketingfachleute müssen immer einplanen, was sie morgen tun werden. Das liegt daran, dass, ganz gleichgültig, was sie getan haben, um dahin zu kommen, wo sie jetzt sind, sie morgen etwas ganz anderes werden tun müssen. Ganz gleichgültig, wie erfolgreich man in der Vergangenheit war, man darf sich nicht auf seinen Lorbeeren ausruhen.

Vor und während der Olympischen Spiele 1996 konzentrierten sich in Atlanta alle auf die Spiele sowie auf ihre Vorbereitung und Durchführung. Da Coke ein wichtiger Sponsor war, waren viele Leute im Unternehmen an der Planung der Eröffnungszeremonie beteiligt und an den Überlegungen darüber, wer als Letzter die olympische Fackel tragen würde. Während diese Leute sich darauf konzentrierten, sorgte ich mich viel mehr darum, wie wir uns nach den Spielen wieder erholen würden. Ich dachte an den Tag nach den Spielen. Sobald die Olympischen Spiele und die ganze damit verbundene kostenlose Werbung vorbei sein würden, was würden wir dann tun? Wie würde es der Coca-Cola-Company gelingen, ohne den positiven Effekt der Spiele den Umsatz aufrechtzuerhalten und sogar noch zu wachsen? Wie konnten wir auch noch im nächsten Jahr von der Begeisterung profitieren, die mit Coke und den Olympischen Spielen verbunden war?

Es ist sehr schwer, die Leute zu bewegen, realistisch über das Morgen nachzudenken. Die Gegenwart ist so aufregend, und es macht Spaß, von der Zukunft zu träumen. Aber es ist verdammt hart, zur Sache zu kommen und sich mit den morgigen Tatsachen auseinander zu setzen. Das liegt teilweise daran, dass man die Zukunft scheinbar nicht vorhersagen kann. Natürlich ist es richtig, dass man von vornherein nicht weiß, wie das Morgen wirklich aussehen wird. Aber es ist auch richtig, dass man das Morgen mitgestalten kann.

Man muss ständig an die Zukunft denken und Pläne dafür schmieden, denn wenn man das nicht tut, dann wird man nicht auf sie vorbereitet sein, wenn sie kommt, und von ihr überwältigt.

Jeder im Geschäftsleben *muss* für die Zukunft planen und versuchen, sie in den Griff zu bekommen. Wenn man vorankommen will, dann darf man sich nicht an die Vergangenheit oder die Gegenwart klammern. Man muss loslassen und sich dem Unbekannten stellen.

Im Coke-Konzern gab es Länder, die für den Tag nach den Olympischen Spielen planten, und andere, die überhaupt nicht daran denken wollten. Raten Sie einmal, was geschah? Diejenigen mit einem Plan hielten ihre Absatzzahlen, während die anderen Rückgänge zu verzeichnen hatten. Ein Land, sogar ein ziemlich großes, glaubte tatsächlich, dass die Einzelhändler, Großhändler und alle anderen Händler, die uns aufgrund der Olympischen Spiele so in den Vordergrund gestellt hatten, Coke nun ignorieren würden, um den Wettbewerbern auch eine Chance zu geben. Einfach lächerlich, dieser Gedanke. Der Grund, warum uns der Handel groß herausbrachte und präsentierte war der, dass wir ihm gute Gründe für dieses Verhalten lieferten. Solange wir weiterhin derart gute Gründe liefern konnten, würde uns auch der Handel weiterhin unterstützten.

Was heute mit Ihrem Produkt im Markt geschieht, hängt davon ab, was Sie gestern dafür unternommen haben oder im letzten Monat oder im letzten Jahr.

Die Zukunft kommt auf jeden Fall – warten Sie nicht, bis sie da ist

Wenn man sich auf die Zukunft vorbereitet, dann nimmt man stillschweigend an, dass sie Veränderungen mit sich bringt. Da einen Veränderungen jedoch immer ängstigen, ziehen es viele Leute vor, nicht daran zu denken. Sie sagen sich: »Warten wir es ab und schauen wir mal, was passiert.« Oder: »Alles funktioniert bestens, warum sollten wir uns Sorgen machen?«. Ich verstehe die Begründung, dass man, wenn man auf mehr Information wartet, das Risiko vermindert, etwas furchtbar Falsches zu tun. Unglücklicherweise verringert solches Verhalten aber auch die Erfolgsaussichten, weil es bedeutet, dass man den Ereignissen immer hinterherrennt. Egal ob sich die Situation nun positiv oder negativ entwickeln wird, Sie wissen, dass Sie sich morgen ändern wird. Also können Sie entweder selbst zur Änderung der Situation beitragen oder jemand anderes wird diese Veränderung herbeiführen.

> »Sie wissen, dass sich die Situation morgen ändern wird. Also können Sie entweder selbst zur Änderung der Situation beitragen oder jemand anderes wird diese Veränderung herbeiführen.«

Es ist ganz lustig zu beobachten, dass die Leute auf einer bestimmten Ebene ganz genau wissen, dass sie planen müssen. Um das zu beobachten, müssen Sie nur einmal versuchen, im Terminkalender eines Managers einen Termin für sich zu reservieren. Unter Umständen müssen Sie zwei Monate lang warten, weil er oder sie jeden Tag mit Meetings, Konferenzen, Fabrikbesuchen, Präsentationen vor den Investoren und Gott weiß was vollgepackt hat. Wenn Sie also irgendeinen Vorstandsvorsitzenden in Amerika fragen würden, was er oder sie nächsten

Freitag macht, bin ich bereit zu wetten, dass die Antwort nicht lautet: »Ich habe keine Pläne. Ich habe noch nicht darüber nachgedacht.« Wenn Sie dagegen fragen, was seiner oder ihrer Meinung nach die Konsequenzen des Meetings am nächsten Freitag sein werden und was genau das Unternehmen tun wird, um dorthin zu kommen, wo es in 60 Tagen sein muss, werden Sie wahrscheinlich keine klare Antwort bekommen. Das ist keine besonders gute Art, Geschäfte zu führen.

Gestalten Sie die Zukunft

Denken Sie noch einmal daran, wie Starbucks den Kaffeemarkt veränderte, indem es die wichtigen Faktoren neu definierte, und wie sich die Computerhersteller ständig etwas Neues ausdenken, wofür man einen Computer noch benutzen könnte. Wenn Sie an die Zukunft denken, dann müssen Sie sich vor Augen führen, wie sich diese wohl entwickeln wird, wenn Sie nur dasitzen und darauf warten beziehungsweise weiterhin nur das tun, was Sie bisher taten. Sie müssen auch darüber nachdenken, was Sie tun können, um die Zukunft für sich vorteilhaft zu gestalten. Das ist äußerst wichtig, denn indem Sie sich selbst ständig definieren und neu definieren, können Sie sich auch ständig von Ihren Wettbewerbern abheben. Jedesmal, wenn Sie Ihre Definition von sich ändern, verändern Sie, in Relation dazu, auch die Position Ihrer Wettbewerber.

»Jedesmal, wenn Sie die Definition von sich selbst ändern, verändern Sie, in Relation dazu, auch die Position Ihrer Wettbewerber.«

Aber eine Neudefinition Ihrer selbst ändert nicht nur die relative Position Ihrer Konkurrenten. Sie verändert auch Ihre Kunden und Ihr Verhältnis zu ihnen.

Ich rate hier ganz und gar nicht dazu, etwas wegzuwerfen, das funktioniert. Sie sollten auch weiterhin das tun, was positive Ergebnisse bringt, aber Sie müssen es weiter ausbauen, um sicherzustellen, dass sich auch in Zukunft alles in Ihrem Sinne entwickelt.

Sie sollten sich bemühen, das zu tun, was Arm & Hammer mit seinem Backpulver tat, als das Unternehmen sagte: »Sie kennen uns. Sie wissen, dass dies ein gutes Produkt ist, und Sie glauben zu wissen, was man alles mit Backpulver machen kann. Wir nennen Ihnen jetzt 200 weitere Nutzungsmöglichkeiten für dieses Produkt. Stellen Sie zum Beispiel eine offene Schachtel davon in den Kühlschrank. Das erinnert Sie einerseits daran, es beim Backen einzusetzen, andererseits macht es den Kühlschrank geruchsfrei, solange es darin steht; nach 30 Tagen sollten Sie es allerdings wegwerfen.«

Ich glaube, die McIlhennys, die Tabascosoße herstellen, sollten sich daran ein Beispiel nehmen. In jeder Küche der Welt steht eine Flasche Tabasco. Das Problem besteht jedoch darin, dass niemand viel davon benutzt. Das Unternehmen sollte sich daher ein paar neue Nutzungsmöglichkeiten einfallen lassen und die Leute daran erinnern, es beim Kochen und später auch für die fertigen Gerichte zu benutzen. Vielleicht kann man noch ganz andere Sachen damit machen. Vielleicht kann man Stahlpfannen damit reinigen oder Ungeziefer verscheuchen. Ich habe keine Ahnung. Es ist auch nicht mein Job, mir etwas auszudenken. Die Tabasco-Leute haben die Aufgabe, sich etwas Passendes auszudenken und es mir zu sagen. Sie müssen die Beziehung zwischen uns ändern, indem sie mir weitere Gründe liefern, warum ich ihr Produkt nutzen sollte.

Eine Veränderung zieht weitere nach sich

Wenn Sie etwas wie das eben Diskutierte tun, dann müssen Sie immer daran denken, dass Sie durch jede Ihrer Änderungen Verhältnisse schaffen, die es notwendig machen, dass Sie sich wieder ändern. Die Konsumenten werden Ihr Produkt kaufen, wenn Sie ihnen gute Gründe dafür geben. Aber wenn sie einmal auf die Gründe reagiert haben, die Sie ihnen heute liefern, haben Sie grundsätzlich einen neuen Konsumenten geschaffen.

»Wenn sie einmal auf die Gründe reagiert haben, die Sie ihnen heute liefern, haben Sie grundsätzlich einen neuen Konsumenten geschaffen.«

Im letzten Monat hatten Sie, um ein Beispiel zu nennen, einen Konsumenten, der Coke trank, wann immer er Durst hatte, erfrischt werden wollte oder einen Hamburger aß. Das heißt, dass er ungefähr acht Flaschen Coke pro Woche trank. In diesem Monat könnten Sie ihm beispielsweise sagen, dass Coketrinken gesellig ist, wodurch Sie den Coke-Absatz auf zehn Flaschen pro Woche erhöhen. Am Beginn des nächsten Monats haben Sie dann einen Konsumenten vor sich, der Coke trinkt, wenn er Durst hat, erfrischt werden will, einen Hamburger isst oder wenn er gesellig sein möchte. Wenn Sie jetzt seinen Konsum auf über zehn Flaschen in der Woche steigern wollen, müssen Sie neue Gründe liefern. Der neue Grund, der in diesem Monat so prächtig funktioniert, wird Ihnen im nächsten Monat überhaupt nichts mehr nützen, denn der Konsument hat eine gewisse Immunität dagegen entwickelt – Sie haben den Ansatz versucht, er hat funktioniert, jetzt erwartet der Konsument etwas Besseres von Ihnen. Den Grund für diesen Monat hat er bereits verinnerlicht, jetzt braucht er einen weiteren Grund. Konsum, Definition, neue Definition und Wiedererfindung sind die grundlegenden Faktoren für Wachstum.

Auf ähnliche Weise müssen Sie Ihre Marketinganstrengungen den neuen Verhältnissen anpassen, wenn sich das politische oder wirtschaftliche Umfeld ändert. Sie können nicht einfach nur dasitzen und sagen: »Menschenskind, letztes Jahr war wirklich ein gutes Jahr für uns, folglich wird auch das kommende Jahr für uns ein gutes werden.« So geht's nicht.

Erinnern Sie sich einmal daran, was 1998 auf der Welt passiert ist – 1998 war ein Jahr ungeheurer Veränderungen. Es war ein Jahr, in dem in einem halben Dutzend Ländern neue Präsidenten gewählt wurden. Lateinamerika hat sich grundlegend verändert. Wir hatten die Asienkrise. Wir sahen die Probleme in Mexiko und Brasilien. Wir hatten Abwertungen. Die Arbeitslosigkeit sank, nur um wieder zu steigen. Die Zinssätze stiegen und fielen dann wieder. Märkte setzten zu einem Höhenflug an, stürzten ab und erhoben sich wieder wie Phönix aus der Asche. Dies alles hat Auswirkungen auf das Konsumentenverhalten, und wenn Sie das nicht berücksichtigen und Ihr Tun und Lassen entsprechend ändern, werden Sie niemals dort ankommen, wo Sie hinwollen.

Mitunter mag Ihr Ziel konstant bleiben, egal ob Sie es als einen bestimmten Marktanteil, eine bestimmte Wachstumsrate oder was auch immer definieren, manchmal wird es sich jedoch ändern oder sollte sich ändern. Die Zukunft wird neue Chancen und Möglichkeiten mit sich bringen. Vielleicht können Sie die Chancen auch selbst schaffen.

Für unterschiedliche Pläne braucht man unterschiedliche Ressourcen

Ob Sie sich nun entscheiden, Ihr altes Ziel beizubehalten oder sich ein neues zu setzen, Sie müssen immer darüber nachdenken, wie Sie es erreichen können. Ist das gesteckte Ziel ein Marktanteil von 40 Prozent? Soll die Zukunft Ihnen ein Wachstum von 20 Prozent, bezogen auf den Istzustand, bescheren? Gehen Sie einer gesunden Zukunft entgegen? Sobald Sie entschieden haben, wie die Zukunft aussehen soll, müssen Sie die notwendigen Werkzeuge schaffen, um zu erreichen, was Sie wollen.

Nehmen wir einmal an, Sie beschließen, einen Fluss zu überqueren; wenn Sie kein Boot haben, dann müssen Sie entweder eine Brücke oder eine Pontonbrücke bauen oder sich ein Boot mieten, um zur anderen Seite zu kommen. Wenn Sie bloß am

Ufer stehen und zu sich selbst sagen: »Ich bleibe erst einmal hier stehen und warte ab, was passiert«, dann werden Sie viel Wasser den Fluss hinabfließen sehen.

Wenn Sie über das Handwerkszeug und die Taktik nachdenken, die Sie in Zukunft brauchen werden, dann müssen Sie auch an die Menschen und deren Fähigkeiten denken, die Sie für Ihre Zwecke einsetzen können. Das müssen Sie deshalb tun, weil all die Fähigkeiten, die notwendig waren, um dahin zu kommen, wo Sie jetzt sind, nicht unbedingt die gleichen Fähigkeiten sind, die Sie brauchen, um die nächste Ebene zu erreichen. Ihnen ist sicher bekannt, dass man bestimmte Fähigkeiten und eine gewisse physische Kondition braucht, um ein Rennen von zehn Kilometern zu laufen. Ich versichere Ihnen jedoch, die Tatsache, dass Sie zehn Kilometer rennen können, heißt noch lange nicht, dass Sie auch einen Marathonlauf durchstehen werden. Wer in der Lage ist, einen 1500 Meter hohen Berg zu besteigen, kann nicht automatisch auch den Mount Everest bezwingen. Die Tatsache, dass man heute Erfolg hat, heißt also noch lange nicht, dass man auch morgen Erfolg haben wird. Man muss entweder eine ganze Reihe anderer Fähigkeiten und Kenntnisse erwerben, als man bisher brauchte, oder Leute einstellen, die diese Fähigkeiten und Kenntnisse haben.

Man darf sich nicht auf den Erfolgen von gestern ausruhen. Man darf nicht einfach sagen: »Es wird schon alles gut gehen«, denn eines schönen Tages kann alles zusammenbrechen. Das passiert Unternehmen überall auf der Welt – und wenn Ihnen erst bewusst wird, dass Ihr Geschäft nicht mehr wächst, ist es zu spät.

Was die Geschäftsaussichten betrifft, nehme ich grundsätzlich immer an, dass die Situation morgen schlimmer oder schwieriger sein wird, als die Lage heute ist, und dann arbeite ich einen Plan aus, damit sie besser wird. David Stern, der Bevollmächtigte der National Baseball Association, hat mir einmal ein großartiges Kompliment gemacht. Er meinte, die meisten Leute sagten von einem Glas, es sei halb voll oder halb leer, während ich mir das Glas anschaute und sagte: Es ist kaputt, wir müssen ein neues herstellen und es *dann* wieder füllen. Ich glaube, ich bin immer beunruhigt und mache Pläne für die unausweichliche Situation beziehungsweise für den Fall, dass die Lage morgen nicht so gut sein wird, wie sie heute ist. Um den Erfolg Ihres Produktes oder Ihrer Dienstleistung sicherzustellen, sollten Sie das Gleiche tun.

Verstoßen Sie gegen Ihre eigenen Regeln

Die einzige Methode, mit der man die Zukunft in den Griff bekommt, besteht grundsätzlich darin, sich selbst herauszufordern. Sie müssen ständig Ihr eigenes Konzept infrage stellen, ebenso wie Ihre Marke, Ihre Ideen und Vorstellungen.

Ich finde es immer sehr merkwürdig, wenn die Leute davon reden, dass gegen Regeln verstoßen wird, denn sie unterstellen dabei fast immer, dass es die Regeln der anderen sind, also etwas von außen Gegebenes. Tatsache ist jedoch, dass man sich anpasst, sobald man mit einem Team oder einer Gruppe von Leuten arbeitet und für sich die Regeln übernimmt, die für ein bestimmtes Projekt gelten oder für eine Armee, ein Land, eine Partei, eine Marke oder ein Unternehmen. Wenn man gegen die Regeln verstoßen will, muss man daher die eigenen Konzepte und Vorstellungen infrage stellen.

»Das Spiel besteht darin, ständig die Regeln für das eigene Tun zu ändern, sodass Ihre Wettbewerber immer einen Schritt hinterherlaufen.«

Die meisten Menschen fürchten sich davor, gegen Regeln zu verstoßen, daher müssen Sie die Leute ermutigen, all das infrage zu stellen und zu ändern, was bisher zu ihrem Erfolg beigetragen hat. Wenn Sie das nicht tun, dann können Sie darauf wetten, dass jemand anderes auf der Bildfläche erscheint und mit Vergnügen das zum alten Eisen wirft, was Sie selbst hätten ausrangieren sollen. Und mit dieser einen Tat erobern sich die anderen die Zukunft und überholen Sie.

Wenn Sie bereits erfolgreich sind, dann besteht Ihr größtes Problem darin, dass Sie in Ihrer Kategorie bereits zum Spielmacher im Marketing geworden sind. Sie wissen, dass Ihre Mitbewerber nicht dumm sind. Wenn Sie denen einen Bissen vor der Nase wegschnappen, dann werden die Sie genau beobachten und die Mittel und Methoden übernehmen, die Sie erfolgreich machen. Daher müssen Sie ständig an die nächste Neuerung denken, die Sie einführen werden.

Eine Freundin von mir kaufte eines dieser Sony-Vaio-Notebooks, als die Dinger ganz neu eingeführt wurden. Sie schwärmte mir davon vor, weil es so leicht war; sie hatte es gekauft, weil es das einzige war, das problemlos in ihren Aktenkoffer und ihren Rucksack passte. Wissen Sie, was passierte? Es dauerte nur drei Monate, dann kam Toshiba mit einem fast gleichen Produkt auf den Markt. Wieso? Grundsätzlich, weil sich die Produkte immer ähnlicher werden. Die Bauteile von Computern, Internet-Provider, Erfrischungsgetränke und Zigaretten sind grundsätzlich alle gleich. Was auch immer Sie anbieten, andere können es sehr schnell imitieren.

Doch wie lange braucht jemand, um die Werbung eines anderen zu kopieren? Wenn ein Unternehmen damit anfängt, Eisbären oder Frösche für seine Werbung zu verwenden, wie lange dauert es dann, bis alle anderen auch irgendwelche Tiere in der Werbung einsetzen? Wie lange brauchen alle anderen, bis sie Humor und Komik einsetzen, wenn sich das erst einmal für einen Anbieter als erfolgreich erweist?

Die Spielmacher in einer Warengruppe sind die Marktführer. Erfolgreich sind diejenigen, welche die Definition und die Regeln ihres Tuns ständig ändern; leider werden die Zyklen, während derer eine Idee originell bleibt, immer kürzer.

Wenn Sie in Zukunft erfolgreich sein wollen, dann müssen Sie nicht nur Ihr eigenes Geschäft lenken und leiten, Sie müssen auch darüber nachdenken, was Ihre Wettbewerber wunschgemäß tun sollten. Ehe Sie beispielsweise Sponsor für etwas werden, denken Sie einmal darüber nach, wie ihre Wettbewerber darauf reagieren werden. Wie beim Schachspiel oder beim Poker müssen Sie immer wieder sagen: »Ich sehe, was Sie machen, und ich erhöhe und erhöhe wieder.« Letztendlich besteht das Spiel darin, ständig die Regeln für das eigene Tun zu ändern, sodass Ihre Wettbewerber immer einen Schritt hinterherlaufen.

Überlegen Sie immer, wie Sie beim Neueinstieg in einen Markt handeln würden

Ein Impuls geschieht nicht einfach so. Ich weiß, dass dieser Satz vom rein physikalischen Gesichtspunkt aus betrachtet Unsinn ist, denn ein Impuls ist die Kraft, die Sie in Bewegung hält; im Marketing muss man dagegen ständig etwas tun, um einen Impuls zu erzeugen.

Um allen anderen eine Nasenlänge voraus zu sein, muss man den Impuls beschleunigen. Sie brauchen einen starken und stetigen Strom von neuen Marketingideen und Gründen, warum die Konsumenten ausgerechnet Ihr Produkt oder Ihre Dienstleistung kaufen sollten.

Wie macht man das? Ich bin in dieser Hinsicht immer erfolgreich gewesen, weil ich mich immer an das Prinzip hielt, dass man sich gedanklich ganz an den Anfang begeben muss. Damit meine ich, dass ich ständig neu darüber nachdenken muss, was mit meiner Marke oder meinem Produkt geschieht beziehungsweise was im Markt passiert. Ich schaue mir die Information an, die ich über das Konsumentenverhalten, die Abverkäufe und die Reaktionen meiner Wettbewerber habe, und ich frage mich: Was wäre, wenn ich jetzt in den Markt einsteigen würde?

»Ich frage mich immer wieder:
Was wäre, wenn ich jetzt in den Markt
einsteigen würde?«

Während ich für Coca-Cola arbeitete, dachte ich täglich darüber nach, Coke neu auf den Markt zu bringen. Was würde ich tun, wenn ich eine neue Marke mit all den Eigenschaften der Marke Coke hätte? Wie würde ich diese Marke in den Markt einführen? Wie würde ich sie im Markt platzieren? Stellen Sie sich vor, Sie wären American Airlines und wollten als brandneue Fluggesellschaft mit einer großen Flotte von Flugzeugen, einem breiten Netzwerk, einer hohen Akzeptanz bei den Konsumenten und einem Vielfliegerprogramm in den Markt einsteigen. Wenn Sie Henkel wären und den Markt für Waschpulver dominierten, was für eine Art von Waschmittel würden Sie neu einführen, um Ihre eigene Marke überflüssig zu machen? Was würden Sie tun, damit Persil demnächst zum alten Eisen gehört? Wenn Sie einmal auf diese Weise an die Dinge herangehen, werden Sie neue Ansatzpunkte für die Zukunft finden, Methoden, um neue Produkte und ein anderes Umfeld zu schaffen, das für Sie günstig und für Ihre Wettbewerber weniger vorteilhaft ist.

Vor kurzem gab Bill Bradley, ein ehemaliger Senator von New Jersey, bekannt, er wolle Präsidentschaftskandidat werden. Mir kam in den Sinn, dass er sich gut präsentieren könnte, wenn er sagte: »Ich musste das parlamentarische System verlassen, um es mir von außen genau ansehen zu können. Das habe ich jetzt getan und bin ein echter Außenseiter. Nachdem ich im Parlament war und auch draußen stand, verstehe ich jetzt ganz klar, was getan werden muss.« Mir würde diese Darstellung gefallen, denn genau das habe ich selbst in meinem Berufsleben getan. 1986 verließ ich Coca-Cola, stand eine Weile draußen und lernte eine Menge. Ich arbeitete für viele verschiedene Unternehmen und besuchte Orte, an denen ich nie zuvor in meinem Leben war. Ich kehrte zu den Anfängen zurück und warf zeitweilig alles weg, was ich wusste und gelernt hatte. Wie wäre es denn, wenn ich mein Gehirn auf null zurückstellen und es frisch laden könnte, und zwar mit einer Menge neuer und aktueller Information, um dann diese Information mit den Programmen zu kombinieren, die ich in meinem Gehirn gespeichert hatte? Was würde geschehen? Wie würde dieser Zwitter funktionieren?

Als ich zu Coke zurückkehrte, hatte ich diese Art von Informationsmischung. Ich hatte mein Gehirn auf null zurückgestellt, eine Menge aus meiner Erfahrung mit anderen Menschen und Unternehmen gelernt, die alle niemals irgendetwas mit dem Erfrischungsgetränkemarkt zu tun gehabt hatten, und ich hatte das mit dem verbunden, was ich davor gelernt hatte. Natürlich erinnerte ich mich noch daran, was wir in der Vergangenheit bei Coke gemacht hatten, aber mein Denken wurde ständig von dem beeinflusst, was ich gelernt hatte, als ich draußen war. 1998 verließ ich das Unternehmen erneut, und heute stelle ich fest, dass ich das Gleiche tue wie damals. Es ist ein Prozess, der es mir ermöglicht, das zu vergessen, was ich einmal gewusst habe, und mich zwingt, die Dinge auf eine Weise zu sehen wie nie zuvor.

Heute beschäftige ich mich mit der Frage, wie man Beton verkauft beziehungsweise Fertighäuser und Strom an Privathaushalte. Der Grund, warum ich diese Branchen und diese Kunden ausgewählt habe, liegt darin, dass ich versuche, neue Industriezweige und Plattformen zu finden, die mein Denken herausfordern, während ich mich der Zukunft stelle. Wissen Sie, jedes Mal, wenn ich dies tue, kommen mir wirklich gute Ideen. Wenn Sie sich den neuen Branchen und verschiedenartigen Erfahrungen von heute stellen, dann verändern und entwickeln Sie Ihr Denken. Es ist wie in der italienischen Renaissance: Man nimmt das Gute aus der Vergangenheit, vermischt es mit den besten Ideen, welche die Gegenwart zu bieten hat, um etwas zu entwickeln, das schöner, beeindruckender, fruchtbarer oder erfolgreicher ist.

Wenn Sie das tun, dann müssen Sie auch die Konsumenten dazu bringen, Ihre Marke von einem neuen, anderen Gesichtspunkt aus zu betrachten. Bei Coke erreichten wir dies, indem wir das Image der Marke steuerten, Sponsor für irgendein Ereignis wurden, etwas Neues über die Marke aussagten, die Verpackung veränderten, unterschiedliche Werbespots schalteten, die verschiedene Zielgruppen ansprachen, und Promotionskampagnen fuhren, die auf die seelische Verfassung der Konsumenten in der jeweiligen Zeit zugeschnitten waren. Wir definierten die Marke ständig neu.

Wir schufen die Marke wirklich vor den Augen der Konsumenten, wir bezogen diese mit in die Entwicklung ein und versuchten nicht, sie mit einer Botschaft oder einem Vorschlag zu kapern, der ihnen vielleicht gar nicht gefallen hätte.

Ihre Marke muss die Konsumenten führen, sodass diese sich Ihren Vorschlag zu Eigen machen. Wenn sie das tut, dann gewinnt Ihre Marke für die Konsumenten an Wert und sie wollen sie kaufen. Ihre Sichtweise wird sie begeistern und mitreißen. Raten Sie mal, was passieren wird: Die Konsumenten werden Ihr Produkt immer öfter kaufen, an immer mehr Orten, und Sie werden mehr Geld verdienen.

Weg mit den Ideen vom vergangenen Jahr

Kreativität ist ganz besonders wichtig, um immer wieder etwas Neues zu erfinden. Kreativität ist aber auch eines dieser magischen, mystischen Worte, das die Marketingleute ständig benutzen, wenn sie es vermeiden möchten, die Verantwortung für konkrete Ergebnisse zu übernehmen. In Wahrheit ist die Kreativität aber, genau wie alles andere im Marketing, keine unvorhersehbare Naturgewalt. Man kann sie steuern. Sie müssen allerdings verstehen, was Sie tun und was Sie mit Hilfe der Kreativität zu erreichen versuchen.

»Kreativität bedeutet zwar, das zu ändern, was man in der Vergangenheit gemacht hat, es bedeutet aber nicht, das, was man gemacht hat, zu kritisieren.«

Zuallererst müssen Sie verstehen lernen, dass Kreativität per definitionem destruktiv ist. Die Leute konzentrieren sich immer auf die konstruktiven Aspekte der Kreativität, nämlich die Tatsache, dass jemand ein neues Konzept schafft oder irgendein neues Ding konstruiert. Aber systemimmanent ist auch die

Tatsache, dass man jedesmal, wenn man mit einer neuen Idee oder einem neuen Produkt daherkommt, eine existierende Idee oder ein bestehendes Produkt ersetzt beziehungsweise zerstört. In gewisser Weise macht also Kreativität Erfindungen rückgängig. Das bedeutet, dass man, wenn man kreativ sein will, auch den Mut haben muss zu sagen: »Ich hatte diese Idee und damals war die Idee gut, aber jetzt ist sie es nicht mehr. Meine neue Idee, welche die alte ersetzt, ist unter den gegebenen Umständen viel besser.« Es ist deshalb so wichtig, dies zu verstehen, weil diese Tatsache erklärt, warum Leute behaupten, dass sie Kreativität lieben, aber in Wirklichkeit selten bereit sind, die Verantwortung dafür zu übernehmen. Was sie an der Kreativität stört und der Grund dafür, warum sie ihr aus dem Weg gehen, ist die Tatsache, dass sie nicht als Kritiker oder Leute, die sich beschweren, gesehen werden wollen. Sie müssen also immer daran denken, dass Kreativität zwar bedeutet, das zu ändern, was man in der Vergangenheit gemacht hat, es bedeutet aber nicht, das, was man gemacht hat, zu kritisieren. Es geht nicht darum, zu behaupten, dass Ihre Idee besser ist als die Ideen der anderen. Es geht vielmehr darum, sich in die Zukunft zu bewegen und etwas zu erfinden, von dem man genau weiß, dass es auf jeden Fall irgendwann in der Zukunft von einer anderen kreativen Idee verdrängt werden wird. Die Werbung dieses Jahres wird durch die Werbung des kommenden Jahres ersetzt werden. So ist das Leben. Hören Sie auf, sich darüber Gedanken zu machen, dass der Typ, der vor Ihnen Ihren Job machte, deshalb beleidigt sein könnte. Im nächsten Jahr wird wieder jemand anderes Ihren Platz eingenommen haben.

Als ich von Coke wegging, hatte ich eine Menge Freunde in der Marketingabteilung, und während der letzten Monate haben sie häufig gesagt: »Es ist nicht mehr so, wie es war.« Meine Antwort darauf lautet: »Natürlich ist nicht mehr alles so, wie es war. Vieles hat sich geändert, denn die Zeiten haben sich geändert. Ihr müsst daran glauben, dass das, was ihr jetzt macht, für die heutige Situation einfach besser ist.« Sie müssen die gegenwärtige Situation als das neue Umfeld akzeptieren, in dem Sie leben, und Sie müssen sich bemühen, etwas zu schaffen, zu erfinden und zu wachsen. Es geht nicht darum, dass irgendetwas jetzt besser, größer oder kleiner ist, es ist einfach anders. In diesem neuen Umfeld haben Sie die Gelegenheit, all das zu tun, womit Sie immens erfolgreich sein können.

Lernen Sie, mit Kreativität umzugehen

Wenn Sie einmal Ihre wahrscheinlich uneingestandene Furcht vor der Kreativität überwunden haben, können Sie damit beginnen, sie so zu organisieren, dass sie das erreichen, was sie wollen und brauchen. Wie ich schon wiederholt geschrieben habe: Sie brauchen ein Ziel. Und sobald Sie ein Ziel haben, können Sie die Kreativität zur Erreichung dieses Ziels einsetzen.

Ich behaupte gerne, Kreativität sei wie eine Wünschelrute. Man weiß nicht, wo man Wasser finden wird, aber wenn man eine Wünschelrute benutzt, dann steht fest, dass man nach Wasser sucht und nicht nach Öl. Was die Kreativität betrifft, müssen Sie sich schon im Klaren darüber sein, wofür sie die Kreativität nutzen wollen. Versuchen Sie, ein Produkt neu zu erfinden? Möchten Sie eine neue Herstellungsmethode finden? Versuchen Sie, eine Verpackung zu verändern? Zuallererst müssen Sie also Ihr Ziel festlegen.

»Wenn Sie einfach nur beschließen:
›Machen wir doch ein Kreativitätsmeeting‹,
dann werden 90 Prozent von dem,
was die Teilnehmer produzieren, Abfall sein.«

Wenn Sie das nicht tun und einfach nur beschließen: »Machen wir doch ein Kreativitätsmeeting«, dann werden 90 Prozent von dem, was die Teilnehmer produzieren, Abfall sein. Wenn niemand am Anfang der Besprechung ein konkretes Ziel festlegt, dann fehlt den Leuten die Orientierung. Vor jedem Managementtreffen schreibe ich ein Memo, in dem genau festgelegt ist, was wir tun müssen. Ich lege eine Strategie fest und die Positionierung oder das Ziel, das wir erreichen möchten. Dann frage ich: »Was können wir jetzt anders machen oder anders formulieren, um dieses Ziel zu erreichen?«

In einem späteren Kapitel werde ich über Werbeagenturen schreiben und über den Grund dafür, dass ich das Verhältnis von Coca-Cola zu seinen Werbeagenturen veränderte. Der wesentliche Grund für diese Änderung war die Tatsache, dass ich fühlte, dass die Positionierung der Produkte meine Angelegenheit sei und dass ich das Ziel festlegen musste, das Coca-Cola erreichen wollte. Danach hatten die Werbeagenturen die Aufgabe, kreative Methoden zu entwickeln, um das zu erreichen, was ich als Ziel gesetzt hatte. In alten Zeiten bildeten sich die Agenturen ein, sie könnten einfach ohne eine Zielvorgabe von mir kreativ sein.

Wie dem auch sei, sobald Sie schriftlich niedergelegt haben, was Sie erreichen möchten, managen Sie die Kreativität, indem Sie die Ideen, die jeder in der Runde vorbringt, daraufhin abklopfen, ob sie zur Zielerreichung beitragen oder nicht. Stellen Sie sich darauf ein, dass manche Leute vermutlich Ideen vorbringen werden, die Sie selbst nicht besonders mögen. Es kann durchaus sein, dass die Person, die ebendiese Idee zur Diskussion stellte, sie selbst auch nicht besonders mag, aber das spielt keine Rolle. Wenn sie dazu beiträgt, dem Ziel einen Schritt näher zu kommen, ist sie eine gute Idee. Wenn nicht, schmeißen Sie die Idee weg und suchen Sie nach einer anderen.

Nachdem ich Coca-Cola verlassen hatte, ging ich einmal zu einer Besprechung mit einer Werbeagentur; jemand aufseiten des Auftraggebers hatte ein großartiges Konzept entwickelt, das die strategische Richtung skizzierte, die das Unternehmen einschlagen sollte. Die Agentur, die ich sehr mag und schätze, hatte bei der Erarbeitung dieser Unterlage mitgewirkt. Der Kreative, der Pyjama und einen Ohrring trug, stand auf und sagte: »Fein, hier ist der kreative Entwurf.« Ich saß da und dachte bei mir: »Was ist auf dem Weg vom Strategiepapier zur kreativen Umsetzung bloß geschehen?« Der Typ sagte: »Dies ist wirklich ein guter kreativer Ansatz.« Ich antwortete: »Ich stimme Ihnen zu, die Idee ist wunderbar. Das Problem ist, dass sie überhaupt nicht zu der Zielsetzung passt, die in dem Strategiepapier festgelegt wurde.«

Wenn Sie beim Umgang mit der Kreativität strategisch und diszipliniert vorgehen, dann können Sie das erreichen, was Sie sich vorgenommen haben.

Stecken Sie den Zielposten immer noch ein bisschen weiter

Vergessen Sie niemals, dass ein Ziel immer nur ein neuer Anfangspunkt ist. Die Leute sagen gerne: »Heute ist der erste Tag der Zukunft«, aber sie handeln nicht danach. Es ist eine Binsenwahrheit: Immer wenn Sie daran arbeiten, Ihr gegenwärtiges Ziel zu erreichen, müssen Sie schon über Ihr nächstes Ziel nachdenken.

»Immer wenn Sie daran arbeiten,
Ihr gegenwärtiges Ziel zu erreichen,
müssen Sie schon über Ihr nächstes
Ziel nachdenken.«

Wie lange braucht man, um herauszufinden, wohin man als Nächstes möchte und wie man dorthin kommt? Man braucht viel Zeit dafür. Ich habe mich immer mit den Werbeagenturen gestritten, mit denen wir bei Coke zusammenarbeiteten, denn sie stellten oft eine Serie von Werbespots fertig und wollten sich dann ein halbes Jahr lang zur Ruhe setzen. Ich habe immer so argumentiert: »Ihr wisst, dass wir gerade die besten Ideen umgesetzt haben, die ihr jemals hattet. Aber jetzt müsst ihr sofort damit anfangen, neue Ideen zu entwickeln, damit sie in sechs Monaten fertig zum Einsatz sind. Wenn ihr erst in sechs Monaten damit anfangt, dann werden wir erst in einem Jahr fertig sein. Wenn ihr nicht sofort mit der Arbeit anfangt, dann werdet ihr nicht fertig sein, wenn ich das Ergebnis brauche.«

Das gleiche Prinzip lässt sich auf all Ihre Pläne anwenden. Wann fangen Sie an, für das nächste Jahr zu planen? Jetzt. Fangen Sie Ende Februar dieses Jahres an, für den Februar des nächsten Jahres zu planen. Und sobald Sie die Ergebnisse von diesem Jahr kennen, nutzen Sie diese für den Plan fürs nächste Jahr. Sie können nicht die gleichen alten Techniken weiterhin benutzen – Sie müssen neue Wege finden, um die Konsumenten anzusprechen und um noch mehr zu wachsen.

Obwohl es wichtig ist, das Ziel immer höher zu stecken, muss man auch Zwischenetappen festlegen, über deren Erreichen man sich freuen kann. Man könnte argumentieren, dass ein Konzept, bei dem man sich auf die Ziellinie konzentriert, einem nicht erlaubt, sich auch über kleine Zwischensiege zu freuen. Aber es bietet durchaus diese Möglichkeit. Wenn Sie für einen Marathonlauf trainieren, dann haben Sie sich das Ziel gesetzt, 42,2 Kilometer zu laufen. Aber wenn Sie sich von vornherein diese gewaltige Entfernung vorstellen und daran denken, wie kaputt Sie am Ende sein werden, werden Sie auf das Rennen verzichten. Also müssen Sie sich jeden Tag an dem kleinen Erfolg freuen, wieder brav Ihr Training absolviert zu haben. Natürlich dürfen Sie nicht so ausgiebig feiern, dass Sie bei sich beschließen, gar nichts mehr erreichen zu müssen. Aber Sie müssen sich selbst motivieren. Auf das Geschäftsleben übertragen, können Sie sich vielleicht über eine Werbekampagne freuen, die wirklich erfolgreich war. Vielleicht über den einen Spot, der die Absatzzahlen zum Ansteigen brachte. Vielleicht auch darüber, dass es Ihnen gelungen ist, einen stark umworbenen Manager für sich zu gewinnen und einzustellen. All diese Schritte bringen Sie Ihrem Ziel näher, und Sie sollten sie als Erfolge auf dem richtigen Weg feiern.

Mit kleinen Schritten kann man weit kommen

Mitunter bedeutet kreativ sein, dass Sie etwas ganz Neues tun, beispielsweise Ihr Produkt ganz neu positionieren. In der Vergangenheit hatte Coke die Position der melancholischen Marke; es war die Marke, die der Trainer seinen Jungs gab, nachdem sie das Baseball-Spiel verloren hatten. Inzwischen haben wir die Position ausgeweitet und behaupten, dass Coke zudem erfrischend und stimulierend ist, gut schmeckt und eine Menge anderer Sachen. Um diese andersartige Positionierung rüberzubringen, verwendeten wir Eisbären, Karawanen, Leute, die in Turnschuhen in der Wüste herumliefen, und Verpackungsmaterial mit einem Aufdruck der Flasche. All dies waren kreative Methoden, um ein ausgeweitetes Positionierungskonzept zu kommunizieren und die Konsumenten aufzufordern, das Produkt häufiger an noch mehr Orten zu trinken, damit das Unternehmen mehr Geld verdienen konnte.

»Kreativität bedeutet oft nur, zehn Meter in einer Staubwolke voranzukommen. Es ist wie bei einem Feldspiel.«

Aber Kreativität bedeutet nicht nur, dass man immer etwas Neues zu tun findet. Sie kann einem auch dabei helfen, neue und bessere Methoden zu finden, um das zu tun, was man sowieso schon macht. Jahrein, jahraus versichert Budweiser den Leuten: »This Bud's for you.« [Dieses Bud ist für dich.] In der Vergangenheit vermittelte man diese Botschaft mit Hilfe von ein paar muskulösen Arbeitertypen. Heute verwendet man Frösche, um das Bier zu verkaufen.

Die Leute glauben oft, Kreativität bedeute eine große, bahnbrechende Idee und sei wie der eine begnadete Satz, der einem hilft, das ganze Spiel zu gewinnen. Aber das stimmt nicht. Genauso häufig, vielleicht sogar noch öfter, bedeutet Kreativität einfach nur, zehn Meter in einer Staubwolke voranzukommen. Es ist wie bei einem Feldspiel. Kreativität bedeutet eine kleine Verbesserung der Idee, der Präsentation oder der Erklärung, warum jemand ein bestimmtes Produkt kaufen, mit einer bestimmten Fluggesellschaft fliegen, ein bestimmtes Auto fahren oder einen bestimmten Schokoriegel essen sollte. Es ist dieses kleine Etwas, das jemanden denken lässt: »Okay, noch ein Grund, warum ich dies oder das tun sollte.«

Ich habe den leisen Verdacht, dass eine ganze Menge brillanter Ideen ungenutzt bleiben, weil die meisten Leute sie einfach zu beunruhigend finden, um sie ernsthaft in Erwägung zu ziehen. Daher glaube ich, dass man sich der Kreativität und der Suche nach neuen Ideen ganz bewusst auf die gleiche Weise nähern muss, wie man an Vergnügungsreisen herangeht. Wenn man eine Reise nach Übersee plant, dann bereitet man sich darauf vor, etwas zu entdecken und zu lernen. Deshalb macht man schließlich diese Reise. Ich glaube, im Geschäftsleben muss man das Gleiche tun. Wenn man einmal begriffen hat, dass einen neue kreative Ideen zu neuen Ufern bringen, die man noch nie zuvor betreten hat, dann wird man sie auch willkommen heißen, statt vor ihnen zurückzuschrecken. Solange man an seiner Strategie festhält, kann man mutig ausschreiten und die Zukunft in den Griff bekommen, ehe sie da ist.

Denken Sie immer daran: Wenn Sie sich ändern können, ehe Sie sich ändern müssen, dann werden Sie schon ein gutes Stück weiter sein, wenn die Konkurrenz Ihre jetzige Position erreicht.

3. TEIL

Mit wessen Hilfe?

9. Kapitel

Zählen Sie nicht die Köpfe, messen Sie Ergebnisse

Ich habe Ihnen bereits aufgelistet, was man meiner Meinung nach tun muss, um ein erfolgreicher Marketingfachmann zu werden. Sie müssen:

sich ein Ziel setzen, damit Sie wissen, was Sie zu erreichen versuchen;
Strategien entwickeln, wie Sie dieses Ziel erreichen werden;
sich entscheiden, wo Sie Ihr Produkt in den Augen der Konsumenten platzieren wollen;
Marken schaffen und für diese Marken ein Image;
Ihre Kunden verstehen;
den Kunden ständig neue Gründe liefern, warum sie Ihr Produkt kaufen sollen;
neue Marken erfinden;
in neue Märkte einsteigen;
in bereits bestehenden Märkten wachsen;
auf kreative Weise über Verpackungen, Promotionen, die Distribution und Werbung nachdenken;
ständig die Ergebnisse von allem, was Sie tun, testen und messen;
ständig Ihre Marken und Strategien auffrischen, um nicht nur die gegenwärtigen Abverkäufe, sondern auch zukünftige Verkäufe zu maximieren;
und das alles auf vielen verschiedenen Märkten.

Inzwischen denken Sie wahrscheinlich: »Und mit welchem Heer von Leuten soll ich das alles erreichen? Sie haben mich gerade überredet, 100 Pferde zu kaufen, aber wer soll sie reiten? Sie haben mich dazu gebracht, eine ganze Flugzeugflotte anzuschaffen, aber woher soll ich die Piloten nehmen? Sie haben mir erklärt, zielgerichtetes Planen müsse sein – aber wie soll ich das machen? Wer soll es machen? Mich gibt es nur einmal!«

Nun, die Antwort lautet, dass Sie eine Marketingorganisation aufbauen und die Stellen mit guten Leuten besetzen müssen, vielen guten Leuten.

Als ich das erste Mal bei Coke arbeitete, war ich ständig frustriert, weil ich eine Menge Ideen hatte, aber nicht genügend Leute, um sie auszuführen. Nachdem ich Coke dann verlassen hatte, sah ich überall das gleiche Bild. In vielen Unternehmen gab es massenweise gute Ideen, mit denen man vermutlich eine Menge von Waren verkaufen konnte, aber sie wurden nicht in die Tat umgesetzt, weil es einfach nicht genug Leute gab, um das zu tun. Als ich zu Coke zurückkehrte, stellte ich mir immer das folgende Bild vor: Auf dem Parkplatz stehen 500 Busse und niemand ist da, der sie fahren könnte. Alle Busse sind startklar, die Routen sind festgelegt, es ist genug Benzin in den Tanks, aber es gibt keine Fahrer. Das half mir, mich auf das zu konzentrieren, was ich tun musste, um die Leute einstellen zu können, die ich brauchte.

In Zukunft wird man Marketing als professionelle Disziplin etablieren müssen, die auf vernünftigen Geschäftsprinzipien basiert und gute Geschäftsergebnisse liefert.

Hierfür gibt es zwei wesentliche Gründe. Ich hoffe, mir ist in den letzten paar Kapiteln gelungen zu verdeutlichen, dass einer der Gründe darin besteht, dass man wesentlich effektiveres Marketing betreibt, wenn man vernünftige Geschäftsprinzipien anwendet. Der andere Grund ist der, dass die Marketingleute nur dann die Ressourcen bekommen, die sie brauchen, um ihre Arbeit effizient zu erledigen, wenn sie deutlich machen, dass Marketing eine sinnvolle Geschäftsinvestition ist, die zu eindeutigen und messbaren Ergebnissen führt. Solange man Marketing als eine unwesentliche Tätigkeit und daher als Ausgabe betrachtet, wird die Unternehmensleitung keine Bedenken haben, Marketingbudgets zu kürzen. Dadurch wird jedoch die Effektivität reduziert, was zu weiteren Kürzungen führt. Es ist ein Teufelskreis, der schließlich das Ende des Marketings überhaupt bedeuten kann.

Stellen Sie Profis ein, keine Amateure

Marketing ist keine anspruchslose optionale Aktivität, sondern es ist eine ganz wichtige strategische Disziplin, die man systematisch und professionell angehen muss. Damit Ihnen das gelingt, müssen Sie beim Einstellen und der Weiterentwicklung professioneller Marketingleute auf äußerst disziplinierte Weise vorgehen.

Es gibt eine ganze Menge guter Marketingleute, die in langen Lehrjahren zu Profis wurden. Ich rechne mich zu dieser Gruppe. Zuerst habe ich für Procter & Gamble in Mexiko als Produktassistent für das Waschmittel Ariel gearbeitet. Nach etwa einem Jahr konnte ich mich verbessern und ging in den Vertrieb, dann kam ich zurück in die Marketingabteilung und arbeitete als Produktmanager für Crest und anschließend für Safeguard. Später bot mir dann die New Yorker Werbeagentur McCann-Erickson eine Stelle an, also wechselte ich den Arbeitgeber und arbeitete in Mexiko für den Kunden Coca-Cola. Das führte zu anderen Aufgaben, beispielsweise einer Zeit in Japan mit der Verantwortung für die Kunden Nestlé und General Motors und dann nach New York, um die Werbung für Coca-Cola-Abfüller zu betreuen. Schließlich stellte PepsiCo (jawohl, PepsiCo!) mich als Marketingleiter in Brasilien ein. Von dort aus schickten sie mich nach New York, wo ich die Stelle als Marketingdirektor für Pepsi in den Vereinigten Staaten übernahm, und später ging ich dann zu Coca-Cola nach Atlanta.

Toll.

Als ich anfing, hatte ich von Marketing keine Ahnung. Ich kam ins Marketing, weil Procter & Gamble Leute in der Marketingabteilung brauchte und bereit war, mich einzustellen.

Leider passiert dies nur zu häufig. Da die Geschäftsleitung Marketing nicht wirklich versteht, stellt sie jeden ein, der ihr über den Weg läuft, oder steckt ihre Schwäger und alle anderen Leute, mit denen sie nichts anzufangen weiß, in die Marketingabteilung. Glücklicherweise leisten einige dieser Leute, besonders die jungen, die genügend Energie haben und bereit sind zu lernen, gute Arbeit, trotz des anfänglichen Mangels an Qualifikation. Das Problem ist jedoch, dass die Unternehmen letztendlich eine ganze Menge Leute in Positionen haben, für die sie nicht qualifiziert sind.

In der Vergangenheit, als der Wettbewerb noch nicht so hart war, kam man mit ein paar guten Marketingleuten und einem Haufen anderer, die in der Lage waren, das Telefon zu bedienen und das eine oder andere Projekt zu betreuen, über die Runden. Aber in Zukunft wird es nicht mehr möglich sein, mit einer solchen Lösung zu bestehen. Jeden Tag müssen Marketingleute mehr tun und härter und intelligenter arbeiten, um mehr Kunden zum Kauf ihrer Produkte anstelle der Wettbewerbsprodukte zu bewegen. Das heißt, man braucht viele Beschäftigte, und jeder Einzelne muss seinen Teil Arbeit übernehmen.

Sie brauchen das Wissen und das Gehirnschmalz dieser Leute, um gescheite Pläne zu entwickeln, und ihre Disziplin und praktischen Fähigkeiten, um diese Pläne auszuführen. Wenn Unternehmen mehr verkaufen wollen, dann brauchen sie mehr Marketingprofis, um diese Arbeit zu erledigen. Außerdem müssen die Firmen sicherstellen, dass sie die richtige Mischung von Talenten und Fähigkeiten haben, um alles besser zu machen als die Wettbewerber. Wenn Sie in der Bundesliga mitspielen wollen, dann brauchen Sie eine Mannschaft von Profis.

Das Problem der angemessenen Ressourcen wird ganz besonders deutlich, wenn es ums Personal geht. Sobald Sie anfangen darüber zu reden, dass Sie ein Heer der besten und klügsten Marketingexperten der Welt einstellen wollen, sieht Ihr Chef vor seinem geistigen Auge die Tausender nur so davonflattern, und die Leute aus der Finanzabteilung klopfen Ihnen auf die Finger und erklären, es sei ein Einstellungsstopp verhängt worden. Wenn ein Marketingexperte den nun folgenden Kampf um das Personalbudget gewinnen will, muss er zweierlei tun.

Zuallererst müssen Sie sich selbst klarmachen, dass Marketing ein richtiger Beruf ist, und dann müssen Sie Ihren Chef davon überzeugen.

Marketingleute sind professionelle Menschen mit ganz bestimmten Fähigkeiten, die Sie finden und für die Sie zahlen müssen. Sie können nicht einfach den Sohn von Cousin Winfried einstellen und in die Marketingabteilung stecken, weil der Junge einen Job braucht. Sie können nicht jemanden einstellen, bloß weil derjenige sagt: »Ich bin ein Konsument. Ich kaufe ein. Außerdem kenne ich eine Menge anderer Leute, die auch einkaufen, daher weiß ich auch, wie man etwas vermarktet.« Man wird nicht als Marketingexperte geboren. Man muss Marketing lernen und man muss wirklich im Marketing arbeiten wollen.

»Den Job unbedingt haben zu wollen genügt nicht. Sie müssen Marketing wirklich lieben, ganz versessen darauf sein und es zum festen Bestandteil Ihres Lebens machen.«

Den Job unbedingt haben zu wollen genügt nicht. Sie müssen Marketing wirklich lieben, ganz versessen darauf sein und es zum festen Bestandteil Ihres Lebens machen. Marketing ist kein Beruf, es ist Berufung. Sie brauchen intelligente, fähige Leute, die sich ihrem Beruf mit Hingabe widmen, nicht einfach irgendwen.

Wenn Sie mit Finanzleuten debattieren, dann müssen Sie die notwendigen Tatsachen und Zahlen zur Hand haben. Sie müssen demonstrieren, dass Marketing funktioniert und dass jede müde Mark, die in Ihre Marketingabteilung gesteckt wird, eine lohnenswerte Investition darstellt. Um das zu erreichen, müssen Sie für jede Ihrer Marken und jede Ihrer Aktivitäten eine

Gewinn-und-Verlust-Rechnung machen und dabei wirklich alle Kosten berücksichtigen, einschließlich der Gemeinkosten und allem Drum und Dran. Auf der Basis dieser Daten können Sie rational argumentieren, dass Sie neue Leute brauchen, genauso wie Sie rational den Plan, eine neue Fabrik oder ein neues Lagerhaus zu bauen, verteidigen würden.

Wenn Sie konkrete Zahlen vorlegen können, die beweisen, dass Umsatz und Gewinn in gleichem Maße steigen oder fallen, wie die Marketingaktivitäten zunehmen oder zurückgehen, und die Unternehmensleitung auch nur ein Gramm gesunden Menschenverstands besitzt, sollte es Ihnen gelingen, sich durchzusetzen. Wenn es nicht gelingt, dann rate ich Ihnen, sich eine neue Stelle zu suchen, denn Sie arbeiten für ein Unternehmen, das von Leuten geführt wird, die entweder nicht besonders intelligent sind oder die gar keinen Erfolg haben wollen. Wer möchte schon einem Spieler der Amateurliga helfen, in die Regionalliga aufzusteigen, wenn er die Chance hat, einem Spieler der zweiten Bundesliga zum Sprung in die erste Bundesliga zu verhelfen? Wenn Ihr Unternehmen nicht bereit ist, ins Marketing zu investieren, wie will es dann überhaupt wachsen? Durch Nichtstun?

Daraus wird wohl nichts.

Stellen Sie die besten Leute ein, und finden Sie dann eine Aufgabe für sie

Nehmen wir einmal an, Sie bekommen die Genehmigung, ein Heer von guten Leuten anzustellen. Lassen Sie uns nun darüber reden, wie Sie in einem solchen Fall vorgehen und wie Sie die Marketingabteilung organisieren müssen. Wie entscheiden Sie, welche Leute sie einstellen sollen? Wie können Sie diese Leute dazu bewegen, für Sie zu arbeiten? Auch in diesem Fall brauchen Sie eine Strategie.

Ich habe meine Denkweise von dem berühmten Footballtrainer Tex Schramm übernommen. Anders als die übrigen Trainer zog Tex Schramm nicht los, um die besten Stürmer, Abwehrspieler oder Liberos zu finden. Stattdessen hielt er Ausschau nach den besten Athleten, die er nur finden konnte, und dann baute er sie für die Position auf, in der sie spielen sollten.

»Leute, die wirklich ausgezeichnete Arbeit leisten, sind nicht so leicht zu haben. … Daher müssen Sie Mittel und Wege finden, sie zu bekommen.«

Ich erzähle Ihnen nun, wie wir bei Coca-Cola Leute einstellten. Wir hielten Ausschau nach den Besten. Wir suchten nicht die Person mit 7,6 Jahren beruflicher Erfahrung oder diejenige, die 2,6 Jahre im Erfrischungsgetränkegeschäft tätig war. Wir suchten auch nicht die Person mit Auslandserfahrung in 3,2 Ländern beziehungsweise 2,6 Kindern. Wir suchten die besten Marketingexperten der Welt und fanden dann eine Arbeit für sie. Wenn nötig schufen wir neue Stellen für diese Leute, bis wir sie an den richtigen Platz setzen konnten. Ich hatte eine Zeit lang vier oder fünf spezielle Assistenten, denn als ich diese besonders fähigen Leute fand, hatte ich gerade keine geeignete Stelle für sie; daher erfand ich eine Position und ließ sie an etwas arbeiten, was ich ohnehin entwickeln wollte. Dadurch dass sie mit vielen anderen Leuten und vielen Aufgaben in Berührung kamen, wurden diese Leute sehr rasch in das Geschehen mit einbezogen und fanden ihren Platz. Sie wurden erschreckend schnell von der Organisation absorbiert. Wenn Sie gute Leute entdecken, stellen Sie diese ein. Wenn diese Leute wirklich gut sind, werden sie einen positiven Beitrag zum Unternehmen leisten, ganz egal, wo sie anfangs hingesteckt werden.

Wenn Sie solche Menschen einstellen möchten, werden Sie schnell feststellen, dass diejenigen, die wirklich ausgezeichnete Arbeit leisten, nicht so leicht zu haben sind. Damit meine ich, dass die Arbeitgeber dieser Leute üblicherweise sehr zufrieden mit ihnen sind und ihnen attraktive Gehälter zahlen. Daher müssen Sie Mittel und Wege finden, sie zu bekommen. Sie müssen herausfinden, was diese Menschen wollen, aber in ihrer derzeitigen Position nicht bekommen, und das müssen Sie ihnen bieten. Sie müssen ihnen das geben, was ich als *virtuelle Kompensation* bezeichne. Vielleicht steckt in ihnen ein gewisses Maß an Abenteuerlust oder sie suchen einen Ort, an dem ihre Familie sich wohl fühlt. Möglicherweise möchte jemand auch, dass sein oder ihr Kind in einem bestimmten Land geboren wird. Es kann auch sein, dass eine Frau einen Freund in Frankreich hat und dorthin ziehen möchte, um zu heiraten. Mir wurden schon all diese Gründe dafür genannt, warum Leute eventuell bereit sein würden, ihre Stelle zu wechseln. Wir gingen auf all diese Wünsche ein. Wir stellten uns um und passten uns an. Wir waren immens flexibel, wenn es darum ging, Leuten das anzubieten, was sie haben wollten, dafür bekamen wir aber auch, was wir wollten: viele eifrige, engagierte, intelligente Menschen, die unsere Bereitschaft, auf ihre Bedürfnisse einzugehen, schätzten.

Sorgen Sie für frisches Blut

Wenn Sie Ihre Abteilung ausbauen, indem Sie fähige Leute von außen hereinholen, dann müssen Sie sehr sorgfältig auf die Kommunikation achten und aufpassen, dass Sie auch die Leute fördern, die bereits bei Ihnen beschäftigt sind. Die Lage ist vergleichbar mit der Einführung eines neuen Produktes; Sie müssen nach wie vor Ihre bisherigen Produkte vermarkten. Ich erwähne dies, weil gute Kommunikation ganz wichtig ist, und ich das auf schmerzhafte Weise lernen musste.

Kurz nachdem ich im August 1993 wieder zu Coca-Cola zurückgekehrt war, konnte ich Doug Ivester, den Präsidenten von Coca-Cola, und den Vorsitzenden Roberto Goizueta zu der Zusage bewegen, weitere 50 Leute einstellen zu dürfen, da wir nicht über das notwendige Personal verfügten, um unser Ziel zu erreichen. Ich war begeistert, denn dies würde unsere Marketingaktivitäten immens verstärken. Aber plötzlich sah ich mich einer Palastrevolution gegenüber, angeführt von den Leuten, von denen ich erwartet hatte, dass sie sich genau wie ich über die Aussichten freuen würden. Sie ging von dem Personal in meiner Abteilung aus, das wesentlich mehr Ressourcen bekommen sollte, und von den Personalberatern, die viel Geld damit verdienen sollten, mir beim Aufspüren der neuen Leute zu helfen.

Das Problem in meiner Abteilung entstand, weil ich nicht gut genug erläutert hatte, was wir tun wollten. Das Personal glaubte, dass wir mit unseren Maßnahmen andeuten wollten, dass wir derzeit nicht über gute Leute verfügten. Es machte sich Sorgen, weil es fürchtete, dass wir einige entlassen würden. Als wir somit endlich zum Grund des Problems vorstießen, leuchtete es mir ein, wieso die Angestellten die Situation völlig missverstanden hatten. Aber was in den Köpfen der Personalberater vor sich ging, ist mir nie klar geworden.

Ich hatte erwartet, dass die Headhunter begeistert über die offene und allgemeine Aufforderung sein würden, 50 gute Leute zu finden. Sie waren jedoch keinesfalls entzückt. Wenn man eine Stelle neu besetzen möchte, beispielsweise die eines Werbeleiters für Singapur, dann kann man den Personalberatern eine Stellenbeschreibung vorlegen, nach der sie dann zu rekrutieren versuchen. Aber als wir ihnen sagten: »Mir schwebt keine bestimmte Stelle vor, ich brauche einfach gute Marketingleute«, schauten sie uns an, als wären wir verrückt. Sie konnten nicht begreifen, was wir haben wollten, solange wir ihnen keine Stellenbeschreibung in die Hand drücken konnten.

Leslie Reese, seinerzeit meine erste Assistentin, war zur Personalchefin ernannt worden. Sie kam zu mir ins Büro, raufte sich die Haare und erzählte mir, dass überall auf der Welt die Personalberater nichts mit dieser Sache zu tun haben wollten. Sie gingen sogar so weit, dass Probleme in unserem Unternehmen entstanden, dadurch dass sie zu den Managern vor Ort gingen und ihnen erzählten, wir würden hinter ihrem Rücken Leute einstellen. Daraufhin riefen uns die Manager wütend und voller Panik an, um zu fragen: »Für welche Stelle soll jemand gesucht werden? Ich brauche niemanden; alle Stellen sind besetzt. Warum tun wir das?«

»Wir hatten viele gute Leute.
Aber wir brauchten mehr davon,
und wir brauchten solche,
die Fähigkeiten mitbrachten,
über die wir noch nicht verfügten.«

Also mussten wir eine Menge Zeit mit Erklärungen verbringen. Wir hatten überhaupt nichts gegen die Leute, die damals bei uns angestellt waren, und wir hatten auch nicht die Absicht, einen Teil von ihnen zu entlassen. Außerdem bedeutete die Tatsache, dass wir jemanden in Zürich einstellten, noch lange nicht, dass diese Person auch in Zürich bleiben würde. Wir wollten einfach expandieren. Wir hatten bereits viele gute Leute. Aber wir brauchten mehr davon, und wir brauchten solche, die Fähigkeiten mitbrachten, über die wir noch nicht verfügten.

Wir hatten bereits genügend Leute mit Erfahrung im Erfrischungsgetränkemarkt. Wir brauchten Beschäftigte aus anderen Branchen und anderen Bereichen, damit sie uns lehren konnten, was sie wussten. Roberto Goizueta formulierte es so: »Wir suchten Leute, die frisches Blut ins Unternehmen bringen sollten; wir wollten weder ihnen eine Bluttransfusion geben noch war uns an einer Eigenbluttransfusion gelegen.« Das war ausgezeichnet formuliert, denn es besagte, dass wir keine Leute indoktrinieren und sechs Monate lang ausbilden wollten, nur damit sie lernten, alles zu vergessen, was sie in anderen Branchen gelernt hatten; wir wollten, dass die Leute zu uns kommen und uns lehren sollten, was sie wussten und konnten. Auf der Basis von Außenseiterwissen wollten wir lernen, wie wir das, was wir machten, besser machen konnten.

Man kann nie zu viele produktive Leute haben

Eines der Probleme, über das sich die Personalberater fortwährend beschwerten, war die Tatsache, dass wir ihnen keine ausreichende Stellenbeschreibung gaben. Meiner Ansicht nach sollte man sich nicht allzu viele Gedanken um eine Stellenbeschreibung machen, wenn man an die zukünftige Entwicklung denkt. Finden Sie einfach die besten Experten. Stellen Sie fest, wer die besten Medien-, Werbe-, Marketing- und Markenprofis sind, und stellen Sie diese Leute ein. Es gibt nicht viele von ihnen. Viele Unternehmen verwechseln Durchhaltevermögen mit Können und glauben, dass jemand, der zwölf Jahre lang eine bestimmte Stelle innehatte, über wertvolle Erfahrung verfügt. Glauben Sie mir: Oft trifft das nicht zu. Es ist schwer, gute Leute zu finden, solche, die die Fähigkeit besitzen, sich selbst neu zu erfinden und das zu tun, was getan werden muss, nämlich all das, worüber ich in den vergangenen acht Kapiteln geschrieben habe. Wenn man diese Leute nicht einstellt, sobald man sie gefunden hat, wird man niemals die Personaldecke entwickeln, die man wirklich braucht.

»Es ist äußerst ineffizient, wenn Sie daran denken, jemanden einzustellen, der eine Aufgabe erledigen soll, die vor fünf Minuten hätte getan werden müssen.«

Schauen Sie sich den Mannschaftssport an. Ein Baseballmanager stellt sechs Werfer ein, auch wenn er immer nur einen braucht. Außerdem hat er noch vier weitere in seinem zweiten Team und weitere sechs in einem dritten Team. Die Manager bauen ständig solche Reserven auf, weil sie wissen, dass alle Werfer einmal müde werden. In Unternehmen verhalten wir uns nicht so, weil wir uns Sorgen um den Personalbestand machen. Wenn wir die Wall Street darüber informieren, dass wir

Personal kürzen, dann freut das normalerweise die Börsenmakler, weil sie glauben, wir würden jetzt effizienter. In Wirklichkeit wird man normalerweise aber durchaus nicht effizienter. Es ist nämlich äußerst ineffizient, wenn Sie daran denken, jemanden einzustellen, der eine Aufgabe erledigen soll, die vor fünf Minuten hätte getan werden müssen. Man muss über Reserven verfügen.

Sie müssen immer entsprechend der Einsicht handeln, dass mehr Leute an der richtigen Stelle mit der richtigen Zielsetzung mehr Ware produzieren und verkaufen werden; wenn Sie das tun, werden Sie mehr Geld verdienen, und die Leute werden sich sozusagen selbst finanzieren. Wenn sie sich ihr Gehalt nicht selbst erwirtschaften, dann reduzieren Sie Ihr Personal, denn es schafft kein Wachstum. Man kann nicht unaufhörlich den Personalbestand ausweiten, und es ist völlig in Ordnung, ihn zu reduzieren. Aber man sollte Leute nur entlassen, weil sie nicht produktiv sind, nicht weil man irgendeine Istgröße für die Beschäftigtenzahl willkürlich festgelegt hat. Wenn alle Ihre Angestellten zum Verkauf und Unternehmenswachstum beitragen, dann bedeutet die Entscheidung, einige von ihnen zu entlassen, dass Sie auch Ihre Einnahmen reduzieren. Man kann nie zu viele produktive Leute haben.

Lassen Sie die Leute in Ruhe arbeiten

Wenn Sie all die fähigen Leute auf der Welt angestellt haben, müssen Sie diese auch leiten. Genauer gesagt, Sie müssen ein System und ein Umfeld schaffen, in dem sie gedeihen und all das tun können, wofür sie angestellt wurden. Das bedeutet, dass Sie Ihnen Verantwortung und Autorität übertragen müssen. Sie müssen ihnen vertrauen. Ich schreibe den größten Teil meines Erfolges in diesem Geschäft der Tatsache zu, dass ich gute Leute einstellte, mir ihre Ideen anhörte und ihnen die Möglichkeit gab, diese zu verwirklichen. Solange sie einen Fehler, den sie gemacht hatten, als solchen erkannten und daraus lernten, ließ ich sie diese Idee wegwerfen und es mit einer neuen versuchen. Ich habe hunderte von Leuten für die Coca-Cola-Company eingestellt, die zu den intelligentesten und innovativsten Menschen auf der Welt zählen. Als ich sie einstellte, wusste ich, dass jeder von ihnen einen Traum hatte, ein Wunschbild, vielleicht eine Promotionskampagne, die sie durchführen wollten, oder eine Positionierung, die sie erreichen wollten. Wenn man das Umfeld schafft, in dem sie ihre Träume testen können, werden Menschen eifrig, energiegeladen, glücklich und produktiv sein.

»Wenn man eine Menge Leute ihres Wissens wegen einstellt, dann muss man ihnen zuhören und man muss delegieren.«

Die meisten Leute behaupten gerne von sich selbst, dass sie gut zuhören oder gut delegieren können, aber oft stimmt es nicht. Wenn man jedoch eine Menge Leute ihres Wissens wegen einstellt, dann muss man ihnen zuhören und man muss delegieren. Sonst gibt es keinen Grund, warum man für ihr Wissen bezahlen sollte.

Man stellt Leute von außen ein, statt jemanden innerhalb des Unternehmens zu befördern, weil man einen Wissenstransfer haben möchte. Man möchte aus den Erfolgen und Fehlern lernen und dieses Wissen auch den übrigen Beschäftigten im Unternehmen vermitteln. Um das zu erreichen, muss man sicherstellen, dass die Kommunikation funktioniert. Man muss eine gemeinsame Sprache schaffen, und man muss delegieren. Selbst wenn man weiß, dass Leute Fehler machen werden, muss man ihnen gelegentlich erlauben, diese Fehler zu machen, damit sie und ihre Kollegen aus diesen Fehlern lernen können.

Stellen Sie klar, wer welche Entscheidungen trifft

Alle mir bei Coke direkt Unterstellten waren berechtigt, das zu tun, was getan werden musste. Wir hatten ein System, das festlegte, wer für was verantwortlich war und wer welche Entscheidung treffen musste. Mit Hilfe einer meiner Freunde, Bill Boggs, erfanden wir dieses System, das auf fünf Entscheidungsebenen basierte. Ebene eins war meine Entscheidung ohne den Beitrag eines anderen, Ebene zwei war meine Entscheidung mit dem Beitrag einer anderen Person, Ebene drei war unsere Entscheidung, Ebene vier war die Entscheidung eines anderen mit meinem Beitrag, und Ebene fünf war die Entscheidung einer anderen Person.

Ebene eins betraf die politischen Entscheidungen. Die Unternehmenszentralen haben finanzielle Verpflichtungen den Aktionären gegenüber, daher brauchen sie auch eine Gesamtstrategie und in der Zentrale die Möglichkeit, günstige Gelegenheiten zu nutzen. Wenn Sie für ein Warenzeichen oder ein Unternehmen oder eine Bilanz verantwortlich sind, dann müssen Sie hinsichtlich gewisser Dinge Entscheidungen treffen, die mit dem gesamten Führungsstil übereinstimmen; diese Verantwortung wurde Ihnen von den Aktionären oder dem Aufsichtsrat des Unternehmens übertragen. Diese Entscheidungen müssen deutlich kommuniziert werden. Es ist daher völlig in Ordnung, zu jemandem zu sagen: »Hören Sie, dies ist eine Entscheidung, die auf Ebene eins getroffen wurde. Wir werden das nicht tun – ganz egal, was ›das‹ ist –, verschwenden Sie daher keine Zeit damit, diese Entscheidung umstoßen zu wollen.«

»Scheuen Sie sich nicht, nein zu sagen. Niemand reagiert begeistert auf ein ›Vielleicht‹.«

Klar und deutlich nein zu sagen, ist eine der wichtigsten und schwierigsten Aufgaben von guten Managern. Ich meine damit nicht, dass sie ihr Veto einlegen sollen, nur um zu zeigen, wie mächtig sie sind. Aber ein Manager hat auch die Aufgabe sicherzustellen, dass die Leute ihre Zeit effizient und auf sinnvolle Weise nutzen. Eines der größten Komplimente, das man mir je gemacht hat, kam von Tom Long, der mir bei Coke direkt unterstellt war. Als er eines Tages bemerkte, dass ich oft nein sage, dachte ich zuerst, er beklage sich darüber. Aber dann sagte er: »Wenn wir über eine Angelegenheit und das, was ich tun will, lange und hitzig debattiert haben, ist es für mich wirklich beruhigend, wenn du schließlich sagst: ›Nein, wir werden das aus den folgenden Gründen nicht tun‹, und mir die Sache erklärst; denn dann höre ich auf, meine Zeit damit zu verschwenden, und konzentriere mich auf das, wozu du ›ja‹ gesagt hast.«

Scheuen Sie sich also nicht, nein zu sagen. Niemand reagiert begeistert auf ein »Vielleicht« oder ein »Ja, das ist ein interessanter Gedanke, lass mich darüber nachdenken« oder ein »Schreiben Sie mir einen Bericht darüber« oder was auch immer Sie sagen. Es ist besser, klar und deutlich ja oder nein zu sagen. Diskutieren Sie hitzig, aber tun Sie nach einer hitzigen Debatte genau die Dinge, die wirklich getan werden müssen.

Entscheidungen auf Ebene zwei sind diejenigen, bei denen ich sage: »Hör zu, das ist eine Ebene-zwei-Entscheidung, ich möchte eine Entscheidung treffen, aber ich möchte auch sicherstellen, dass du so viel wie möglich dazu beiträgst. Schreib es auf, erzähl es mir, präsentiere es, mach, was du willst. Wenn ich genau verstehe, was du vorschlägst, und solange wir beide wissen, was du denkst und was ich denke, glaube ich, letztendlich in der Lage zu sein, die richtige Entscheidung zu treffen.« In dieser Situation ist es wichtig, dass die Leute begreifen, dass man ihnen zuhört und dass ihre Ansicht und ihre Analyse der Lage von demjenigen, der die Entscheidung trifft, aktiv berücksichtigt wurden. Dieser Prozess hat den zusätzlichen Vorteil, dass er Leuten hilft zu begreifen, wie Sie denken, sodass sie in Zukunft wissen, nach welchen Kriterien sie beurteilt werden und was zu ihrem Erfolg oder Misserfolg führen kann.

Ich verabscheue Entscheidungen auf Ebene drei. Ebene drei bedeutet, dass wir uns alle im Kreis drehen und versuchen, gemeinsam eine Entscheidung zu treffen. Eine unmögliche Situation. Jemand muss eine Entscheidung treffen. Selbst in einer hoch entwickelten Demokratie muss jemand die Führung übernehmen und sagen: »Das werden wir tun. Reden wir darüber, debattieren wir, aber jemand muss eine Entscheidung treffen.« Ich habe mich immer bemüht, Entscheidungen von Ebene drei entweder auf Ebene zwei oder Ebene vier zu verlagern. Wenn irgend möglich, gehen Sie Entscheidungen auf Ebene drei also aus dem Weg.

Manager finden es äußerst schwierig, mit Entscheidungen auf Ebene vier umzugehen, denn dies bedeutet, dass sie all die Macht vergessen müssen, mit der sie ausgestattet wurden, und einem anderen erlauben müssen, die Führung zu übernehmen. Der Manager kann seinen Beitrag zu der Entscheidung leisten, aber ein anderer trifft sie. Wenn das System funktionieren soll, dann ist es besonders wichtig, dass man sich an die Spielregeln hält und tatsächlich die andere Person entscheiden lässt.

Es ist verführerisch, zu sagen, dass die andere Person die Entscheidung treffen darf, sie dann aber als ihr Vorgesetzter unter Druck zu setzen, das zu tun, was man selbst will. Aber wenn man das tut, wenn man die eigene Stärke einsetzt, um sich durchzusetzen, oder später jemanden heimlich dafür bestraft, dass er anders entschieden hat, dann ruiniert man die ganze Organisation, weil man dann nämlich in Zukunft immer alle Entscheidungen wird selbst treffen müssen. Dann werden viele der Entscheidungen, die Sie in Ihrem Büro in New York oder Atlanta oder London oder Frankfurt treffen, schlechte Entscheidungen sein. Sie stellen schließlich Leute ein und schicken sie in die ganze Welt, damit sie bestimmte Fähigkeiten entwickeln können und Erfahrungen in bestimmten Märkten sammeln. Wenn der große Häuptling an der Spitze jedoch alle Entscheidungen trifft, dann zieht man keinen Vorteil aus dem Wissen, das man gefördert und aufgebaut hat.

Entscheidungen auf Ebene fünf sind diejenigen, an denen ich nicht beteiligt bin. Leute kamen immer wieder mit verschiedenen Sachen zu mir und ich sagte ihnen: »Das ist Ebene fünf.« Ebene fünf bedeutet, dass man Menschen vertraut. Man vertraut ihrer Fähigkeit, ihrem Wissen und ihrem Verständnis dafür, was auf dem Markt passiert. Ebene fünf bedeutet außerdem, dass man an die Übertragung von Macht glaubt. Im Wesentlichen sagt Ebene fünf zu jemandem: »Hör zu: Der Grund, warum du hier bist, der Grund, warum wir dich einstellten, der Grund, warum wir dir ein Warenzeichen dieses Unternehmens anvertrauen, ist der, dass wir an dich glauben. Also tu, was du für richtig hältst!«.

Jeder muss lernen und lehren

Ich möchte hier keinesfalls den Eindruck erwecken, dass ich es für richtig halte, wenn Manager sich nicht einmischen. Ich betrachte es als meine Aufgabe, zu gewährleisten, dass alle die Strategie, die Richtung und die Geschäftsziele genau verstehen. Häufig habe ich heftig mit meinen Leuten debattiert, um sicherzustellen, dass eine ihrer Ideen zur Gesamtstrategie passte. Aber ich habe immer dazu geneigt, Leuten Verantwortung zu übertragen. Man muss den Beschäftigten erlauben, ihr Bestes zu versuchen. Wissen Sie was? Ich habe die Erfahrung gemacht, dass die Leute im Großen und Ganzen wirklich gut sind. Sie haben gute Ideen, sie wollen etwas erfinden, schaffen und entdecken. Man muss ihnen nur ein paar generelle Regeln geben, das nötige Umfeld schaffen und genügend Spielraum lassen, damit sie arbeiten können.

In der Vergangenheit ging man bei Coke so vor – und das gleiche Prinzip herrscht heute noch in vielen anderen Unternehmen –, dass ein Manager aus der Zentrale in irgendein Land flog, eine Menge Befehle gab und eine ganze Reihe von Plänen über den Haufen warf. Vor Ort wurde er oder sie als Landplage betrachtet und man hatte das Ziel, ihn oder sie so schnell wie möglich wieder loszuwerden, damit man wieder das tun konnte, was man wollte.

Ich bin überzeugt, dass man mich, als ich anfing, auf diese

Art von Reisen zu gehen, als besonders schlimme Heimsuchung betrachtete, weil ich nicht einfach nur Befehle gab. Ich forderte die Leute heraus, stellte Fragen und argumentierte. Teilweise tat ich das, weil ich sichergehen wollte, dass die Leute wirklich die Zielsetzung verstanden, und weil ich sie antreiben wollte, nicht nur eine gute Idee zu produzieren, sondern die bestmögliche Idee. Ich tat es aber auch, weil ich viel vom Lernen halte. Ich glaubte daran, dass die Leute, die wir in allen Ecken der Welt hatten, brillante, großartige Menschen waren, und ich wollte von ihnen lernen. Ich wusste auch, dass ich aufgrund meiner jahrelangen Erfahrung eine ganze Menge mitbrachte, was sie von mir lernen konnten. Meetings müssen ein Austausch von Ideen sein. Es gibt keinen Grund, warum man sie sonst abhalten sollte. Man spart sich Zeit und Geld, wenn man einfach nur Faxe und E-Mails durch die Gegend schickt.

»Es war einfach blöd und langweilig,
nur dazusitzen und zuzuhören,
während andere uns die Ohren voll laberten. …
Wir wollten an der Planung teilhaben.«

Doug Ivester und ich leiteten bei Coke Budgetverhandlungen, die wir beide gerne als philosophische Gespräche ansahen; viele derjenigen, die daran teilnahmen, hätten sie vermutlich eher als Streitgespräch bezeichnet. Wir hatten entschieden, dass es einfach blöd und langweilig war, nur dazusitzen und zuzuhören, während andere uns mit ihren Schaubildern und Diagrammen und Präsentationen über Pläne zuschütteten, die längst gemacht worden waren. Wir wollten an der Planung teilhaben, daher unterbrachen wir ständig, stellten Fragen und machten Vorschläge. Am Anfang mochten viele Leute das überhaupt nicht. Aber sobald sie herausgefunden hatten, dass wir sie nicht angriffen, sondern versuchten, ihnen zu helfen, hörten sie auf, sich zu verteidigen, und wir entwickelten ein paar wirklich tolle Ideen in diesen Diskussionen.

Sie müssen begreifen und anderen helfen zu begreifen, dass eine angriffslustige Auseinandersetzung mit Leuten, eine heftige Debatte, Streitgespräche und hitzige Diskussionen nützlich sind, denn sie treiben Leute dazu an, bessere Methoden zu finden, um etwas zu tun, was sie ihrer Meinung nach bereits jetzt gut machen.

Ich muss zugeben, dass ich als junger Mensch in Situationen, in denen meine Chefs mich mit Fragen bestürmten, genauso schnell wie jeder andere auch an die Decke ging. Aber im Laufe der Jahre habe ich begreifen gelernt, dass die Typen hier am Tisch, die meine Pläne auseinander nehmen, die Fähigkeit haben, mir Wissen zu vermitteln, das ich noch nicht habe. Irgendwo auf der Welt hatte vielleicht jemand eine großartige Idee, von der diese Leute gehört haben und die mir helfen könnte, meinen Plan noch etwas besser zu machen. Das heißt Lernen, das heißt Wissen, das bedeutet einen Ausbau des Wissens und eine Transformation. Es bedeutet, dass man alles, was man nur nutzen kann, auch tatsächlich einsetzt, um das, was man tut, noch etwas besser zu machen.

Ich kann mich noch gut daran erinnern, wie begeistert ich war, als etwa zwei Jahre, nachdem wir mit dieser Art von Besprechung angefangen hatten, die Leute endlich sagten: »He, dieses Meeting war wirklich toll. Du hast dich wirklich bemüht, uns weiterzuhelfen.« Ich lachte damals und fragte meinen persönlichen Assistenten, Dick Flaig: »Was haben die eigentlich das letzte Mal gedacht, was ich tun wollte? Etwa das Geschäft ruinieren?«

Lernen Sie, dass Autorität auch Verantwortung bedeutet

Ein System offener Kommunikation und ein klares Verständnis für die Verteilung von Autorität bedeutet auch, dass man sich über die Verantwortung im Klaren sein muss. Wenn man festlegt, wer worüber zu entscheiden hat, macht man die Leute auch für die Durchführung der Entscheidung verantwortlich. Wie oft haben Sie schon an großartigen Besprechungen teilgenommen, in denen jeder über die Initiativen redet, die zu ergreifen sind, und hinterher passiert gar nichts. In der Vergangenheit glaubte ich, dass eines der größten Erfolgshindernisse darin besteht, dass man keine Manager dazu bestimmt, für die Durchführung von großartigen Ideen zu sorgen. Viel zu häufig reden alle darüber, dass x, y oder z geschehen soll, aber irgendwie gehen diese Projekte dann im Alltagsgeschehen unter, weil die entscheidenden Personen an der Unternehmensspitze längst zu einem anderen Thema übergegangen sind.

»Alle reden darüber, dass x, y oder z geschehen soll, aber irgendwie gehen diese Projekte dann im Alltagsgeschehen unter.«

Wenn Sie jemanden zum Entscheidungsträger bestimmen, dann machen Sie auch deutlich, dass diese Person die Aufgabe hat, dafür zu sorgen, dass die Entscheidung ausgeführt wird. Natürlich kann sie die Ausführung an jemand anderen delegieren, aber sie hat nach wie vor die Pflicht sicherzustellen, dass die andere Person das auch tut. In jeder Organisation, aber ganz besonders in großen Unternehmen, muss man deutlich klarstellen, wer was zu tun hat.

Denken Sie global, aber handeln Sie auf lokaler Ebene

Ebenso entschieden wie ich der Meinung bin, dass man eine zentrale Strategie und eine zentrale Vorgabe der Richtung und der Unternehmensziele braucht, genauso entschieden glaube ich an eine dezentrale Durchführung und Taktik. Man kann nicht in New York Unternehmensentscheidungen treffen, wenn man in 100 verschiedenen Ländern oder auch nur in allen 50 Staaten der USA Waren verkaufen will, denn jeder Markt ist anders. Die Wettbewerbssituation ist anders, das wirtschaftliche Umfeld ist anders, und die Konsumenten sind anders. In jedem Markt muss man eine Organisation vor Ort aufbauen, mit Managern vor Ort, die auch vor Ort mit den Kunden reden können.

»In jedem Markt muss man eine Organisation vor Ort aufbauen, mit Managern vor Ort, die auch vor Ort mit den Kunden reden können.«

Jeder, der einmal gereist ist oder Geschichte studiert hat, weiß, dass die Franzosen sich von den Italienern unterscheiden, dass Mexikaner anders sind als Guatemalteken und dass Brasilianer sich von Argentiniern unterscheiden. Obwohl einige der betreffenden Länder gemeinsame Grenzen haben oder die Menschen dort die gleiche Sprache sprechen, hat jedes Land doch seine eigenen Vorurteile und Mythen, seine Geschichte, seine demographische Struktur, seine Wirtschaft und seine eigenen Probleme. All diese Aspekte tragen zur komplexen Struktur eines Landes bei. Und auf einen Teil dieser Struktur müssen Sie, wie auf eine Leinwand, Ihre Marke aufmalen und sicherstellen, dass sie dorthin passt und eine Verbindung zwischen ihr und den Menschen in diesem Markt entsteht.

Es gibt nur eine Methode, um dies dauerhaft zu erreichen, und zwar Manager vor Ort, eine Werbeagentur vor Ort, eine Agentur für Promotionskampagnen vor Ort, Produktion vor Ort sowie Großhändler vor Ort mit Lastwagen, die Ihre Waren in die Geschäfte bringen. Außerdem braucht man vor Ort einen Verantwortlichen für das Merchandising, Point-of-sale-Material in der Landessprache sowie laufende Marktforschung, um herauszufinden, was in diesen Märkten geschieht, und um sicherzustellen, dass man ständig mit den Konsumenten in Verbindung bleibt.

Wenn man sich gerade als Neuling in ein Land begeben hat, wird man mitunter durch die Anfangsnachfrage geblendet. Möglicherweise macht man ein Geschäft auf und verkauft sogar etwas, aber es handelt sich dabei nur um die leicht erreichbare Kundschaft. Dieses Volumen erreichen sie in dem betreffenden Land sozusagen mühelos, weil man Sie dort aus anderen Ländern kennt, egal ob Sie nun ein Zigarettenhersteller, eine Erfrischungsgetränkefirma, eine Fluggesellschaft oder was auch immer sind. Aber wenn Sie sich und Ihr Geschäft nicht auf eine dort verständliche Weise erklären, werden Ihre Verkäufe möglicherweise versiegen, sie werden jedenfalls nicht wachsen.

Ich kann mich ohne große Begeisterung an unseren Einstieg in die osteuropäischen Märkte erinnern. Als die Berliner Mauer fiel, hatten wir die Vision, dass wir in diese Märkte eindringen und aufgrund eines guten Distributionssystems dem Wettbewerb standhalten könnten. Wir glaubten, nichts weiter tun zu müssen, als das Produkt zur Verfügung zu stellen. In jenen Tagen sprachen wir über *Availability* [Verfügbarkeit], *Affordability* [Erschwinglichkeit] und *Acceptability* [Akzeptanz], die drei berühmten A. Sie bedeuten, dass man erstens akzeptiert werden muss, das heißt, die Konsumenten dürfen das Produkt nicht ablehnen. Man muss zweitens erschwinglich sein, was heißt, dass die Konsumenten in der Lage sein müssen, das Produkt zu kaufen, und man muss drittens verfügbar sein beziehungsweise sich in bequemer Reichweite aller Interessenten befinden. Sind diese drei Bedingungen erfüllt, steht dem Kauf der Konsumenten nichts mehr im Wege. Eine Zeit lang funktionierte das System und wir zogen unseren Vorteil daraus, aber es kam sehr schnell der Zeitpunkt, an dem die Konsumenten innehielten und sagten: »Fein, ich habe das Prinzip verstanden und kaufe all dies von dir, aber warum sollte ich mehr kaufen?« Sobald Wettbewerber in den Markt drängten, schwankten die Konsumenten zwischen den Produkten hin und her.

Ich kann mich an Änderungen der Marktanteile in der

Größenordnung von zehn oder 15 Prozentpunkten erinnern, was mich immens beunruhigte, denn es machte mir deutlich, dass wir den Konsum nicht gepachtet hatten. Wir hatten einfach nicht genügend über den Markt nachgedacht. Wir hatten nicht die Manager vor Ort, die wir brauchten. Wir hatten nicht die notwendige Information über die Konsumenten, und wir verstanden weder das wirtschaftliche noch das politische Geschehen in dem betreffenden Markt. Wir hatten zudem noch nicht die notwendige Erfahrung mit den Konsumenten, um zu wissen, wodurch sie sich motivieren ließen, und infolgedessen hatten wir Riesenprobleme.

Wenn man überleben und wachsen will, dann muss man immer mehr Leute dazu bewegen, immer häufiger die eigene Ware zu kaufen, und um dieses Ziel zu erreichen, muss man die eigene Marke für die betreffenden Konsumenten im Kontext ihrer eigenen Kultur definieren. Man muss bereit sein, diese Investition zu tätigen und in jedem der betreffenden Märkte Leute einzustellen. Sobald wir das bei Coke machten, wussten wir, was in jedem einzelnen Markt vor sich ging, und waren in der Lage, aktiv unser Handeln entsprechend den Notwendigkeiten des jeweiligen Marktes zu ändern.

Der wichtige Punkt in diesem Zusammenhang ist der, dass wir nur dadurch, dass wir jeden Markt als eigenständiges Geschäft betrachteten, wussten, wann wir etwas zu ändern hatten. Auf diese Weise konnten wir sehen, ob unsere Anstrengungen eine Wirkung hatten oder ob wir einfach nur Geld verschwendeten. Es half uns auch herauszufinden, wie viele Marketingleute wir brauchten. Da wir für jede Marke in jedem Markt eine Gewinn-und-Verlust-Rechnung erstellten, konnten wir die Ausgaben mit den Einnahmen vergleichen. Wenn man Leute produktiv einsetzen kann, welche Rolle spielt es dann, wie viele man einsetzt? Man muss einfach nur wissen, ob man erfolgreich arbeitet oder nicht. Dazu ist man aber nur in der Lage, wenn man die Zahlen verfolgt.

Im Laufe der Zeit möchte man vielleicht gewisse regionale oder sogar globale Programme entwickeln. Man sollte dies aber nur dann tun, wenn man dadurch das Geschäftsvolumen erhöhen kann. Die einzige Methode, Programme zu entwickeln, mit denen dies möglich ist, besteht darin, die Lokalmärkte zuerst zu schaffen. Erst muss man die Dinge auf lokaler Ebene im Griff haben, ehe man auch nur daran denken darf, global zu agieren.

Belohnen Sie vorzügliche Leistungen

Ich glaube fest daran, dass Bonussysteme im Einklang mit der Leistung stehen müssen. Wir müssen mehr und mehr dahin kommen, dass Durchschnittlichkeit bestraft und vorzügliche Leistung belohnt wird. Die Systeme, die ich benutzte, basierten immer auf dem Grundsatz, dass die Firma mir ein Gehalt dafür zahlte, dass ich anwesend war und meine Arbeit machte. Einen Bonus gab es, wenn man etwas tat, was über die reine Pflichterfüllung hinausging, und Aktien gab es, wenn man den Wohlstand der übrigen Aktionäre des Unternehmens erhöhte. Eine Menge Leute, die jahrelang Unternehmensaktien bekommen hatten, waren wütend auf mich, als ich aufhörte, ihnen Aktien zu geben. Aber ich bin der Meinung, dass ein Bonus wirklich an Leistung geknüpft sein muss, sonst trägt er nicht dazu bei, die Leistung zu erzielen, die man wirklich haben will.

Amerikanische Unternehmen sind sozialistisch geworden. Im Laufe der Jahre ist eine gewisse Verwirrung in den Köpfen entstanden und nun glauben manche Unternehmen, Leistung sei dem Festhalten an einem Arbeitsplatz gleichzusetzen. Jemand, der 18 Jahre lang die gleiche Stelle hat, wird befördert, indem er zunehmend größere Büros, ein größeres Gehalt, einen höheren Bonus und mehr Aktienoptionen bekommt, und das bloß, weil er schon ewig dabei ist, egal, was er leistet. Ich finde dieses System lächerlich.

»Unglücklicherweise belohnen Unternehmen häufig gute Resultate und die Angestellten erwarten dies auch, aber die negativen Auswirkungen einer Handlung werden nicht bestraft.«

Ich glaube fest daran, dass nicht nur im Marketing, sondern ganz generell im Leben alles, was man tut, Folgen hat und dass eine Person für die Konsequenzen ihres Tuns belohnt oder bestraft werden sollte. Unglücklicherweise belohnen Unternehmen häufig gute Resultate und die Angestellten erwarten dies auch, aber die negativen Auswirkungen einer Handlung werden nicht bestraft.

Wann immer jemand eine Aufgabe oder ein Projekt übernimmt oder für eine bestimmte Position eingestellt wird, hegt man gewisse Erwartungen hinsichtlich seiner oder ihrer Leistung. Wir erwarten, dass die Person für das Geld und die Sozialleistungen, die wir aufzubringen bereit sind, etwas für uns tut. Aber wenn man die erzielten Resultate nicht bewertet, dann kann es auch zu keiner Verbesserung der Arbeitsleistung kommen.

Ich streite mich immer mit meinen Kindern über die Bedienung in Restaurants. Sie machen mir das Leben wirklich schwer, wenn wir in einem Restaurant sitzen, in dem wir schlecht bedient werden, und ich beim Bezahlen nicht die üblichen 15 Prozent Trinkgeld gebe. Sie behaupten, sie müssten sich meiner schämen, denn es sei allgemein üblich, der Bedienung 15 Prozent zu geben.

Ich kann mich diesbezüglich an einen Vorfall erinnern, der sich vor ein paar Jahren ereignete; meine Mutter war zu Besuch und wir gingen in ein indisches Lokal im Zentrum von Atlanta, in dem die Bedienung wirklich furchtbar war. Das Essen war kalt, der Kellner brachte die falschen Getränke und brachte auch sonst alles durcheinander. Wir waren etwa acht

Personen, und es war eine Katastrophe. Am Ende des Essens addierte das Restaurant automatisch 18 Prozent Bedienung zu den Verzehrkosten, denn wir waren acht Personen und auf der Speisekarte war vermerkt, dass bei sechs oder mehr Gästen automatisch 18 Prozent Service berechnet würden. Ich rief den Geschäftsführer zu unserem Tisch und sagte ihm, er solle den Service herausnehmen. Er antwortete: »Nein, auf der Speisekarte steht ausdrücklich, dass wir bei Gruppen von sechs oder mehr Personen 18 Prozent Bedienung berechnen.« Ich erwiderte darauf: »Das habe ich verstanden, aber wir hatten keinen Service, bitte korrigieren Sie die Rechnung.« Hätte ich das nicht getan, hätte der Restaurantbesitzer mein Geld gestohlen und würde weiterhin kaltes Essen servieren und schlechte Bedienung zulassen.

Wie oft wurden Sie auf einen Flug nicht mitgenommen? Wie oft hat eine Fluggesellschaft Ihre Reservierung einfach gestrichen, ohne Sie davon in Kenntnis zu setzen? Oder wie oft war ein Flug überbucht und alle Plätze besetzt, als Sie am Flughafen ankamen? Was tun die Fluggesellschaften in einem solchen Fall? Sie entschuldigen sich. Aber sie tun mehr als das: Wenn sie heute überbucht sind und anwesende Passagiere bitten, auf den Flug zu verzichten, dann bieten sie dafür einen kostenlosen Flugschein. Sie haben das sicher auch schon erlebt. Irgendwer sagt: »Wir haben sechs Passagiere zu viel, wer ist bereit zu verzichten? Sie können das nächste Flugzeug nehmen und wir geben Ihnen einen Freiflugschein.« Die Fluggesellschaften ziehen die Konsequenzen aus ihrem Handeln. Sie geben zu, dass sie einen Fehler gemacht haben, und bieten Ihnen eine Kompensation für diesen Fehler. Natürlich weiß ich, dass es Gesetze gibt, die sie dazu zwingen, aber ich stimme diesem System trotzdem voll und ganz zu.

Ich will damit keinesfalls sagen, dass man jemanden sofort entlassen sollte, wenn man glaubt, dass diese Person nicht ihre Arbeit macht, auch wenn das vielleicht bedeutet, dass ich zu gutmütig bin, wenn es darum geht, Leute zu feuern. Ich glaube, Firmen sollten Mitgefühl haben und ihren Beschäftigten erlauben, Fehler zu machen und einmal ein schlechtes Jahr zu haben. Aber ich glaube auch, dass diese Leute über die Situation informiert werden sollten und man ihnen klar und deutlich sagen muss, inwiefern sie die Erwartungen nicht erfüllen. Ich bin auf jeden Fall dafür, dass man sie nicht belohnt, wenn sie ihre Arbeit nicht gut machen.

Bonus und Aktienoptionen sind fast zu einem festen Bestandteil eines Gehaltspakets geworden. Ich finde, das ist ein furchtbarer Fehler. Man sollte den Leuten keinen Bonus oder Aktienoptionen nur dafür geben, dass sie jeden Tag an ihrem Platz sind. Ich vertrete die Auffassung, dass man sein Gehalt für die Arbeit bekommt, für die man angestellt worden ist, egal welche Position man in einem Unternehmen einnimmt. Einen Bonus dagegen gibt es für eine außerordentliche Leistung, wenn man also etwas tut, das über die bloße Pflichterfüllung hinausgeht. Und Aktienoptionen sollten eine Belohnung dafür sein, dass man den Wert des Unternehmens erhöht, und ein Symbol dafür, dass einen das Unternehmen langfristig behalten möchte, damit man aktiv zum Gedeihen des Geschäfts beiträgt. Das heißt, wenn jemand in einem Jahr eine außerordentliche Leistung erbringt, dann sollte ihn das Unternehmen auch entsprechend besser entlohnen. Es sollte ihm mehr Aktienoptionen geben und einen höheren Bonus, ganz gleich, welches Bonussystem angewendet wird. Das bedeutet aber auch, dass man immer dann, wenn man keine gute Arbeit leistet, dadurch bestraft wird, dass man keine Aktienoptionen und keinen Bonus bekommt.

Einer der Hauptvorteile dieses Konzepts besteht darin, dass man eine Organisation schafft, in der Leistung zählt, nicht einfach die Zugehörigkeit zum Unternehmen. Ich werde immer wütend, wenn ich mit Leuten rede, die sagen: »Ich würde wirklich gerne für dieses Unternehmen arbeiten.« Das nervt mich, denn sie sagen damit, dass es für sie wichtiger ist, Teil einer bestimmten Organisation zu sein oder zur großen Unternehmensfamilie zu gehören, als irgendeine spannende und wichtige Arbeit zu tun. Zugehörige sind Leute, die einfach einer Organisation angehören und nicht das Gefühl haben, dass sie tatsächlich für ein Unternehmen arbeiten oder eine treuhänderische oder intellektuelle Verantwortung dafür tragen, dass die Firma mit ihren Geschäften Erfolg hat. Ich will keine Leute, die einfach nur dazugehören. Ich will Arbeitspartner.

Irgendwie arbeitet jeder im Marketing

Bisher habe ich nur über die Einstellung und die Honorierung von Leuten in der Marketingabteilung gesprochen, Tatsache ist jedoch, dass Marketing eine Funktion ist, die jeden im Unternehmen etwas angeht. Jeden Kontakt, den Konsumenten zu Ihrem Unternehmen und Ihrem Produkt haben, wird ihren Eindruck von und ihre Einstellung zu Ihnen beeinflussen. Daher ist in gewissem Sinn jeder im Unternehmen ins Marketing involviert.

Die Person, die ans Telefon geht oder auch nicht, oder die Person, die den Computer, der Anrufe beantwortet, programmiert und dafür sorgt, dass er nicht abstürzt. Die Lastwagenfahrer, die höflich oder grob sind. Die Leute in der Produktion, die einen Artikel mit Sorgfalt herstellen oder auch nicht. Die Leute in der Finanzabteilung, die Rechnungen ordnungsgemäß und pünktlich bezahlen oder auch nicht. Die Leute in der Einkaufsabteilung, die sich an Abmachungen halten oder auch nicht. All diese Menschen reden mit ihren Freunden und Verwandten. Sie alle haben direkte Auswirkungen auf die Entscheidung Ihrer potenziellen Kunden, Ihr Produkt zu kaufen oder nicht. Daher müssen Sie sicherstellen, dass all diese Menschen Teil Ihres Marketingteams sind. Sie alle müssen umfassend informiert, engagiert und genügend motiviert sein, um Ihnen zu helfen. Anders ausgedrückt: Verkaufen Sie Ihr Konzept und Sie werden das Produkt verkaufen.

»Verkaufen Sie Ihr Konzept
und Sie werden das Produkt verkaufen.«

Obwohl ich kein Kapitel mit dem Titel *Präzise Kommunikation* in dieses Buch aufgenommen habe, basiert doch alles, was ich über die Leitung der Marketingabteilung gesagt habe, auf der Tatsache, dass man kommunizieren und sicherstellen muss, dass jeder die Zielrichtung und Strategie eindeutig versteht.

Während des Golfkrieges entstand eine Koalition auf der Basis der allgemeinen Ansicht, dass Saddam Hussein aus Kuwait vertrieben werden sollte. Die Zielsetzung wurde deutlich verkündet. Interessanterweise bekamen die Medien den Auftrag, die Reaktionen der einfachen Soldaten auf den Krieg zusammenzutragen. Sie entschieden sich, das Gleiche zu tun, was sie auch während des Vietnamkrieges getan hatten; sie hielten den Soldaten ein Mikrofon vor die Nase, um die erwarteten Reaktionen zu erhalten, etwa »Ich will wirklich nicht hier sein, ich möchte nach Hause«, oder »Ich vermisse meine Frau«, und so weiter. Die Medien waren schockiert, als wirklich jeder Soldat sagte: »Hören Sie mal, wir wissen genau, warum wir hier sind. Wir werden Saddam aus Kuwait vertreiben, und sobald uns das gelungen ist, gehen wir wieder nach Hause.« In Vietnam wusste kein Mensch, warum er eigentlich dort war, und darüber beschwerten sich die Leute. Im Golfkrieg dagegen trugen eine gemeinsame Zielsetzung und eine eindeutige Kommunikation dazu bei, dass die Moral der Leute hoch war und sie wussten, was zu tun war.

Im Geschäftsleben muss jeder die Marketingziele kennen, genauso wie die Positionierung und das Angebot für die Konsumenten, damit alle mit Ihnen zusammenarbeiten können und Sie das erreichen, was Sie wollen. Das gilt nicht nur für die Marketingabteilung, sondern für das ganze Unternehmen. Jeder sollte die Verantwortung haben, Mittel und Wege vorzuschlagen, mit denen man mehr Konsumenten dazu bewegen kann, mehr Produkte zu kaufen oder eine Dienstleistung häufiger zu nutzen, damit Sie mehr Geld verdienen können.

Eine klare und deutliche Kommunikation muss sein

Die Zukunft einer jeden Organisation wird auf klarer Kommunikation, auf einem eindeutigen Verständnis der Spielregeln und dem entsprechenden Handeln in diesem Umfeld basieren. Erfolg wird derjenige haben, der viel erledigt, was heißt, dass man eine Menge Leute braucht, die schnell, kreativ und unabhängig handeln. Wer präzise kommuniziert, wird erfolgreich sein. Ohne eine präzise Kommunikation wird man einen Haufen Leute haben, die kopflos herumrennen und nicht an einem Strang ziehen. Selbst wenn man sehr gescheite Leute hat, werden die einen viele gescheite Dinge tun, die das konterkarieren, was die anderen gescheiten Leute tun. Ein perfektes Rezept für Chaos.

Wenn ich darüber nachdenke, wie ich das Konzept meiner Marketingstrategien und -pläne verkaufen kann, dann denke ich darüber auf die gleiche Weise nach wie über die Vermarktung meiner Produkte an die Konsumenten. Ich muss das Angebot deutlich und die Gründe für mein Konzept attraktiv machen. Ich muss es so dimensionalisieren, dass alle Leute im Unternehmen ihre Rolle bei seiner Durchführung verstehen, und ich muss auf ganz unterschiedliche Weise kommunizieren. Anders ausgedrückt: Ich entwickle eine Strategie, genauso wie ich für alles andere eine Strategie entwickle.

Meiner Meinung nach ist es nicht der richtige Ansatz, in einem großen Saal eine Reihe von Werbespots auf einer Leinwand vorzuführen. Man kann nicht für alle die gleiche Botschaft verwenden und man kann nicht immer das gleiche Kommunikationsmedium benutzen. Man muss vielmehr spezielle Aktivitäten entwickeln, die auf die unterschiedlichen Ansprechpartner im Unternehmen zugeschnitten sind, damit sie ihre Aufgabe erfüllen können und verstehen, was Sie erreichen wollen. Genauso wie Sie sich überlegen, wie Sie die verschiedenen Zielgruppen unter den Konsumenten erreichen können, genauso müssen Sie sich auch überlegen, wie sie verschiedene Zielgruppen im eigenen Unternehmen erreichen können, unter den Großhändlern, den Lieferanten, den Werbeagenturen und allen anderen, die in irgendeiner Weise in der Lage sind, die Einstellung zu beeinflussen, die Konsumenten zu Ihrem Unternehmen und Ihrem Produkt haben.

> »Stellen Sie sicher, dass die Leute begreifen, dass Marketing zu wichtig ist, um es einfach den Marketingexperten zu überlassen.«

Wenn ich betone, dass wirklich jeder im Marketing arbeitet, will ich damit nicht sagen, dass jeder auch dem Marketingleiter unterstellt sein sollte oder dass der Geschäftsführer eines Unternehmens immer aus dem Marketing kommen muss – obgleich das gar keine schlechte Idee wäre. Zumindest muss man sich als Marketingexperte der vielen verschiedenen Zielgruppen bewusst sein, mit denen man zu tun hat, und sicherstellen, dass die Leute begreifen, dass Marketing zu wichtig ist, um es einfach den Marketingexperten zu überlassen.

In gleicher Weise wie die Marketingleute die Beschäftigten in anderen Bereichen des Unternehmens heranziehen, damit sie dabei helfen, die Produkte zu verkaufen, die das Unternehmen herstellt, müssen sie selbst auch eine stärkerer Rolle bei der Entscheidung spielen, welche Produkte das Unternehmen tatsächlich herstellen soll. In alten Zeiten entwickelten die Wissenschaftler oder die Produktionsabteilung etwas Neues und gaben es den Marketingexperten mit der Aufforderung, es zu verkaufen. Mitunter funktionierte das sogar. Post-it-Notes und Teflon sind zwei Beispiele für solche Erfindungen, für die Marketingleute dann einen Verkaufsansatz fanden. Aber in Zukunft werden Unternehmen daran denken müssen, sich genau umgekehrt zu verhalten. Die Marketingleute, die den Markt kennen, müssen viel öfter aufstehen und sagen: »So etwas kann ich verkaufen. Jetzt stellt es her.«

Grundsätzlich glaube ich nicht, dass irgendein Unternehmen eine reine Produktionsfirma ist. Natürlich stellen Firmen etwas her, sie produzieren etwas, aber so wie ich das sehe, sind sie alle Marketingunternehmen, denn allein an der Herstellung eines Produktes verdient niemand Geld. Man verdient nur Geld, wenn man etwas verkauft. Fluggesellschaften verdienen ihr Geld nicht damit, dass sie tolle Ziele anfliegen. Sie verdienen nur dann Geld, wenn Kunden Flugscheine für die Flugzeuge kaufen, die zu diesen Destinationen fliegen. Automobilhersteller verdienen kein Geld damit, dass sie Autos herstellen. Sie verdienen ihr Geld, indem sie diese Fahrzeuge verkaufen. Betonhersteller mögen über die besten Rohstoffe oder die tollsten Anlagen verfügen – wenn sie keinen Beton verkaufen, verdienen sie nichts. Überall ist es das gleiche Spiel. Daher muss sich jeder Beschäftigte in einem Unternehmen darauf konzentrieren, Mittel und Wege zu finden, wie man mehr von dem verkaufen kann, was die Firma herstellt, und wie man mehr an dem verdient, was man verkauft, um letztendlich mehr Geld für die Aktionäre zu verdienen. All dies muss bewusst geschehen, man darf es nicht dem Zufall überlassen. Die Leute müssen ihre Rolle in dem Gesamtkonzept begreifen, damit sie Teil der Marketinganstrengung sein können.

Hören Sie auf die Experten

Lassen Sie mich eines klarstellen: Wenn ich sage, dass jeder im Unternehmen auf die eine oder andere Weise im Marketing arbeitet, dann muss man trotzdem eine klare Verteilung der Verantwortung haben und darf die Dinge nicht durcheinander bringen. Das ist der große Fehler, den Unternehmen begehen, wenn sie ein Team aus Leuten verschiedener Bereiche zusammenstellen, die unterschiedliche Aufgaben haben. Soweit ich es beurteilen kann, bewirken solche Teams einzig und allein einen Anstieg des Konsums von belegten Brötchen. Ich glaube an Teamarbeit. Sie brauchen den Input von jeder Person, die etwas Wichtiges zu sagen hat, und Sie müssen sicherstellen, dass jedermann im Unternehmen versteht, was er oder sie zu tun hat, um mehr zu verkaufen. Aber Sie dürfen keine Meetings veranstalten, in denen die Techniker ihren Senf zu der Gestaltung eines Werbespots oder einer Promotionskampagne geben oder die Juristen über die Positionierung eines Produktes beziehungsweise das Branding debattieren. Derartige Veranstaltungen sind einfach nur sinnlose Zeitvergeudung.

»Soweit ich es beurteilen kann, bewirken Teams von Leuten aus verschiedenen Bereichen mit unterschiedlichen Aufgaben einzig und allein einen Anstieg des Konsums von belegten Brötchen.«

Sie müssen von den Technikern in Erfahrung bringen, was sie tun können, um die technische Entwicklung oder die Herstellung eines Produktes oder einer Dienstleistung zu verbessern. Sie brauchen die Hilfe der Juristen bei der Feinabstimmung Ihrer Bemühungen, damit Sie keine gesetzlichen oder ethischen Grenzen verletzen. Sie brauchen ein Team in dem Sinne, dass Sie Leute mit einzigartigen Fähigkeiten dazu bringen, auf ein gemeinsames Ziel hinzuarbeiten. Was Sie aber auf keinen Fall wollen, ist eine Gruppe von Leuten ohne Ahnung vom Marketing, die Kommentare zu Marketingaktivitäten, -taktiken oder -strategien abgeben. Das Marketingfachpersonal und niemand sonst hat die Verantwortung dafür, Strategien und Taktiken zu entwickeln. Dafür werden sie schließlich bezahlt.

Wann immer mir Leute sagen, ich sei in dieser Hinsicht zu streng, frage ich sie: »Wie glücklich wären die Juristen, wenn die Marketingleute ihre juristische Einschätzung einer Sachlage, eines Projektes oder eines Vorschlags infrage stellten? Sie würden sofort einwenden: ›Aber das Gesetz sagt …‹« Das Gleiche gilt im umgekehrten Fall. Die Meinung eines jeden ist wichtig, aber nur innerhalb seines oder ihres Erfahrungsbereichs.

Wer in Zukunft erfolgreich sein will, muss viele gute, gescheite Leute einstellen und eine Marketingabteilung aufbauen, in der diese Leute die Gelegenheit und die Verantwortung haben, kluge, kreative Dinge zu tun. Aber, wie ich laufend wiederhole, Marketing ist zu wichtig, um es alleine den Marketingexperten zu überlassen. Daher müssen Sie alle anderen Beschäftigten in Ihrem Unternehmen dazu bewegen, mit Ihnen zusammenzuarbeiten. Um das zu erreichen, brauchen Sie eine gut funktionierende Kommunikation, und Sie müssen sicherstellen, dass alle, sowohl in der Marketingabteilung als auch außerhalb, klar und deutlich verstehen, warum Sie da sind und wie Sie erfolgreich sein können.

Wenn Sie das tun, erreichen Sie zweierlei. Einerseits schaffen Sie ein Umfeld, in dem jeder seinen bestmöglichen Beitrag zu Ihrem Erfolg leisten kann. Andererseits, und das ist mindestens genauso wichtig, kommen Sie Ihrem Ziel näher, dem Marketing sein Mysterium zu nehmen. Sobald die Leute verstehen, was Sie tun, verstehen Sie auch, dass Marketing eine Wissenschaft ist, keine Kunst; es geht darum, mit dem investierten Kapital einen Ertrag zu erzielen, nicht nur Ausgaben zu produzieren; außerdem ist Marketing nichts, was man einfach streichen kann. Marketing ist unverzichtbar. Und jeder im Unternehmen muss daran beteiligt sein.

10. Kapitel

Ich mag Werbeagenturen – und einige von ihnen mögen sogar mich

Während all meiner Jahre im Marketing hat der Umgang mit Werbeagenturen mir wahrscheinlich am meisten Ärger und mich am ehesten berüchtigt gemacht. Erwähnen Sie meinen Namen auf der Madison Avenue in New York und Sie werden etwas zu hören bekommen. Von höflichen Menschen hören Sie möglicherweise: »Oh ja, Sergio Zyman, der Aya-Cola persönlich!« Von den weniger höflichen … nun, ich bin mir nicht sicher, was Sie da aufschnappen werden.

Ich möchte, dass man sich in Zukunft an mich als an jemanden erinnert, der eine echte Änderung herbeiführte, indem er das Marketing legitimierte und es als eine ernst zu nehmende und wichtige Aktivität in jedem Geschäftsumfeld etablierte. Der heilige Krieg, den ich persönlich führe, besteht darin, Leute davon zu überzeugen, dass Marketing zum Geschäft gehört und dass die Marketingleute Geschäftsleute sind. Ich hasse es, wenn Unternehmen in schwierigen Zeiten automatisch ihr Marketingbudget kürzen. Ich hasse es auch, wenn sie Entscheidungen über die Produktion oder das Design eines neuen Produktes treffen und dann den fertigen Artikel den Marketingleuten in die Hand drücken, damit diese ihn verkaufen. Und ich hasse es, wenn sie die Ideen von intelligenten, nachdenklichen Leuten einfach unter den Tisch fallen lassen, weil das bloß »Typen aus dem Marketing« sind.

Gescheites Marketing ist gut fürs Geschäft, und eine der Missionen, die ich auf dieser Welt erfüllen will, besteht darin, die Leute davon zu überzeugen. Aber nach 30 Berufsjahren und der Verantwortung für Investitionen in Milliardenhöhe, die gewaltige Erträge brachten, bin ich für manche Leute leider immer noch »der Typ, der die Werbeagenturen reinlegte«.

Daher möchte ich in diesem Kapitel ein paar Dinge klarstellen. Ich möchte erläutern, wieso ich der Meinung bin, dass sich die Werbebranche ändern musste, was an dem traditionellen Verhältnis zwischen den Unternehmen und ihren Werbeagenturen falsch war und warum ich bereit war, die Kritik auf mich zu nehmen, die es hagelte, als endlich jemand etwas dagegen tat. Das hat etwas mit dem Kernargument zu tun, das ich in diesem Buch darlege, nämlich dass Werbung und Marketing kein Hokuspokus sind und nichts mit Spiegelfechterei, Magie, Preisen und Unterhaltung zu tun haben. Werbung und Marketing haben mit Verkaufen zu tun und müssen damit zu tun haben; es geht um Strategien, das Messen von Ergebnissen und um Investitionen, mit denen man die bestmöglichen Ergebnisse erzielt.

Warum so viele Werbeleute mich hassen: Was ich getan habe und warum

Trotz meines Rufes kann ich von mir behaupten, dass ich Werbung mag und auch viele der kreativen und energiegeladenen Leute, die in der Werbung arbeiten. Ich habe einige meiner Lehrjahre bei McCann-Erickson verbracht, für sie in Mexiko, New York und Japan gearbeitet und dabei eine Menge über Marketing gelernt. Aber vielleicht verstehe ich das Potenzial und die Grenzen dieser Tätigkeit so gut, gerade weil ich selbst in der Werbebranche gearbeitet habe. Ich weiß, was an dem alten System der Zusammenarbeit mit Werbeagenturen positiv und negativ war, und ich verstehe die Motive der Agenturen dafür, manche Sachen so und nicht anders zu machen. Als ich der Leiter der Marketingabteilung bei Coca-Cola wurde, hatte ich ein paar konkrete Ideen und Meinungen zu diesem Thema und ich beschloss, ein paar Änderungen vorzunehmen. Diese Entscheidung basierte nicht einfach auf dem Wunsch, eine Änderung um der Änderung willen durchzuführen. Sie entsprang vielmehr dem dringenden Bedürfnis, bessere Methoden zu finden, um mit den Konsumenten zu kommunizieren und auf diese Weise mehr Coke zu verkaufen. Mir war bekannt, dass die wirklich großen Werbeagenturen genau wussten, wie sie ihre Arbeit richtig gut machen konnten, und es frustrierte mich, dass sie es oft nicht taten.

Ich tat zweierlei, was die Werbewelt in ihren Grundfesten erschütterte. Zunächst brach ich mit der Regel, nur mit einer Werbeagentur zusammenzuarbeiten, die dann die ganze Arbeit für alle Produkte eines Unternehmens übernimmt. Zweitens beschloss ich, das herkömmliche Provisionssystem zu ändern und die Agenturen nicht länger proportional dazu zu entlohnen, wie viel Geld wir für die Schaltung der Werbung ausgaben, die sie produziert hatten. Stattdessen engagierte ich verschiedene Firmen, um für uns verschiedene Dinge zu tun, und fing an, die Agenturen für die tatsächlich geleistete Arbeit bei der Entwicklung und Produktion der Werbung zu bezahlen. Ich glaube, die rote Warnleuchte ging an, als wir SSC&B anstellten und nicht McCann-Erickson, die seit 40 Jahren den Werbeetat der Coca-Cola-Company betreuten, um Diet Coke einzuführen. Die Bombe platzte endgültig, als wir nach dem »Creative Artists-Experiment« McCann-Erickson den Coca-Cola-Etat wegnahmen und ihn auf sechs verschiedene Werbeagenturen verteilten. Als wir dann auch noch die Art der Bezahlung änderten, war die Hölle los.

»Die Bombe platzte, als wir … McCann-Erickson den Coca-Cola-Etat wegnahmen. … Als wir dann auch noch die Art der Bezahlung änderten, war die Hölle los.«

Nach all den Prügeln, die ich bekommen hatte, freute es mich ganz besonders, als vor kurzem sowohl General Motors als auch Procter & Gamble verkündeten, dass sie in Zukunft ihre Werbeagenturen auf der Basis geleisteter Arbeit entlohnen würden, und dass mehrere Agenturen verlauten ließen, sie würden Kunden demnächst nur noch Rechnungen über den tatsächlichen Arbeitsaufwand schicken. Ich glaube, dass dieses neue System es den Leuten möglich macht, bessere Leistungen zu erbringen, und dass es außerdem die Agenturen besser entlohnt. Aber am allerwichtigsten ist die Tatsache, dass ich überzeugt bin, nur durch diese Art der Bezahlung die Werbung in Zukunft zu verbessern. Ich habe immer fest daran geglaubt, dass die Coca-Cola-Company sich nicht mit dem Zweitbesten zufrieden geben, sondern überall auf der Welt die allerbesten Ressourcen nutzen sollte.

Um von vorn anzufangen: Meine grundsätzliche Prämisse in Bezug auf Werbung lautet, dass sie erfolgreich sein muss und dass sie durchaus erfolgreich sein kann. Diese Vorstellung hat sich sehr früh in meinem Berufsleben in meinem Gehirn festgesetzt, als ich in Mexiko für Procter & Gamble arbeitete. Wir hatten dieses neue Waschmittel mit Enzymen und wir wollten eine Methode finden, um die Leute zu bewegen, nicht länger die herkömmlichen Vollwaschmittel zu kaufen, an die sie gewöhnt waren, sondern unseres. Wir engagierten eine Werbeagentur vor Ort, und zusammen entschieden wir uns für den Namen Ariel und das Symbol eines Atoms auf der Packung. Dann kreierte die Agentur eine hervorragende Werbekampagne.

Damals hatten in Mexiko nur sehr wenige Haushalte überhaupt eine Waschmaschine. Die Frauen wuschen meistens von Hand. Für die Arbeiterfrauen und die Hausmädchen der Angestellten, die perfekte, blütenweiße Hemden wollten, bedeutete das Schwerstarbeit. Eine Waschmaschine war somit der Traum von Millionen von Frauen. Daher entwickelte die Agentur Noble & Asociados eine Kampagne, die grundsätzlich besagte: »Ariel verwandelt jeden Waschtrog in eine Waschmaschine.« Gezeigt wurde eine Waschwanne, die begann, sich zu bewegen und sich nach rechts und links zu drehen, sobald das Waschpulver hineingegossen wurde – genau wie eine Waschmaschine, die alle Frauen wollten. Die Botschaft, die über die Leistung des Produktes vermittelt wurde, war ganz klar und eindeutig. Die Marke verkaufte sich wie warme Semmeln.

Diese Erfahrung begeisterte mich sofort für Werbung. Ich hatte die Botschaft verstanden. Ich verstand klar und deutlich, dass Werbung Produkte verkaufen kann. Auf der Basis dieses Verständnisses entwickelte ich die Überzeugung, dass es, wenn gute Werbung funktioniert, überhaupt keinen Grund gibt, warum man schlechte akzeptieren und dafür bezahlen sollte. Man macht nur deshalb Werbung, weil Werbung Produkte verkauft. Sonst ist sie sinnlos.

Diese Lektion habe ich niemals vergessen.

Eine kurze Geschichte der Werbung

Unglücklicherweise haben eine Menge der Werbeleute im Laufe der Zeit die Lektion vergessen. Dafür gibt es mehrere Gründe. Der eine Grund besteht darin, dass in den frühen Tagen der Werbung kleine Händler und Unternehmer sich zwar ausrechneten, dass sie mehr verkaufen konnten, wenn sie Werbung machten, dass diese Firmen jedoch keine Marketingabteilungen hatten und wirklich nicht viel über Werbung wussten. Sie hatten beobachtet, dass sie, wenn sie eine Blumenhandlung an einer Straßenecke aufmachten, mehr Kunden anzogen, wenn sie ein Schild über die Tür hängten, und dass sie sogar noch mehr Leute in den Laden lockten, wenn sie Handzettel verschickten und Anzeigen der folgenden Art schalteten: »Hallo, mir gehört der Blumenladen an der Ecke. Die Blumen sind frisch. Sie sind wirklich hübsch, und die Preise sind angemessen.« Wenn man den Leuten erzählte, dass ein Produkt verfügbar war, und ihnen erklärte, warum sie es kaufen sollten, dann taten sie das auch. Aber die Unternehmer in ihrem Blumenladen waren viel zu sehr damit beschäftigt, Rosen zu bestellen, Sträuße zu binden und Leute zum Austragen der Blumen anzustellen, um noch viel Zeit dafür verwenden zu können, etwas über Werbung zu lernen. Sie brauchten Hilfe von anderen.

So entstanden Werbeagenturen, die nicht nur Experten für Medien, kreative Entwicklung und Produktionstechniken wurden, sondern auch das Handwerkszeug für die Marktforschung entwickelten und grundsätzlich zur Marketingabteilung ihrer Kunden wurden. In den Werbeagenturen saßen die Leute, welche die frühen Theorien über Positionierung und Marketingstrategien entwickelten, und sie sagten ihren Kunden, was diese zu tun hatten.

Während des ganzen Prozesses nutzten die Werbeagenturen die Tatsache, dass ihre Kunden herzlich wenig davon wussten, was sie eigentlich taten. So entwickelten die Agenturen in dieser Zeit jene wichtigtuerischen Mythen über das Marketing, eine nicht messbare Kunst zu sein. »Vertrauen Sie mir. Bezahlen Sie mich. Ich werde äußerst wichtige Dinge für Sie tun, die Sie niemals selbst tun könnten.« Das sagten sie. »Aber Sie werden es nie verstehen. Und Sie können unsere Leistung nicht messen. Also versuchen Sie es gar nicht erst!«

»Sie vergaßen, dass … ihre Existenzberechtigung darin bestand, Werbung zu produzieren, die zu positiven Resultaten führte.«

Während die Werbeagenturen eifrig diesen Mythos aufbauten und ihren Kunden den ganzen Hokuspokus verkauften, begingen sie den großen Fehler, selbst daran zu glauben. Um mehr Geld zu verdienen, expandierten sie, schrieben Reden für die Jahreshauptversammlung, organisierten Kongresse, beschäftigten sich mit Öffentlichkeitsarbeit und entwickelten sich zu »Full Service«-Agenturen. Sie glaubten, auf diese Weise noch unentbehrlicher für ihre Kunden zu werden, und vielleicht waren sie das damals sogar. Aber in ihrem Bemühen zu diversifizieren verloren sie das Interesse an der Werbung oder hörten zumindest auf, sich darauf zu konzentrieren. Sie vergaßen, dass Werbung das Ziel hat, Waren zu verkaufen, und dass ihre Hauptaufgabe darin bestand, Werbung zu schaffen, die zu diesem Ergebnis führte. Werbung wurde zu einem von vielen Bestandteilen des Portfolios, das die Werbeagenturen ihren Kunden anboten.

Gewonnene Preise helfen nicht, Produkte zu verkaufen

Ich sah zu, während es passierte. Im Laufe der Zeit, als die Agenturen wuchsen und die von den Medien verwendete Technologie immer spektakulärer wurde, konkurrierten die Werbeagenturen nach wie vor miteinander um die Kunden.

»Alle fahren nach Cannes und dann beurteilen Freunde und Kollegen die jeweiligen Werbespots der anderen – so wird die Öffentlichkeit auf sie aufmerksam.«

Dieser Wettbewerb konzentrierte sich jedoch nicht mehr auf die Frage, wie gut eine Werbung Ware verkaufte, die Konkurrenz fand auf einer anderen Ebene statt. »Wir sind groß und wichtig, weil wir viele Etats betreuen.« Oder: »Wir haben lauter große, wichtige Kunden; wenn Sie also auch groß und wichtig sein wollen, dann müssen Sie uns engagieren.« Oder am allerschlimmsten: »Für unsere Kampagnen gewinnen wir häufig Preise der Werbewirtschaft (wir zählen selbst zu den Preisrichtern), unsere Werbung ist kreativ und sexy und der letzte Schrei. Wir sind einfach Spitze!«

Die Agenturen hatten angefangen, auf einer Basis miteinander zu konkurrieren und sich nach Kriterien zu beurteilen, die für das, was der Kunde wirklich brauchte, nämlich ein Mittel, seine Waren zu verkaufen, völlig irrelevant waren. Ich glaube, dass die Zunahme der Preisvergaben der andere wichtige Grund ist, warum die Agenturen vom rechten Weg abkamen, denn nun wurde gute Werbung danach beurteilt, wie auffällig, kreativ und hervorragend produziert sie war, während die Werbewirksamkeit völlig außen vor blieb.

Wenn man wirkungsvolle Werbung machen will, dann braucht man Kreativität und eine gute Ausführung der Ideen. Ich habe nichts dagegen, dass Werbeagenturen Wettbewerbe veranstalten, sich selbst präsentieren und Preise gewinnen. Mir ist völlig bewusst, dass immer dann, wenn ein Produkt auf dem Markt Erfolg hat, normalerweise der Kunde, das heißt der Hersteller, dafür gelobt wird. Werbeagenturen haben wenig Möglichkeiten, Anerkennung in der Öffentlichkeit zu finden. Darum hat auch die Werbewirtschaft all diese Systeme entwickelt, um sich selbst auf die Schulter klopfen zu können. Alle fahren nach Cannes und dann beurteilen Freunde und Kollegen die jeweiligen Werbespots der anderen – so wird die Öffentlichkeit auf sie aufmerksam.

Ich finde, das ist eine gute Idee. Ich bin der Meinung, Werbeagenturen sollten in ihrer Branche für gute Arbeit anerkannt werden. Mein Problem besteht jedoch darin, dass Preise üblicherweise dafür vergeben werden, wie gut eine Agentur interessante Bilder produziert; aber beeindruckende Preise und bunte Bilder verkaufen noch kein Produkt. Ich kann Ihnen tagelang Geschichten über Marken erzählen, die einen immensen Wiedererkennungswert haben, deren Werbung sämtliche Preise eines Jahres einheimste und deren Absatz trotzdem das ganze Jahr lang sank. Wann haben Sie zuletzt eine Untersuchung gesehen, die das Kaufinteresse nach Vergabe eines Preises maß?

Die Werbung muss eine Verbindung zum Konsumenten herstellen, indem sie ihn oder sie über die Vorteile eines Produktes informiert. Es geht nicht um irgendein Image und die Hoffnung, dass die Abverkäufe dann schon steigen werden. Das ist Hoffnungsmarketing. In der Werbung muss es darum gehen, aufgrund des inneren Wesens eines Produktes eine gute Strategie zu entwickeln und dann diese Strategie den Konsumenten tatkräftig zu vermitteln. »Darum sollten Sie mich wählen. Darum sollten Sie mein Produkt kaufen und kein anderes. Darum sollten Sie große Mengen von meinem Produkt kaufen und es nicht einfach nur in die Speisekammer stellen, sondern es verbrauchen.« So verkauft man Ware, und genau das sollte Werbung tun.

In den achtziger Jahren, als die Kinder auf jenem Hügel saßen und sangen »I'd like to teach the world to sing« und Mean Joe Greene die ganze Flasche Coke leer trank, schossen die Marktanteile durchaus nicht in die Höhe. Um die Wahrheit zu sagen: In den USA blieben sie unverändert oder sanken sogar, was schließlich zu der New-Coke-Strategie führte.

Wenn Werbeagenturen sich selbst belohnen möchten, ist das in Ordnung. Aber verwechseln Sie nicht Äpfel mit Birnen: Glauben Sie bloß nicht, dass ein Preis, den eine Agentur gewinnt, bedeutet, dass Ihre Marke nun häufiger konsumiert oder Ihr Dienst öfter genutzt wird. Vergessen Sie nie, wer die Preise verteilt – die Werbeleute, nicht die Konsumenten. Aber die Konsumenten sind die einzigen Menschen, die wirklich zählen.

Es kommt auf die Strategie des Kunden an, nicht auf die der Agenturen

Wenn Sie das, was ich gerade dargelegt habe, im Zusammenhang sehen, dann glaube ich, dass meine Entscheidung, den Coca-Cola-Etat aufzuteilen, auch Ihnen sinnvoll erscheinen wird. Ich glaubte nicht, dass wir wirklich die wirkungsvollste Werbung hatten, die möglich war, und deshalb wollte ich die Situation verbessern. Manche Leute glaubten, dass ich bloß den starken Mann spielen und es auf einen Machtkampf ankommen lassen wollte. Aber das stimmt nicht. Ich wollte ganz einfach mehr Produkte verkaufen und dabei von besserer Werbung unterstützt werden, denn ich wusste, dass gute Werbung effektiv ist.

Um ehrlich zu sein, muss ich zugeben, dass ein weiterer Grund für mein Handeln derjenige war, dass ich einen Teil der Verantwortung zurückgewinnen wollte, der in der Vergangenheit auf die Agenturen übertragen worden war. Aber ich tat dies nicht aus irgendeinem Machtdenken heraus. Ich tat es, weil ich glaubte, als Marketingexperte im Dienst der Coca-Cola-Company die Verpflichtung zu haben, einen Teil der Entscheidungen zu treffen, von denen die Agenturen im Laufe der Zeit zunehmend annahmen, es wären ihre Entscheidungen. Daran waren jedoch nicht ausschließlich die Werbeagenturen schuld. Wie ich vorhin erläuterte, hatten die Kunden den Agenturen im Laufe der Zeit erlaubt, die Verantwortung für die Strategie zu übernehmen. Trotzdem fand ich die Situation eher lächerlich. Letztendlich muss die Verantwortung, den Gewinn und den Mehrwert für die Aktionäre des Unternehmens zu steigern, bei der Führung des jeweiligen Unternehmens liegen. Man kann Vollmachten erteilen, aber die Verantwortung bleibt. Und ich glaube, wenn die Manager eines Unternehmens die Verantwortung haben, dann müssen sie auch diejenigen sein, die für die Strategie zuständig sind und Entscheidungen treffen.

Als ich in den siebziger Jahren begann, für Coke zu arbeiten, hatte die Werbeagentur die Verantwortung für die Strategie. Ich kann mich entsinnen, dass McCann-Erickson auch die Marktforschung durchführte, und die Leute bei McCann waren sehr schlau. Sie gaben Unsummen für Marktforschung aus und kamen dann zu uns und sagten: »Das ist die Reaktion der Konsumenten, hier ist die Positionierung, und das ist die Werbeantwort darauf.« Nur habe ich diese Geschichte nicht geschluckt, damals nicht und heute nicht. Ich bin der Ansicht, dass niemand in egal welchem Unternehmen die Verantwortung für die Strategie delegieren sollte.

»Werbeagenturen können niemals kluge, voll informierte Entscheidungen treffen, denn sie sind niemals voll informiert.«

Es ist außerdem nicht einfach nur eine Frage der Verantwortung. Die Manager in einem Unternehmen sind in einer besseren Position als die Werbeagenturen, um strategische Entscheidungen zu treffen. Das liegt daran, dass eine außenstehende Agentur niemals so viel Einblick in ein Unternehmen und so viel Informationen darüber haben wird wie die dort Beschäftigten. Tatsache ist, dass Werbeagenturen niemals kluge, voll informierte Entscheidungen treffen können, denn sie sind niemals voll informiert. Daran sind sie nicht unbedingt selbst schuld, aber es ist eine Tatsache, dass kein Unternehmen wirklich sämtliche Firmeninterna einem Außenstehenden gegenüber offenlegen wird, auch nicht der eigenen Werbeagentur gegenüber.

Wie will also eine Agentur den Ertrag des investierten Kapitals in ihre Überlegungen mit einbeziehen oder den Umfang der Reinvestition, die Strategien hinsichtlich des Unternehmenswachstums oder die Verteilung der vorhandenen Ressourcen, wenn ein Unternehmen all diese Faktoren nicht offen legt? Die Antwort ist einfach: Sie kann es nicht. Infolgedessen bestand oft kein Zusammenhang zwischen den Zielsetzungen eines Unternehmens und der Werbung, die für dieses Unternehmen produziert wurde. Die Werbeagenturen taten vielleicht ihr Bestes, aber sie operierten im Vakuum.

Natürlich wurde die Situation auch nicht dadurch besser, dass die Agenturen selbst sich nicht um Offenlegung bemühten. Während der ganzen Zeit hüllten sie sich in Mystik und versteckten sich hinter dem »Werbung ist Kunst und die kann man nicht messen«-Spruch. Ich hatte nicht die Absicht, die Agenturen für irgendetwas zu bestrafen, aber ich war durchaus der Ansicht, dass sie mit ihrem Blackbox-Konzept von Werbung ein gewisses Machtspiel veranstalteten, das zumindest Energien von dem ablenkte, für das ich sie brauchte.

Was bleibt also für die Werbeagentur zu tun?

Wenn die Manager des Unternehmens die Strategie an sich reißen, was bleibt dann noch für die Werbeagentur? Die Agentur muss das tun, was sie am besten kann – was sie besser kann als irgendeiner der Beschäftigten bei ihrem Kunden –, sie muss Anzeigen und Botschaften produzieren, die den Konsumenten die Positionierung eines Produktes vermitteln, und die Unternehmensstrategie ausführen. Dadurch dass sie für viele verschiedene Unternehmen arbeitet, hat sie tiefe Einblicke in das Konsumentenverhalten. Auch wenn kein direkter Wissenstransfer von einem Kunden zum anderen stattfindet, so wissen die Agenturen doch um viele Trends, Produkte, Warengruppen und Situationen, weil sie ständig mit verschiedenen Strategien und unterschiedlichen Marktforschungsdaten zu tun haben. Außerdem haben sie die nötigen kreativen Fähigkeiten und die Produktionserfahrung, um alle Puzzlestücke zu einem großen Kommunikationsbündel zusammenzufügen. Meiner Ansicht nach muss der Kunde festlegen, was gesagt werden soll, und danach muss die Werbeagentur bestimmen, wie das am besten gemacht werden kann.

»Der Kunde muss festlegen,
was gesagt werden soll,
und danach muss die Werbeagentur
bestimmen, wie das am besten
gemacht werden kann.«

Wenn man einmal die Rolle des Kunden und der Agentur auf diese Weise definiert, dann ist es auch nicht mehr so wichtig, ob man nur eine Werbeagentur hat oder mehrere. Da das Unternehmen selbst für die Strategie verantwortlich ist und nicht die Werbeagentur, kann man problemlos eine Strategie verfolgen, sie aber von verschiedenen Werbeagenturen ausführen lassen. In meinem Fall war die Beschäftigung von verschiedenen Agenturen sogar Teil der Strategie. Ich wollte jedes Produkt zu einer starken Marke entwickeln und es in den verschiedenen Märkten auf der ganze Welt möglichst effektiv verkaufen.

In alten Zeiten galt es als Ketzerei, an verschiedenen Orten unterschiedlich für Coca-Cola zu werben. Globale Werbung war das Gebot der Stunde, was bedeutete, dass in New York sechs oder acht Anzeigen entwickelt wurden und dann erwartet wurde, dass diese Anzeigen übersetzt und auf allen Märkten der Welt verwendet wurden. Wie Ihnen inzwischen vermutlich klar geworden ist, glaube ich nicht an das Konzept, dass eine Größe allen passt.

Der Grund, warum ich ein guter Marketingexperte war und bin und warum es mir gelang, im Laufe der Jahre so viele Waren zu verkaufen, ist der, dass ich an Differenzierung glaube. Gleichheit lässt sich nicht verkaufen. Man kann nur Unterschiede verkaufen. Selbst wenn es sich um Produkte oder Menschen handelt, die alle gleich zu sein scheinen, muss man Unterschiede finden oder schaffen und sie dann betonen. Wenn Sie also die Aufgabe haben, mehr und mehr Nischen zu schaffen, dann brauchen sie für jede dieser Nischen die passende Werbung. Etwas, das allen passt, passt niemandem wirklich gut.

Ich glaube nicht, dass die Marke Marlboro, auch wenn man damit den Gedanken an eine amerikanische Zigarette, einen Cowboy und das ganze übrige Drum und Dran verbindet, in Chile die gleiche Molekularzusammensetzung hat wie in Ecuador. Ich glaube, dass es gewisse Elemente gibt, die von Markt zu Markt verschieden sind, und erst sie geben der Marke die wirkliche Bedeutung im jeweiligen Markt.

Engagieren Sie in jedem Markt die Besten, für jede einzelne Marke

Wenn Sie 100 Marken in 150 verschiedenen Ländern auf diesem Globus haben, dann müssen Sie mit den Konsumenten in diesen Märkten unterschiedlich sprechen. Ich war der Meinung, dass bei Coca-Cola jeder Marketingmanager, wo auch immer er sich befindet, das Recht auf ein vollständiges Team für jede Marke und das Recht auf die beste Werbung hatte, die er oder sie nur auftreiben konnte.

Keine Agentur war auf allen Märkten, auf denen wir operierten oder in denen sie vertreten war, die beste, daher konnte auch keine einzige Agentur allen unseren Bedürfnissen entsprechen. Wir mussten weltweit die Ressourcen von verschiedenen Agenturen nutzen, um das Wachstumspotenzial, das sich uns bot, zu aktivieren und zu maximieren, und zwar für jedes Land getrennt.

»Ich habe die Erfahrung gemacht, dass nur etwa ein Drittel der Niederlassungen von weltweiten Werbeagenturen wirklich erstklassig ist.«

In einer perfekten Welt könnte vielleicht eine Agentur die beste für jeden Markt sein, aber ich habe die Erfahrung gemacht, dass nur etwa ein Drittel der Niederlassungen von weltweiten Werbeagenturen wirklich erstklassig ist. Ein weiteres Drittel ist ziemlich gut, während das letzte Drittel bestenfalls okay ist. Glücklicherweise ist die neue Generation der Geschäftsführer von Werbeagenturen, wie etwa John Doonor bei McCann und die Leute bei Ogilvy, dabei, die Strukturen so zu verändern, dass am Ende stärkere Agenturen herauskommen werden.

Außerdem brauchten wir unterschiedliche Agenturen für die verschiedenen Marken, denn jeder Produktmanager hatte das Recht auf eine Werbeagentur, die sich voll und ganz auf seine

Marke konzentrierte und nicht auf Wettbewerbsprodukte, selbst wenn diese aus unserem eigenen Unternehmen stammten. Denn wenn ein Manager den Absatz und den Gewinn einer Marke maximieren soll, dann braucht er oder sie Leute, die 24 Stunden am Tag an diese Marke denken oder von ihr träumen, nicht bloß sieben oder acht.

Als wir anfingen, hinsichtlich Diet Coke Pläne zu schmieden, hatten wir noch vor, mit McCann zusammenzuarbeiten, der gleichen Agentur, die auch für Coke verantwortlich war. Zu der Zeit praktizierten wir *Portfolio-Management*, das heißt, wir bauten einen Zaun um jede unserer Marken. Bei diesem Konzept legt man fest, welche Eigenschaften eine Untermarke oder eine Produktreihe hat, weil man nicht mit dem Finger auf die Schwächen einer anderen Marke im Portfolio weisen möchte. Natürlich besteht bei diesem Ansatz das Problem darin, dass die Wettbewerber nicht auf den Kopf gefallen sind. So kommt die Konkurrenz und nimmt einem Marktanteile weg, während man selbst eine seiner eigenen Marken vor allen seinen anderen Marken schützt. Jedenfalls engagierten wir McCann, damit die Agentur die Marke Coke »schützen« konnte und verhinderte, dass Diet Coke irgendetwas Unpassendes über Coke sagte.

Aber dann passierte Folgendes: Sofort nachdem McCann den Auftrag erhalten hatte, an Diet Coke zu arbeiten, wandte sich die Agentur an den damaligen Vorstandsvorsitzenden von Coca-Cola, Paul Austin, und überzeugte ihn davon, dass es eine schlechte Idee sei, Diet Coke überhaupt auf den Markt zu bringen. Herr Austin schickte daraufhin einen Brief an Don Keough, der damals sowohl Geschäftsführer von Coke für ganz Amerika als auch der Leiter des Projektes Diet Coke war, und das Projekt wurde aufgegeben.

Nachdem dann Roberto Goizueta zum Vorstandsvorsitzenden und Präsidenten des Unternehmens ernannt worden war, konnte Don ihn dazu bewegen, das Projekt wieder in Angriff zu nehmen. Ich überzeugte Don, dass wir uns an die Agentur SSC&B, wie sie damals genannt wurde, wenden sollten, die heute als Lintas Ammiratti Puris firmiert. Er gab sein Okay, ich eilte zum Flugplatz, bestieg einen Flieger, flog nach New York und unterzeichnete einen Vertrag mit der Agentur. Ehe noch irgendjemand Wind davon bekam, hatte ich eine zweite Agentur unter Vertrag, und es war zu spät, irgendetwas daran zu ändern.

SSC&B leistete großartige Arbeit, nicht zuletzt deshalb, weil sie Diet Coke positionierte, ohne auch nur einen Augenblick lang an unser Flaggschiff Coke zu denken. Dafür war schließlich McCann verantwortlich.

Als wir mit dieser Erfahrung im Hintergrund beschlossen, New Coke einzuführen, forderten wir McCann auf, uns verschiedene Teams für die Marke zu geben, die miteinander wetteifern sollten. Auf diese Weise wurde hervorragende Arbeit geleistet und die Botschaft über New Coke wurde den Konsumenten sehr rasch vermittelt, wie jeder weiß. Leider mochten die Konsumenten die Botschaft nicht.

Trotz ihrer guten Arbeit für New Coke kamen wir, als sich der Aufruhr wieder gelegt hatte, zu dem Schluss, dass McCann nicht die richtige Agentur sei, um an der klassischen Marke Coke zu arbeiten. Das lag daran, dass sie unser herkömmliches Coke wieder so positionieren wollte, wie es vor der Einführung von New Coke positioniert war. Aber das klassische Coca-Cola hatte sich verändert und aufgrund des Tumults um New Coke war eine neue Beziehung zu den Konsumenten in Amerika entstanden. Wir fühlten daher, dass wir einen neuen Ansatz brauchten. McCann war nicht daran interessiert. Daher vergaben wir den klassischen Coca-Cola-Etat an SSC&B und gaben McCann Tab und ein paar andere Sachen zum Ausgleich. Dies war ein sehr schmerzlicher Prozess, aber wir hatten den Eindruck, dass er notwendig war. Unglücklicherweise war die Entscheidung nicht von Dauer. Ich verließ 1987 das Unternehmen und es dauerte keine 90 Tage, bis McCann wieder den Etat für das traditionelle Coca-Cola übernahm.

Die Probleme, die wir mit McCann hatten, verdeutlichen zwei der Punkte, über die ich geschrieben habe. Der erste Punkt ist, dass die Agentur im Fall von Diet Coke so auf das herkömmliche Coke konzentriert war und es beschützen wollte, dass sie nicht fähig oder bereit war, dem neuen Produkt eine Chance zu geben. Die Meinungsverschiedenheiten über das klassische Coke unterstreichen meine Ansicht, dass man einer Agentur nicht erlauben sollte, durch ihre eigene Strategie und ihre eigenen Vorstellungen von einer Positionierung diejenigen des Kunden zu ersetzen. Jawohl, die Einführung von New Coke hatte heilloses Chaos angerichtet, aber sie hatte die Beziehung zwischen dem traditionellen Coke und der Öffentlichkeit erfolgreich verändert. Wir wollten diese Marke nicht wieder dort positionieren, wo sie vorher gewesen war. McCann ist eine großartige Werbeagentur, und manche Kunden sollten ihr ewig treu bleiben. Aber die Leute, die damals die Verantwortung für unseren Etat hatten, und ihr Ansatz waren einfach nicht richtig für uns.

Die Erfahrung mit Creative Artists

Als Doug Ivester, kurz bevor ich zu dem Unternehmen zurückkam, Geschäftsführer von Coca-Cola USA wurde, beschloss er erneut, sich von McCann zu trennen. Coke gab Unsummen aus, erhielt dafür aber nicht die Arbeit, die es brauchte. Dieses Mal engagierte das Unternehmen Creative Artists, das keine traditionelle Werbeagentur war, sondern eine Agentur für künstlerische Gestaltung, um die Werbung zu machen. Außerdem wurde eine Reihe anderer Agenturen verpflichtet, um eine Menge anderer Arbeit zu erledigen. Meine persönliche Meinung ist, dass die Geschäftsleitung nicht wirklich daran glaubte, dass das Experiment mit Creative Artists funktionieren würde, denn Doug bat mich, mit McCann an einem Parallelprojekt zu arbeiten und eine alternative Kampagne zu entwickeln. Kurz nachdem wir die Ergebnisse von CAA erhalten hatten, war mir jedoch klar, dass wir mit ihnen das große Los gezogen hatten.

Damals hatten die Verhandlungen über meinen Wiedereintritt in das Unternehmen ihr Endstadium erreicht, daher bat mich Doug an der Sitzung teilzunehmen, in der CAA die Nachfolgekampagne präsentieren wollten. Michael Ovitz und Bill Haber, die beiden Geschäftsführer von Creative Artists, kamen mit ihrem Team von Kreativen zur gleichen Zeit an der Rezeption an wie ich. Ihr Gesichtsausdruck sagte mir, dass sie über meinen Anblick nicht erfreut waren. Aber wir brauchten nur 15 Minuten, um uns gut zu verstehen. Diese Leute waren großartig. Sie erhielten den Auftrag, und die Richtung, welche die Werbung für Coke und alle anderen Marken des Unternehmens nahm, änderte sich auf Dauer – oder zumindest solange ich bei Coca-Cola arbeitete.

Der Vertragsabschluss mit CAA bringt mich auf den anderen Grund, warum ich glaube, dass man verschiedene Agenturen beschäftigen sollte. Egal was manche Leute gerne glauben möchten, jede Agentur hat ihre Stärken und Schwächen. Jede Agentur ist in einem Bereich besonders kompetent. Natürlich wird sie auch andere Arbeiten übernehmen, aber sie wird immer auf ein paar Gebieten besonders gut sein. Ich vertrete die Auffassung, dass man die passende Verbindung zwischen einer Marke sowie den dafür nötigen Aktivitäten und den Talenten und Fähigkeiten einer Agentur finden muss. Die Werbeagentur und Ihre Marke, Ihr Produkt oder Ihr Service müssen zusammenpassen. Ist das nicht der Fall, gibt es Friktionen.

»Mit CAA, deren ganzer Erfahrung und all ihren Kontakten in der Filmbranche bekamen wir ein Laboratorium, in dem ständig neue Techniken getestet wurden.«

Als wir bei Coca-Cola Creative Artists engagierten, taten wir das, weil dies keine traditionelle Werbeagentur war und sie eine völlig andere Auffassung von Werbung hatte. Die Leute von CAA, anfangs unter der Leitung von Michael Ovitz, später unter der eines Teams, verstanden etwas vom Film. Sie verstanden alle möglichen Produktionstechniken. Sie verstanden Hollywood. Sie verstanden etwas von Spezialeffekten, und sie wussten, was »in« war. Wieso war das wichtig? Es war wichtig, weil Konsumenten auf die Art reagieren, wie ein Film produziert wird, auf die Animation, die Spezialeffekte und all die aktuellen Trends in Filmen, sei es nun Melancholie, schnelle Handlung oder ein süßes kleines Tierchen. Mit CAA, deren ganzer Erfahrung und all ihren Kontakten in der Filmbranche bekamen wir somit ein Laboratorium, in dem ständig neue Techniken und Methoden getestet wurden, um Konsumenten dazu zu bewegen, ins Kino zu gehen. CAA war in der Lage, sein Verständnis der Konsumenten, das es im Filmgeschäft entwickelt hatte, und sein Wissen im Produktionsbereich mit der Ikonographie unserer Marken zu verschmelzen und auf dieser Basis großartige Werbung zu produzieren.

Das war zweifelsohne ein völlig neuer Ansatz. Ich bin mir gar nicht einmal sicher, ob dies den Leuten von CAA bewusst wurde oder ob sie überhaupt begriffen, was sie da machten, aber sie erhielten Einblicke in das Konsumentenverhalten und übersetzten dieses Verhalten dann in eine Ikonographie für unsere Marken, sodass die Leute immer öfter immer mehr von unseren Marken kauften. Sie suchten nach einer Methode, um das Wesen der Marke zu modernisieren, und verwendeten dazu all ihre Fähigkeiten, ihre neuen Techniken und ihre modernen Ansätze, um die Konsumenten anzusprechen. Die Kampagne trieb unsere Absatzzahlen beträchtlich nach oben.

Zur gleichen Zeit engagierten wir W. B. Doner in Detroit, weil diese Agentur für viele Einzelhändler gearbeitet hatte und den Einzelhandel besser verstand als irgendwer sonst. Die Leute dort schufen Programme, die Coke mit den Gefühlen der Konsumenten und einer bestimmten Saison im Handel verbanden. Beispielsweise entwickelten sie für die Weihnachtszeit Zwölferpackungen, die aussahen wie Geschenke und die man unter den Weihnachtsbaum legen konnte. Und sie entwickelten die Werbung mit dem Weihnachtswagen, die metaphorisch zeigte, wie die Wärme der Weihnachtszeit in Gestalt eines Coke-Lieferwagens in die Stadt kam, als bei dessen Ankunft die ganze Weihnachtsbeleuchtung anging. Während der wichtigsten Einkaufszeit des ganzen Jahres erinnerte dies die Konsumenten an Coke. Wer also etwas entwickeln wollte, das mit der Marke im Einzelhandel zu tun hatte, der war bei Doner besser aufgehoben als bei irgendeiner anderen Agentur.

Außerdem engagierten wir DMB&B aus St. Louis für das Marktsegment der Arbeiter, weil sie immens viel Erfahrung mit Budweiser hatten. Wieden & Kennedy, unter der Führung von Dan Wieden, lehrten uns verstehen, wie wir das Beste aus unseren Kontakten zur Sportwelt machen konnten. Anfangs halfen sie uns im Cricket-Bereich während der World Cricket Championships in Indien, Pakistan, Bangladesch und anderen Ländern. Später unterstützten sie uns in den Bereichen Fußball, amerikanischer Football und Baseball. Sie verstanden die Konsumenten in diesen Bereichen. Und wir engagierten McCann für Zentralasien und Lateinamerika, denn dort war es die beste Agentur.

Wenn man einmal die Struktur und Entwicklung von weltweit operierenden Werbeagenturen betrachtet, ergibt sich fast immer das gleiche Bild. Am Anfang standen ein paar Leute, die ein anderes Unternehmen verließen, weil sie eine gute Idee hatten. Die neuen Agenturen zogen Leute an, die auf einem bestimmten Gebiet ihre Stärken hatten oder in einem gewissen Umfeld arbeiten wollten. Sie wurden von Leuten wie David Ogilvy oder Bill Bernbach geleitet, die eine Vision und einen Traum hatten. So entstand beispielsweise auch Backer Spielvogel – Bill Backer und Carl Spielvogel hatten in der Vergangenheit bei McCann-Erickson an dem Miller-Etat gearbeitet. Dann trennten sie sich von McCann und gründeten ihre eigene Agentur. Sie arbeiteten in einem Hotelzimmer und ihre größte Stärke basierte auf der Erfahrung, die sie während ihrer Arbeit für die Brauereiindustrie gemacht hatten; sie weiteten diese Erfahrung aus und wuchsen zu einer großen Agentur mit hohem Umsatz.

Cliff Freeman hatte einen unheimlich guten Sinn für Humor. Ich glaube, die Leute, die er in seinen Bann zog, waren solche, die gerne mit Humor arbeiteten. Diese Entwicklung ist auf die vielen Jahre zurückzuführen, in denen er an dem Etat für Little Caesar's Pizza arbeitete. Man kann nichts gegen BBD&Os

großartige Ideen für Pepsi, General Electric, Frito-Lay und andere Unternehmen sagen. Auch diese Agentur zieht Leute an, die gerne für diese Art von Kunden und diese Art von Produkt arbeiten wollen.

Ich will nicht behaupten, dass Agenturen keine neuen und anders gearteten Fähigkeiten entwickeln können, aber sie haben eine gewisse Persönlichkeit und einen gewissen Stil. Daher ist es so wichtig, die richtige Kombination zwischen einer Agentur und einer Marke zu finden. Cliff Freeman ist für einige Produkte der Coca-Cola-Company verantwortlich und leistet hervorragende Arbeit. Aber als ich als Berater für die Miller Brewing Company tätig war, arbeitete ich auch mit Cliff zusammen, und ich hatte den Eindruck, dass die Verbindung eher unnatürlich war. Möglicherweise ist Cliff da völlig anderer Ansicht.

Heißt das nun, dass man niemals weltweit eine Agentur engagieren sollte? Durchaus nicht. Oftmals ist es wichtig, eine globale Werbeagentur einzusetzen, um für Kontinuität und einen stetigen Informationsfluss zu sorgen. Wenn man im eigenen Haus nicht über die notwendige Organisation verfügt, dann bietet das Netzwerk einer Werbeagentur die Möglichkeit, Information rasch zu verbreiten und für Kontinuität zu sorgen. McCann-Erickson haben ein großartiges Netzwerk von Agenturen, um genau diese Art der Beständigkeit zu bieten. Aber Sie müssen sich im Klaren sein, was Sie tun, wenn sie sich weltweit für eine Agentur entscheiden. Sie müssen sich bewusst für diese Kontinuität entscheiden und sicherstellen, dass Ihre Entscheidung aus diesem Grund erfolgt. Sie sollten es auch nicht sehr lange tun, denn Marketing ist einer Ihrer wichtigsten Geschäftsbereiche, und Sie brauchen Marketingexperten im Unternehmen selbst, die die Führung übernehmen können und an jeder Geschäftsentwicklung teilhaben. Einer außenstehenden Agentur ist dies nicht möglich. Ich selbst nahm McCann den Coke-Etat weg und engagierte eine Reihe unterschiedlicher Agenturen, weil ich eine große und fähige Marketingabteilung innerhalb des Unternehmens aufgebaut hatte. Ich brauchte keinen Partner mehr, um eine Strategie zu entwerfen. Ich brauchte die beste Werbung der Welt und Kollegen, die fähig waren, sie zu produzieren, und außerdem begeistert und wild darauf waren, dies zu tun.

Bezahlen Sie für das, was Sie brauchen, und erwarten Sie das Beste

Als ich verkündete, dass ich den Werbeagenturen nicht länger Kommissionen bezahlen, sondern sie nach ihrer Arbeitsleistung entlohnen wollte, bekam die Madison Avenue einen Anfall. Die Agenturen befürchteten, dass ich ihnen ihr Einkommen wegnehmen würde. Wenn ich, aus welchen Gründen auch immer, beschließen würde, ein Vermögen auszugeben, um ein paar Werbespots zu schalten, weil möglicherweise die Gelegenheit gerade günstig war oder weil wir ein Problem, eine Krise oder was auch immer hatten, dann würden sie keine müde Mark davon sehen, weil es keine Kommissionen mehr gab. Aber ich argumentierte, und daran glaube ich noch heute, dass ich sowohl in ihrem als auch in meinem Interesse handelte. Ich wollte, dass die besten Kreativen auf der ganzen Welt an meinen Etats arbeiteten. Daher wollte ich auch, dass die Agenturen über vorhersehbare Einkünfte verfügen konnten, damit sie in der Lage waren, diese Leute einzustellen. Wenn ich ihnen auch die Möglichkeit unerwarteter Gewinne nahm, beseitigte ich andererseits gleichzeitig die Gefahr unerwarteter Verluste.

Unglücklicherweise betrachten viele Geschäftsleitungen Werbung nach wie vor als Ausgabe und solange sie nur als Ausgabe gesehen wird, werden Unternehmen sie zusammenstreichen, ohne auch nur einen Augenblick daran zu denken, dass sie ihnen Vorteile bringt. Bei Coca-Cola bekämpfte ich diese Einstellung sosehr ich nur konnte, aber ich konnte nicht versprechen, dass nicht auch ich eines Tages in eine Situation kommen würde, in der ich die Werbung reduzieren musste, vielleicht aufgrund irgendeiner politischen oder wirtschaftlichen Krise oder aus sonst einem Grund. Daher wollte ich sicherstellen, dass die Werbeagenturen ein stetiges Einkommen hatten, das es ihnen ermöglichen würde, die richtigen Leute einzustellen, ohne sich um meine Marketingaktivitäten Gedanken machen zu müssen. Die Gescheiten verstanden das sofort; die weniger Gescheiten kämpften lange Zeit dagegen.

Ich vertrete die Auffassung, dass man Werbeagenturen auf die gleiche Weise entlohnen muss, wie auch Sie und ich entlohnt werden müssen. Wer arbeitet und produktiv ist, sollte ein Gehalt bekommen, ein hübsches Büro, einen Bonus und möglicherweise Aktienoptionen. Ich bin kein Verfechter der Idee, dass Agenturen Aktienoptionen bekommen sollten, aber Sie verstehen, was ich meine. Sie müssen für das, was sie tun, bezahlt werden, unabhängig davon, was ich mache. Wenn das nicht der Fall ist, wenn sie von dem Auf und Ab im Geschäftsleben meines Unternehmens abhängig sind, dann werden sie immer dann, wenn ich meine Ausgaben kürze, Einnahmen verlieren und ihre eigene Geschäftstätigkeit einschränken. Aber die Zeiten, in denen ich mich einschränken muss, sind genau die Zeiten, in denen ich hervorragende Werbung brauche. Ich will für jede Mark mehr haben als bisher, und mein Verkauf braucht eine Starthilfe, um wieder aus dem Loch herauszukommen, das überhaupt erst zu den Einschränkungen geführt hat.

Als ich zu Coca-Cola zurückkehrte, beschäftigten wir auf der ganzen Welt Werbeagenturen, die aufgrund verschiedener Modelle 25 oder 30 Prozent Kommission zusätzlich zu ihrer Gesamtrechnung bekamen. Für ein bestimmtes Land wurde die Höhe der Kommission immer damit begründet, dass die Agenturen in anderen Ländern Geld verloren. Ich schlug ihnen dagegen ein neues Abkommen vor, dem zufolge sie für alle Arbeit, die sie für uns leisteten, Geld bekommen würden. Wir analysierten die geplante Vergütung und kamen zu dem Schluss, dass wir bei Zahlung eines guten Honorars, das den Agenturen einen angemessenen Verdienst sicherte, etwa genauso viel wie bisher oder möglicherweise etwas mehr zahlen würden. Aber dafür würden wir bessere Werbung bekommen und die Agenturen ein garantiertes Einkommen für alle Arbeit, die sie für Coca-Cola leisteten.

Ich erläuterte den Agenturen folgendes Konzept: Coca-Cola würde die Agenturen für alle Leute bezahlen, die (in Absprache mit uns) an dem entsprechenden Etat arbeiteten. Wir würden auch für einen Teil der Fixkosten aufkommen und ihnen außerdem einen gewissen Prozentsatz als Gewinn zahlen, der deutlich über demjenigen lag, den sie für irgendeinen ihrer anderen Etats erhielten. Außerdem, sagten wir, würden wir ihnen für hervorragende Arbeit einen Bonus zahlen. Basierend auf unserer Analyse, würden wir die Gehälter der am Etat arbeitenden Leute bezahlen, zweieinhalbmal so viel für die Gemeinkosten und die Geschäftsleitung und zusätzlich noch 20 Prozent Gewinn. Ich stimme David Ogilvy voll und ganz zu, der einmal von den Werbeagenturen sagte: »If you pay in peanuts you will get monkeys.«

»Wir brauchten keine netten Freundschaftsbesuche. Wir brauchten Arbeitsgespräche, und dafür wollten wir bezahlen.«

Trotzdem gab es Widerstand. Es regte sich zunächst Widerstand bei den Agenturen, weil sie dem Kunden mit diesem System nicht zehn Prozent der Kosten des Aufsichtsratsvorsitzenden, 15 Prozent der Kosten des Vorstandsvorsitzenden, zehn Prozent der Kosten des Leiters der Strategischen Planung sowie fünf Prozent für die jeweilige Sekretärin der betreffenden Leute in Rechnung stellen konnten. Richtig. Völlig richtig. Diese Leute kamen zu einem netten Plausch bei uns vorbei, um uns schönzutun und »die Beziehung aufrechtzuerhalten«. Wir waren jedoch der Ansicht, dass wir keine netten Freundschaftsbesuche brauchten. Wir brauchten Arbeitsgespräche, und dafür wollten wir bezahlen. Wenn die Agenturen ihre Geschäftsführer zu Freundschaftsbesuchen ausschicken wollten, dann sollten sie selbst dafür zahlen.

Das nächste Problem, das sich ergab, bestand darin, dass alle Agenturen die Zahl der Leute aufblähten, die für einen unserer Etats arbeiten sollten. Wiederum sagten wir: »Nein, danke.« Wir würden nicht für Leute bezahlen, die nichts zur Entwicklung der Werbung, dem Verständnis der Konsumenten oder den anderen Sachen, die wir brauchten, beitrugen. Wir waren sehr streng hinsichtlich der Auswahl der Leute, die für unseren Etat arbeiten sollten, denn das war schließlich die Basis für die Berechnung der Fixkosten und des zusätzlichen Gewinns.

Ich verlange gar nicht, dass jeder auf der Liste auch wirklich Marktforschung betreibt, sich Werbesprüche ausdenkt oder die Werbung produziert. Aus der Mitte Asiens wurde uns beispielsweise eine Liste geschickt, auf der auch Fahrer und das Küchenpersonal der Agentur standen. Unsere Leute sagten sofort: »Das ist lächerlich!«, aber ich widersprach ihnen. Um in diesem Teil der Welt ein Unternehmen zu führen, braucht man Fahrer und Küchenpersonal, und wenn die Agentur angab, dass sie diese Leute brauchte, um die Arbeit für uns zu tun, dann sollten wir sie auch nach den Regeln, die wir festgelegt hatten, bezahlen.

Schließlich funktionierte das System. Die Agenturen verstanden, dass ihr Gewinn kaum in Gefahr war, und aufgrund ihrer guten Arbeit fingen wir sehr bald an, ihnen einen Bonus zu zahlen. Das Ganze funktionierte auf der Basis eines Beurteilungssystems für Werbeagenturen, das David Wheldon entwickelt hatte, der eine Zeit lang für mich arbeitete und dann das Unternehmen wieder verließ, um nach Europa zurückzukehren. Das Beurteilungssystem belohnte die Agenturen auf der Basis ihres Beitrags zum Wachstum unseres Geschäfts; wenn gewisse Kriterien erfüllt waren, dann konnten sie einen Bonus bekommen, dessen Höhe in unserem Ermessen lag.

Am Anfang glaubte uns kein Mensch diese Geschichte. Daher hatten David und ich auch großen Spaß im ersten Jahr, als wir zur Bonuszeit die Agenturen besuchen fuhren. Wir gingen in eine Besprechung und die Leute in der Agentur verbrachten eine Menge Zeit mit Klagen darüber, dass sie nicht so viel verdienten, wie sie eigentlich sollten. Am Ende der Debatte zogen wir einen Scheck hervor und händigten ihnen ein paar Millionen Dollar aus. Danach dauerte es nicht mehr sehr lange, bis alle ihre Leistungen verbesserten.

Wenn man sich auf die Ergebnisse konzentriert, blüht die Kreativität

Die ersten Verbündeten, die wir in den Agenturen gewannen, waren die Kreativen. Sie haben vielleicht angenommen, dass gerade dies die Leute waren, die uns am meisten hassten, weil wir sagten, dass wir keinen Wert auf Schickimicki-Werbung legten. Wir blieben auch hart in unserer Forderung, dass wir ganz einfach erfolgreiche Werbung wollten. Aber in gewisser Weise waren wir dadurch auch tolerant und offen für ungewöhnliche Ideen. Da wir einzig und allein das Ziel hatten, mehr Coca-Cola-Produkte zu verkaufen, waren wir bereit, Dinge auszuprobieren, vor denen andere Kunden wahrscheinlich zurückgeschreckt wären. Wenn etwas zu unserer Strategie passte, dann sagten wir: »Los. Versucht es«, selbst dann, wenn die Erfolgsaussichten zunächst äußerst gering schienen. Wir ließen den Kreativen wesentlich mehr Freiheit als die meisten anderen Kunden. Und es machte sich bezahlt. Erinnern Sie sich noch an die Werbung für Cherry Coke mit dem Kind, das in einem Warenhaus auf einem Strauß ritt?

»Da wir einzig und allein das Ziel hatten, mehr Coca-Cola-Produkte zu verkaufen, waren wir bereit, Dinge auszuprobieren, vor denen andere Kunden wahrscheinlich zurückgeschreckt wären.«

Es machte sich nicht nur dann bezahlt, wenn wir gelegentlich einen Superknüller hatten. Es lohnte sich auch deshalb, weil wir dadurch, dass wir den Kreativen Spielraum ließen und sie schön belohnten, wenn ihre Ideen die gewünschten Ergebnisse erzielten, eine Menge hervorragender kreativer Talente zu unseren Agenturen und unseren Werbeetats lockten. Als ich das erste Mal bei Coke arbeitete, fiel es unseren Agenturen nämlich schwer, gute und kreative Leute für den Coke-Etat zu gewinnen. Es war äußerst frustrierend. Sie produzierten Werbung, von der sie annahmen, dass wir so etwas kaufen wollten, statt Werbung, die für uns genau richtig war.

In dem heutigen Umfeld will jeder Kreative, den ich kenne, in egal welcher Agentur auf dieser Welt für Coke arbeiten. Warum? Ich glaube, das liegt daran, dass Coca-Cola ihnen die Gelegenheit bietet, sich zu entfalten. Coke lässt keinen Zweifel daran aufkommen, dass es selbst die Strategie festlegt, aber die kreativen Experten sitzen in den Agenturen. Das sind die Leute, die eine moderne, zeitgenössische Verbindung herstellen, die es einer Marke ermöglicht, eine Beziehung zu den Konsumenten aufzubauen. Sie wissen, wie man das macht, ich nicht. Meiner Ansicht nach sollte sich das Firmenmanagement auf das Marketing konzentrieren und sich aus der Werbung heraushalten. Versuchen Sie sich nicht als Kreativer im eigenen Haus. Stellen Sie sicher, dass Sie die beste Agentur engagieren, bezahlen Sie die Leute gut, und die Ergebnisse werden überwältigend sein.

Agenturen stellen ungeheure Ressourcen dar. Beispielsweise nutzte ich gelegentlich die Hilfe der Agentur Leo Burnett, um Kampagnen zu beurteilen, die andere Agenturen entwickelt hatten. Nein, ich forderte sie nicht auf, anderen über die Schulter zu schauen oder zu raten, von welcher Agentur die Entwürfe kamen. Ich bat sie vielmehr darum, mir bei der Beantwortung der Frage zu helfen, warum manche Sachen funktionierten.

Ganz offensichtlich war Sprite einer der größten Werbe- und Positionierungserfolge der Coca-Cola-Company während der Zeit, in der ich dort arbeitete. Ich habe bereits darüber geschrieben, aber Sprites Struktur und Neupositionierung als Erfrischungsgetränk mit Stil funktionierte so gut, dass es mich beunruhigte, immer nur im gleichen Kreis darüber zu sprechen. Irgendwann bat ich daher Leo Burnett, für uns die Situation von Sprite zu beurteilen. Die Leute dort leisteten hervorragende Arbeit, und wir bezahlten sie gut dafür. Sie gingen an die Sache heran, als wären sie die dafür verantwortliche Agentur, aber es gab zwischen ihnen und Lowe & Partners, die tatsächlich verantwortlich waren, nie ein Missverständnis oder Kommunikationsproblem hinsichtlich ihrer Arbeit. Schließlich gaben sie uns ihre Beurteilung darüber, warum die Werbung so wirkungsvoll war.

Das half uns enorm, denn wir ließen einen außenstehenden Beobachter, der keine eigenen Interessen verfolgte, die Arbeit anschauen und uns sagen, was gut daran war und was man verbessern konnte. Wir alle lernten daraus. Solche Konkurrenzanalysen funktionieren jedoch nur, wenn man ein gutes Agentursystem hat und mit Agenturen arbeitet, die verstehen, was man tun möchte. Das Ergebnis war, dass wir Sachen entdeckten, die sowohl Coke als auch den Agenturen halfen, noch erfolgreicher zu werden.

Ich glaube, dass das Agenturwesen von einst bankrott ist. Die Agenturen müssen sich wandeln. Sie müssen aufhören, sich auf die Nebeneinnahmen, die Preisvergaben, den Zusatzverdienst durch *Full Service* und all das Drum und Dran der Werbung für Großunternehmen zu konzentrieren, und zur Basis zurückkehren. Werbeagenturen haben die Aufgabe, gute Werbung zu produzieren, Werbung, die dem Kunden hilft, seine Strategie in die Tat umzusetzen, und die Waren verkauft und noch mehr Waren und immer noch mehr Waren. Manche Agenturen haben nie etwas anderes getan. Unternehmen wie Fallon McElligott, Wieden & Kennedy sowie Cliff Freeman sind ausgezeichnete Agenturen. Und sogar Firmen wie Ogilvy oder McCann beginnen sich zu wandeln. Sie fangen an zu begreifen, dass ihre Rolle, und das ist eine wichtige und wertvolle Rolle, darin besteht, Konsumenten die Botschaft ihres Kunden zu vermitteln. Wenn sie außerdem noch eine Reihe anderer Dienstleistungen anbieten wollen, ist das in Ordnung, aber nur dann, wenn sie nicht vergessen, dass sie das sind, was der Name besagt: WERBEagenturen.

Doch auch die Kunden müssen sich wandeln. Sie müssen wieder die Verantwortung für die Strategie übernehmen, was bedeutet, dass sie tatsächlich lernen müssen, Strategien zu entwickeln. Sie müssen passend zu ihren Marken Agenturen auswählen, die in jedem Markt für sie die absolut beste Arbeit leisten. Sie müssen diese Agenturen engagieren und sie dann genau instruieren, damit sie die Strategie und die Zielsetzung verstehen. Dann müssen sie die Agenturen gut und verlässlich bezahlen, damit die es sich leisten können, die wirklich größten Talente zu rekrutieren.

Wer das tut, wird letztendlich bessere Botschaften vermitteln können, die Konsumenten dazu bewegen, die eigene Ware immer öfter zu kaufen. Auf diese Weise werden das Unternehmen und seine Aktionäre reicher, aber auch die Werbeagenturen.

Schlussfolgerung

Das traditionelle Marketing liegt nicht im Sterben, es ist mausetot

Vielleicht denken Sie jetzt, dass der Marketingansatz, den ich in diesem Buch beschrieben habe, nicht der Weg ist, den Sie gehen wollen. Vielleicht denken Sie auch, dass Sie lieber an dem festhalten wollen, was Sie bisher gemacht haben, weil es bei Ihnen funktioniert. Wenn das Ihre Meinung ist, rate ich Ihnen dringend, sie zu überdenken.

Das herkömmliche Marketing ist tot. Es ist genauso tot wie Elvis Presley. Vielleicht haben die zuständigen Leute es aufrecht auf einen Stuhl gesetzt. Vielleicht haben diejenigen, die am stärksten vom traditionellen Marketing abhängen – die großen Werbeagenturen und die privaten Fernsehsender –, den Leichnam so geschickt mit großen Marketingbudgets verdrahtet, dass er sich hin und wieder noch bewegt und zuckt. Aber die Show ist vorbei. Die Musik spielt nicht mehr hier. Marketing, wie wir es in der Vergangenheit kannten, ist erledigt.

Wenn Sie die Party, die Sie anlässlich Ihrer Pensionierung geben wollen, schon in den Kalender eingetragen haben, dann bleibt Ihnen möglicherweise noch genügend Zeit, Ihre Aktienoptionen und die Gewinnbeteiligung zu versilbern und auszusteigen, solange das herkömmliche Marketing noch halbwegs lebendig wirkt. Aber es verwest sehr schnell. Wenn Ihre Karriereplanung also über einen Zeitraum von mehr als zwei Jahren geht, dann lassen Sie sich besser etwas Neues einfallen, und zwar schnell.

Schauen Sie sich um. Die erprobten und vertrauten Taktiken des traditionellen Marketings funktionieren einfach nicht mehr so wie in der Vergangenheit. Wie eine Batterie, die zur Neige geht, flackern sie noch gelegentlich auf, aber ihre Kraft wird schwächer und schwächer. Wenn Sie heute eine Mark in die alten Marketingtaktiken investieren, erhalten Sie bei weitem nicht mehr denselben Ertrag wie noch vor fünf oder zehn Jahren.

Es gibt viele Beispiele hierfür.

Die Massenwerbung hat die Fähigkeit eingebüßt, die Massen zu bewegen. Die Technologie bietet den Menschen heutzutage viel mehr Optionen, als sie in der Vergangenheit hatten, und schuf eine Konsumentendemokratie. Von jeder Produktart, die man kaufen möchte, stehen unzählige verschiedene Artikel zur Auswahl, und insgesamt versuchen Millionen von Produkten, uns das Geld aus der Tasche zu ziehen. Daher müssen die Marketingleute sich bemühen, Methoden zu finden, mit denen sie den individuellen Konsumenten ansprechen können oder zumindest kleine Gruppen von Konsumenten. Aufgrund der vielen Wahlmöglichkeiten gibt es für jeden Kunden viele Faktoren, die er bei seiner Entscheidung berücksichtigt, daher müssen die Marketingexperten die Gründe eruieren, die für eine bestimmte Person relevant sind. Das altmodische »Eine Größe passt allen«-Marketingkonzept schafft das nicht.

In Wirklichkeit hat niemals allen dieselbe Größe gepasst, aber solange die Konsumenten nicht so viele Wahlmöglichkeiten hatten, mussten sie sich damit zufrieden geben. Jetzt ist das nicht mehr der Fall. Die Marketingleute können sich nicht länger auf Einzelhandelsstrategien verlassen, die entwickelt wurden, um dadurch Geld zu verdienen, dass man die Konsumenten zwang, das, was die Marketingtypen ihnen dann und dort verkaufen wollten, auch dann und dort zu kaufen. Diese Strategien zielen weniger darauf ab, Kunden zu gewinnen, als vielmehr darauf, die Einzelhändler zu becircen, indem man ihnen Geld für einen günstigen Regalplatz oder eine Promotionskampagne zahlt. Doch sie funktionieren einfach nicht mehr. In Zukunft werden die Einzelhandelsstrategien so sein müssen wie die von Amazon.com oder die des Optikers, der binnen einer Stunde eine Brille fertig stellt – alle beide darauf ausgerichtet, dem Kunden das zu bieten, was er wirklich kaufen möchte. Diese Einzelhändler erreichen ihr Ziel, indem sie den Einkauf einfacher, angenehmer und weniger problematisch gestalten.

Da das herkömmliche Marketing nicht mehr funktioniert, geben jedes Jahr einige Leute zu einem frühen Zeitpunkt während ihres Marketingjahres ihre ambitionierten Pläne auf und greifen auf »Plan B« zurück, der das Senken der Preise vorsieht. Man sieht immer häufiger, dass Preise reduziert werden, und die Kosten dieser Maßnahme steigen. Das liegt daran, dass man, wenn alle anderen ebenfalls die Preise senken, die eigenen noch einmal reduzieren muss. Vor drei Jahren hat es nur ein paar Pfennige gekostet, einen Verkauf abzuschließen, inzwischen kostet es deutlich mehr, und trotzdem gewinnt man die Konsumenten damit nicht auf Dauer, denn sie werden sich abwenden, sobald sie keine Treueprämie mehr bekommen.

Rabattkampagnen sind wie die negativen Aussagen der Politiker. Die Politiker fangen an, negative Kommentare abzugeben, wenn alle anderen Argumente versagt haben. Sie haben nur noch wenige Wochen bis zur Wahl, sie haben keine rechte Basis und nichts Relevantes zu sagen, deshalb fangen sie an, ihren Gegenspieler mit Dreck zu bewerfen. Mit solchen negativen Kampagnen kann man Stimmen gewinnen, weil sie, genau wie Preisnachlässe, den Politiker beziehungsweise das Produkt von anderen abheben und den Konsumenten ein Auswahlkriterium bieten. Aber weder Rabatte noch negative Stimmungsmache sind geeignet, um langfristig Unterstützung zu finden.

Denn sobald ein Unternehmen seine Preisnachlässe zurücknimmt, geht der Konsument zur nächsten Firma, die bereit ist, ihm etwas dafür zu zahlen, dass er ihr Produkt nimmt. Wenn ein Politiker aufgrund seiner Schmutzkampagne gewählt wird, dann hat er seinen Wählern nur gezeigt, dass sein Opponent ein Hundesohn ist, aber er hat ihnen keinen Grund gegeben, warum sie ihn selbst einmal wiederwählen sollten. Es ist ein sehr kostspieliges und letztendlich wertloses Spiel. Jeden Tag können Sie die Wirtschaftsseiten in einer Tageszeitung aufschlagen und feststellen, dass sich schon wieder ein Unternehmen damit totgesiegt hat. Es hat Unmengen verkauft und ging dabei bankrott.

In Zukunft wird sich das Marketing damit beschäftigen müssen, in den Köpfen der Konsumenten Wertvorstellungen zu schaffen. Das heißt, dass man Marken aufbaut, indem man die gemeinsame Basis bestimmt, auf der sich Konsument und Produkt oder Dienstleistung treffen können. Es geht auch darum, diese Beziehung im Laufe der Zeit zu vertiefen. Man muss Erwartungen definieren und dann mehr bieten, als die Kunden erwarten. Außerdem muss man noch eine ganze Reihe anderer Dinge tun, damit ein Produkt in den Augen der Konsumenten frisch und begehrenswert bleibt.

Da mehr und mehr Marketingleute dies verstehen und mit der neuen Art von Marketing anfangen, wird der Schneeball zur Lawine anwachsen; denn wenn die Geschäftsführer sehen, was man mit dem wahren, dem neuen Marketing erreichen kann, werden sie mit nichts anderem mehr zufrieden sein. Man kann sich also gar nicht mehr für das herkömmliche Marketing entscheiden. Man darf nicht stillstehen. Wenn Sie sich nicht vorwärts bewegen und alles anders machen, werden Sie zurückfallen.

Es erfordert harte Arbeit, ein Marketingexperte neuen Stils zu werden, besonders am Anfang, wenn man noch auf viel Widerstand trifft. Die Geschäftsleitung wird Ihnen nicht die Ressourcen zur Verfügung stellen wollen, die Sie brauchen, und wird weiterhin versuchen, das Marketingbudget zu reduzieren, wenn der Markt nachgibt. Doch Sie müssen hart bleiben und die notwendigen Zahlen auf der Basis von Marktdaten und einer Gewinn-und-Verlust-Rechnung vorlegen, um zu demonstrieren, dass Ihre Art von Marketing funktioniert und dass es sich dabei um eine gute Investition handelt, die sich lohnt. Die Leute in Ihrer Marketingabteilung werden nervös werden, wenn Sie sie ständig antreiben, damit ihre guten Ideen noch besser werden, und sie werden sich ärgern, wenn Sie ihr Lieblingsprojekt verwerfen, weil es nichts bringt. Je nachdem, mit welchen Werbeagenturen Sie zusammenarbeiten, könnten diese alles andere als begeistert darüber sein, dass sie Ihrer Hauptforderung entsprechen sollen, nämlich sich auf die Produktion von hervorragender Werbung zu konzentrieren, während Sie sich um die Strategie kümmern.

Aber glauben Sie mir, das neue Marketing bringt auch fabelhaften Lohn. Also bleiben Sie am Ball. Die Prinzipien, die ich in diesem Buch dargelegt habe, sind keine graue Theorie. Sie wurden während einiger der aufregendsten und erfolgreichsten Marketingoperationen der letzten 15 Jahre entwickelt und eingesetzt. Ich weiß, dass sie in meinem Fall funktioniert haben, und sie werden auch Ihnen gute Dienste leisten. Widerstand lässt sich am einfachsten durch Erfolg überwinden.

Auch wenn es keinen Widerstand mehr gibt, wird Ihre Arbeit nicht einfach sein. Als Marketingexperte neuen Stils werden Sie nie den Punkt erreichen, an dem Sie sich zurücklehnen und die Füße auf den Tisch legen können. Wenn Sie im Marketing erfolgreich sein wollen, dann müssen Sie immer hart daran arbeiten. Aber das ist Teil des Vergnügens. Wer möchte sich schon zurücklehnen und dem Leben nur zusehen, das sich anderswo abspielt? Also machen Sie mit! Je eher Sie anfangen, desto mehr Geld können Sie für Ihr Unternehmen und für sich verdienen.

Überall in diesem Buch habe ich betont, dass Strategie und Logik die wesentlichen Faktoren sind. Daher bringe ich Ihnen nun eine Checkliste der strategischen Prinzipien, die Sie beachten müssen. Wenn Sie nur einige davon verwenden, werden Sie auf jeden Fall ein besserer Marketingexperte werden; aber wenn Sie alle nutzen, dann wird Sie niemand aufhalten können.

Die Prinzipien des neuen Marketings

Marketing dient einzig und allein dem Zweck, mehr Ware immer öfter an mehr Leute zu verkaufen, und zwar zu steigenden Preisen. Es gibt keinen anderen Grund für Marketing.

Marketing ist ein ernst zu nehmendes Geschäft – und in zunehmendem Maße drehen sich ernst zu nehmende Geschäfte ums Marketing.

Marketing ist keine Magie, und Marketingleute tun sich selbst keinen Gefallen, wenn sie so tun, als wäre es das. Marketing hat nichts Mysteriöses an sich.

Marketing ist eine professionelle Disziplin. Sie können es nicht einfach Onkel Willie überlassen oder irgendeiner Person, die nicht im Marketing geschult ist.

Heutzutage ist der Markt eine Konsumentendemokratie. Konsumenten haben Optionen, daher müssen die Marketingleute ihnen sagen, wie sie wählen sollen.

Setzen Sie sich ein Ziel. Legen Sie fest, was Sie erreichen wollen, und nicht was Sie glauben, erreichen zu können.

Wenn Sie Ihr Ziel festgelegt haben, entwickeln Sie eine Strategie, um es zu erreichen.

Die Strategie beherrscht alles. Denken Sie immer daran. Die Strategie steuert das »Alles« in dem Leitsatz: »Alles dient der Kommunikation«. Sie können beschließen, Ihre Strategie zu ändern, aber Sie dürfen nicht einfach grundlos davon abweichen.

Marketing ist eine Wissenschaft. Es geht dabei ums Experimentieren, Messen, Analysieren, um die Feinabstimmung und das Reagieren. Sie müssen bereit sein, Ihre Meinung zu ändern.

Stellen Sie fest, was die Leute wollen, und bieten Sie es ihnen; oder stellen Sie fest, was Sie anbieten können, und machen Sie das zu einem begehrenswerten Artikel. Aber denken Sie daran: Die erste Methode ist wesentlich einfacher als die zweite.

Messen Sie die Ergebnisse jeder Marke und jeder Marketingregion. Tun Sie es regelmäßig und häufig, mindestens einmal im Monat. Marketing muss ergebnisorientiert sein.

Stellen Sie Fragen. Seien Sie aufmerksam, unstillbar neugierig und kreativ. Die Kreativität ist ein Prozess, der alte Ideen zerstört, aber das ist völlig in Ordnung. Jeder Tag ist ein neuer Tag.

Gleichheit lässt sich nicht verkaufen. Der Wert Ihres Produktes wird dadurch bestimmt werden, dass es sich von Wettbewerbsprodukten auf eine Art und Weise unterscheidet, die für die Konsumenten wichtig ist.

Bauen Sie Ihre Marke auf, indem Sie die Imageelemente nutzen: das Image des Warenzeichens, des Produktes, des Verbrauchers, der Art des Verbrauchs und das assoziative Image.

Nutzen Sie die richtigen Messlatten: Konzentrieren Sie sich auf den Gewinn; auf den tatsächlichen Absatz, nicht auf den Marktanteil; auf den Anteil, den Sie an zukünftigen Käufen erzielen wollen, nicht auf den Wiedererkennungswert der Marke.

Liefern Sie Ihren Kunden immer mehr Gründe, warum sie Ihre Ware kaufen sollen. Sie müssen sicherstellen, dass die Kunden immer häufiger immer mehr kaufen – und das bei steigenden Preisen.

Betreiben Sie Marketing vor Ort. Sie müssen allen Ihren Kunden etwas bieten, was sie persönlich anspricht. Globale Marken basieren auf vielen starken lokalen Marken.

Angeln Sie dort, wo es Fische gibt. Konzentrieren Sie sich bei Ihren Verkaufsanstrengungen auf Konsumenten, die bereit und in der Lage sind, Ihr Produkt zu kaufen. Segmentieren Sie den Markt, damit Sie die Zielgruppen identifizieren können, die den höchsten Gewinn bringen.

Es ist wesentlich einfacher, ein Verhalten zu bestärken oder auszuweiten, als ein Verhalten zu ändern oder jemanden ein Verhalten ganz neu zu lehren.

Denken Sie an die Quelle Ihres Umsatzes: Wo werden Ihr nächster Verkauf, die nächste Mark Gewinn herkommen?

Lassen Sie sich nicht von offensichtlicher Nachfrage blenden. Vorlieben ändern sich. Hören Sie nicht auf, Ihre Ware zu vermarkten.

Stellen Sie sicher, dass jeder in Ihrem Unternehmen die Strategie, die Richtung und die Zielsetzung versteht. Lassen Sie die Leute dann entsprechend handeln.

Finden Sie die besten verfügbaren Marketingexperten und schaffen Sie Ihnen die passenden Stellen. Sie müssen die besten Leute haben, nicht das ordentlichste Organigramm.

Belohnen Sie hervorragende Arbeit und bestrafen Sie Mittelmaß.

Die Strategie ist Ihre Aufgabe. Ihre Werbeagenturen haben die Aufgabe, diese Strategie effektiv zu kommunizieren.

Keine einzige Agentur kann allen Ihren Bedürfnissen oder denen Ihrer Marke gerecht werden. Eine Größe passt wirklich nicht allen.

Bezahlen Sie gut, damit Ihre Agenturen das nötige Geld haben, um hervorragende Talente zu beschäftigen – aber fordern Sie Ergebnisse, die messbar sind.

Entwickeln Sie ein Gefühl für das, was dringend ist, und gehen Sie mit Leidenschaft an die Arbeit. Wozu stehen Sie sonst am Morgen auf?

Viele der Dinge, die ich hier vorschlage, sehen möglicherweise ganz einfach nach gesundem Menschenverstand aus. Aber wenn Sie meine Anregungen in der Marketingwelt umsetzen, in der traditionellerweise Mythen und Magie der Standard waren, wird man Sie als Revolutionär betrachten. Seien Sie darauf vorbereitet und verlieren Sie nicht Ihren Sinn für Humor, wenn die Leute sich auf Sie einschießen.

Ich kann nicht behaupten, dass ich begeistert war, als ein paar Witzbolde aus der Werbewelt anfingen, mich den Aya-Cola zu nennen. Aber was soll's? Ich machte mir einfach klar, dass dies die Flöhe sind, mit denen jeder Hund leben muss. Und außerdem: Wer zuletzt lacht, lacht am besten; während diese Leute an der Vergangenheit festhielten, war ich dabei, die Zukunft mitzugestalten. Und ich war dafür viel eher und besser gerüstet als sie.